LA IZQUIERDA GLOBALISTA

LA TIRANÍA EN MÉXICO E IBEROAMÉRICA

JUAN C. LÓPEZ LEE

I

JUAN C. LÓPEZ LEE

La Izquierda Globalista

La Tirania en Mexico e Iberoamerica

¡EL REY ESTÁ DESNUDO!

Es indudable que en la época actual estamos presenciando el encumbramiento de las fuerzas más oscuras. Y no hablamos aquí del hecho de que estas rijan el sistema político y económico, pues tal cosa ya era una realidad desde hace mucho sino de una situación donde la ideología de las élites globalistas parece gozar del respaldo de las mayorías a través de un amplio consenso. Todo el marco institucional, que incluye en este caso a las universidades, los gobiernos, los partidos políticos, las asociaciones culturales, los medios de comunicación, las organizaciones no gubernamentales y hasta las propias denominaciones religiosas parecen haber abandonado toda idea de conciencia nacional o identitaria para abrazar la idea de una República mundial, con una cultura universalizada y donde el individuo será finalmente liberado, no solo de sus deberes sino también de su identificación con determinada etnia, cultura, nacionalidad o hasta el propio sexo al que pertenecemos desde antes de nacer. Sin embargo, para efectos prácticos la libertad se ha convertido en una quimera, puesto que el ejercicio de la voluntad humana ha quedado restringido al ámbito del lucro, y eso solo a pequeña escala y en determinados contextos.

Aparentemente, el sistema global extiende sus millones de tentáculos de manera perfecta a través de códigos cibernéticos extremadamente duros de roer. Sin embargo, el régimen de la globalización ya no resulta tan confuso y difícil de comprender como antes. Su premisa básica de que habíamos llegado al fin de la historia y de que la política y las identidades serían sustituidas automáticamente por la economía y la tecnología solo se han cumplido en el mundo virtual de la propaganda y del fingimiento. En efecto, el sistema nos rige ideológicamente a través de bufones, influencers y políticos dispuestos a predicar por todos los medios que el pasto es azul y el cielo es verde. Ellos tienen un club de fans bastante numeroso, con legiones de consumidores, promotores y vándalos callejeros. Sin embargo, jamás superarán en número y fuerza a una mayoría abrumadora de la población, que está consciente de la falsedad del aparato ideológico construido a su alrededor.

Podríamos decir que estamos ante una forma de "fingimiento", porque el grueso de la población permanece al margen de todo debate por temor a meterse en problemas, a perder amistades o a politizarse. No obstante, la "construcción intelectual" que ampara a la sociedad actual es tan absurda y estúpida, que el más mínimo quiebre en las estructuras mediáticas y burocráticas que la sustentan, podría propiciar su completo derrumbe.

Quienes tienen más de 30 años, seguramente leyeron de chicos aquel famoso cuento de Hans Christian Andersen que narra la historia de un rey vanidoso. Según este relato, el rey se cambiaba de ropa varias veces al día para estar a la moda e impresionar a sus súbditos. Un día, dos estafadores se presentaron ante él. Ellos se ofrecieron para confeccionar un traje tan fino, que solo podía ser apreciado por las personas más sofisticadas. De modo que el traje no solo le serviría al rey para verse hermoso ante su pueblo sino también para saber si sus ministros y asesores verdaderamente estaban a la altura de las circunstancias. Impresionados por las palabras de los estafadores, cada vez que estos se acercaban para supervisar la confección del traje, los reportes que ellos preparaban para el rey no hacían sino exaltar la enorme belleza del trabajo, la calidad de los materiales y la capacidad de aquellos artistas del hilo y la tela. Cuando finalmente llegó el día de lucir el traje ante una población que también había sido advertida sobre las peculiares características de ese traje tan sofisticado, esta no hacía sino desvivirse en halagos, hasta que un niño detectó adecuadamente que el traje simplemente no existía y que el rey estaba desnudo. ¿No es esta precisamente la condición del mundo en la actualidad?

Tanto el exponente de la derecha antiprogresista Agustín Laje, en su libro sobre la *Generación idiota,* como el marxista Clouscard[1] coinciden al reconocer el papel reaccionario que las modas han desempeñado a lo largo de la historia, pues tienen por objeto conservar el proceso de consumo a través de la renovación constante de necesidades artificiales. En la época actual, la moda va mucho más allá del atuendo, del estilo o de las formas culturales, pues bajo el capitalismo sofisticado de ahora, la propia ideología del sistema viene incluida en el producto mismo.

En efecto, si hoy existen posgrados sobre "masculinidades género-sensibles" y la consigna de la judía feminista Judith Buttler de que lo femenino y lo masculino son "construcciones sociales y no roles naturales" se ha encumbrado en la legislación, eso es porque antes que ella hubo un Erich Fromm que, por su enorme reputación en el mundo de la psicología, identificó los roles de género como parte de una "opresión heterosexual". Ciertamente, Antonio Gramsci creía que era necesario minar la legitimidad de la cultura normativa en una sociedad mediante una crítica persistente y corrosiva, que sembrara la duda y el escepticismo en torno a sus instituciones o creencias. La "ideología de género" es el ejemplo más prosaico, grosero y pedestre. Sin embargo, esta es sólo la punta del iceberg. Apenas en noviembre del 2024, un médico mexicano fue denunciado penalmente por una popular grafóloga tras haberla acusado de "charlatana" por promocionar terapias de "escritura" que supuestamente ayudan a bajar de peso o a "curar" la ansiedad y la depresión a través de la "identificación de emociones negativas". Nótese, que desde hace décadas, con el pretexto de frenar la compraventa de "productos milagro", asociaciones médicas han venido impulsando campañas de censura mediática y cabildeo legislativo para combatir la medicina naturista. Solo como dato anecdótico, hasta en la propia Wikipedia,el lobby médico logró que una práctica tan extendida como la homeopatía, fuera catalogada "oficialmente" como "pseudociencia". Era de esperarse entonces, que la comunidad médica y científica reaccionara en este caso. Sin embargo, en vez de defender al médico penalmente denunciado, políticos y personajes de los medios salieron unánimemente en defensa de la grafóloga. Sea cual sea el resultado de la denuncia, la youtuber (feminista, obvio) ya ganó la batalla ante la opinión pública. Hasta ahora, ninguna asociación médica de relevancia ha levantado la voz para defender, ya ni siquiera la legitimidad de los planteamientos de su compañero de profesión sino, al menos, su libertad de expresión. Cuando el contrincante es mujer, woke, feminista y cuenta además con el respaldo de la farándula, los riesgos que se corren son evidentes. Los firmantes de un hipotético desplegado en defensa del médico, por ejemplo, podrían ser acusados públicamente por algún colectivo de "solapar" el acoso sexual en los hospitales o permitir la "violencia machista". Está por demás decir que al día de hoy, la ciencia es objeto de una "crítica corrosiva" con fines ideológicos. No obstante, la ciencia que ahora deplora su "caída en desgracia" fue en su momento, un instrumento de la modernidad para minar los valores culturales y religiosos de las sociedades tradicionales para europeizarlas y "occidentalizarlas", facilitando de este modo su absorción a cargo del globalismo. Si en la actualidad, "celebridades" que transmiten banalidades desde su casa en piyama tienen más peso ante los medios o los tribunales, que los miles de médicos que duermen a lo mucho cuatro horas al día y dejan la vida en los hospitales, eso es porque el "prestigio" lo tienen ahora los primeros y porque en el pasado se había dado carta blanca al dogmatismo científico para negar continentes enteros de la realidad so pretexto de que ciertas cosas "no son objeto de estudio" para la ciencia. Por más neutral que sea la institucionalidad del sistema, la línea entre "ciencia" y "pseudociencia" frecuentemente se define ideológicamente.

Después de todo, la globalización no es sino la imposición a escala global de la ilustración europea, que desprecia lo particular y exalta la "universalidad abstracta". Al haber convertido a la razón en algo supremo, la ilustración europea globalizada dio potestad a la ciencia para declarar la inexistencia de todo aquello que esté fuera del alcance de sus métodos. Para el hombre moderno, todas estas cosas caen dentro de la categoría de la "religión" porque según Kant (1724-1804), la ciencia sólo puede tratar lo que podemos "saber" o "conocer" mientras que lo demás solo puede ser "deseado", "esperado" o "imaginado". Para este filósofo, el hombre debía ser lo suficientemente "humilde" para restringirse a conocer con certeza aquellas cosas que se podían explicar interpretando datos sensibles (la experiencia) mediante las categorías presentes en el pensamiento humano. En el papel, esta postura aparenta ser neutral porque no niega a unos o a otros el derecho de creer en algo. Sin embargo, eventualmente despoja de su relevancia a todo aquello que el hombre no pueda entender "científicamente". Ciertamente, esta postura comodina fue extremadamente útil para imponer el capitalismo industrial a sangre y fuego en la segunda mitad del Siglo XIX. Sin embargo, su falsedad sale a flote cuando nos topamos con temas tan complejos como la psicología humana, donde lo material y lo inmaterial se entrelazan peligrosamente. Quien profesa esta postura y es sincero en sus intenciones, ciertamente se verá obligado a abstenerse de emitir una opinión vinculante, con tal de no invadir la esfera del otro. Sin embargo, quien no se rige por la honestidad intelectual sino por su lealtad al poder político, tomará partido por la opinión más cercana a las élites, pues así como Kant deificó a la razón, Hegel consideró al Estado moderno como su encarnación suprema.

A diferencia del Estado moderno, las ciencias modernas no están articuladas conforme a un sistema integral que las lleve a un centro, y aunque todas se esfuercen por ser racionales dentro de su ámbito, sus conclusiones no necesariamente coinciden. Un ejemplo lo tenemos con los restos de Hernán Cortés, pero sobre todo con los de Cuauhtémoc, donde historiadores, antropólogos o arqueólogos podrían tener razones legítimas para discrepar sobre su autenticidad. A lo que voy es que el documento de la *tradición de Ixcateopan,* que ubica los restos del tlatoani en Guerrero, podría ser auténtico pero no así su contenido. Otra posibilidad es que ambos sean verídicos pero no así los restos físicos, pues estos podrían pertenecer a otra persona. En dado caso, un genetista podría determinar su procedencia. Sin embargo, nada de esto tiene relevancia porque las autoridades del estado ya han declarado la autenticidad, dejando sin efecto cualquier disputa. Por ende, el principio unificador de este conjunto de teoría científicas es la burocracia administrativa del estado, que les otorga validez universal cuando las absorbe o incorpora en la legislación.

Nótese que el estado moderno o posmoderno no se restringe a la institucionalidad convencional de los poderes públicos, pues este abarca también a los medios de comunicación, la intelectualidad del sistema, el aparato educativo y las organizaciones no gubernamentales que en teoría son "independientes". Por ende, la hegemonía de determinada ideología en las élites de la farándula, irremediablemente determinará quién tiene la razón ante una polémica pública. Lo que quiero decir, es que si la elite mediática es feminista y pertenece a la generación de cristal, que se guía principalmente por los sentimientos y las emociones, la opinión "cruda" e "insensible" de un médico no puede competir con la "responsabilidad afectiva" de una celebridad simpática en las redes sociales. Más aún cuando la verdadera sociedad carece de verdaderos instrumentos para defenderse de la maquinaria ideológica establecida por el estado paralelo de los medios de comunicación y el aparato educativo.

Desde mucho antes, la modernidad había sacralizado a la ciencia. Para el protosocialista Henri de Saint-Simon (1760-1825), por ejemplo, era necesario investir de sacralidad a las opiniones de los filósofos, para que estas pudieran ser enseñadas a los niños y a las personas "ignorantes" de todas las edades. Aunque Saint-Simon haya sido superado por su discípulo Augusto Comte (1798-1857), que no era socialista sino positivista, el planteamiento del primero ciertamente triunfó. En efecto, hoy es muy común que los ingenieros sociales envuelvan sus premisas ideológicas bajo el disfraz de un lenguaje rimbombante, dotado de sacralidad científica. Aparentemente, en tiempos de Saint-Simon la sacralización de la ciencia era una idea innovadora y reformista. Sin embargo, si la analizamos en retrospectiva, no es muy difícil identificar aquí a una práctica común de las élites en todo tiempo y en todo lugar. Los líderes tribales de Guinea, por ejemplo, han tratado de legitimar la mutilación genital femenina, presentándola como una práctica asociada a mandatos del profeta del islam, aunque los eruditos de esa religión concluyen casi con total unanimidad, que esto es una "innovación". Las verdades "científicas" o mas bien sacralizadas, siempre fueron proclamadas desde el poder de las élites. Para el filósofo brasileño Olavo de Carvalho[2], por más exquisitos que puedan ser los argumentos de una ideología, esta no tiene como propósito realizar una descripción imparcial de la realidad sino aplicar sus propias premisas de manera "retroactiva" a esta última, para justificarse a sí misma. El siglo XIX fue el siglo cientista por excelencia. Por ende, no es ninguna casualidad que Carlos Marx (1818-1883) haya presentado sus teorías como un "socialismo científico" o que la "supremacía blanca" se haya reformulado en esa misma época como una verdad dotada de ciencia, cuando en el pasado esta había sido sacralizada como valor religioso en el protestantismo estadounidense. En el mundo de hoy, por más que algunos hayan anunciado la "muerte" del racionalismo, es innegable que los paradigmas cientificistas de la modernidad continúan vigentes. Por ende, no es de extrañarse que la ideología de género, el feminismo o la "teoría queer" sean profesados por los sectores más "ilustrados" de la sociedad actual. Curiosamente, una reinterpretación de las mismas falsas teorías cientificistas y racionalistas que en los años treintas del siglo pasado habían servido para justificar la "superioridad" de la raza blanca, se usa en la actualidad para negar la existencia misma de las razas. Irónicamente, el objetivo es esencialmente el mismo, ya que la negación de la pluralidad racial y étnica en los seres humanos sirve ahora a los globalistas para justificar la imposición de un modelo único de sociedad. En palabras del identitario británico Jonathan Bowden, a estos "antirracistas" realmente no les gustan las personas no eurodescendientes a quienes dicen "amar" pues quieren que se conviertan en occidentales, que pierdan su identidad y que occidente se fusione con ellos. El uso de la sacralidad científica con fines ideológicos no es entonces "extraordinaria".

Ya en 1996, el científico estadounidense Alan Sokal había logrado que una revista publicara un artículo parodiado que describía las leyes de la gravedad como una "construcción sociolingüística". El texto era en realidad una broma, plagada de jerga posmoderna y cuyo propósito era evidenciar la falta de rigor académico a cargo de una élite intelectual que aprecia más al lenguaje rimbombante que la sencillez de la lógica. Sin embargo, la sacralización de las opiniones ha venido evolucionando en los últimos años. Hasta antes de la pandemia, por ejemplo, cualquiera que declarara mediáticamente su oposición a la "paridad de género" obligatoria en las elecciones o que se atreviera llamar por su pronombre masculino a un transexual, habría sido catalogado como misógino, como homofóbico o como "ultraderechista". Cualquier publicación de ese talante en las redes habría recibido montones de reacciones con indignación y enojo de parte del sistema y sus borregos. Hoy, la cultura de la cancelación se ha agravado, pues quien haga algo como esto no solo perderá a muchos de sus "amigos" o se quedará sin trabajo sino que también podría ser judicializado. Si la persona es un comunicador, lo sacarán del aire. Pero a esto se añade ahora algo todavía más peculiar, pues cualquiera que muestre desagrado ante las consignas feministas o se rija por el hecho de que la realidad genital o cromosómica verdaderamente determina el género de las personas, será catalogado como "ignorante" o como "tonto". Más que indignación, una declaración de ese tipo provocaría una lluvia de emoticones con la etiqueta de "me divierte", tal como si las posturas del feminismo o de la transexualidad fuesen tan incontestables como la ley de la gravedad. Si no eres "chic" como la élite progre del medio artístico, los gobiernos o las universidades, te arriesgas a quedar en ridículo, del mismo modo en que los cortesanos del rey del cuento, su séquito de admiradores y hasta el propio monarca tenían temor de admitir ante los demás, que ellos tampoco podían ver el traje y que el rey verdaderamente estaba desnudo.

Evidentemente, el leviatán que se ha erigido como el gran poder opresor contra la humanidad, es inimaginablemente poderoso. No obstante, la buena noticia es que a diferencia de lo que ocurría en los años noventa, el sistema que gobierna al mundo ya no aparece ante nuestros ojos como una "novedad embriagadora". Lejos de eso, hoy estamos en condiciones de reconocer a la globalización como una alianza de ideologías conocidas, donde el progresismo de los nuevos movimientos sociales (feminismo, antirracismo, multiculturalismo, LGBTQ

+) avanza de la mano de los grandes conglomerados financieros, tecnológicos y del entretenimiento (Silicon Valley, Hollywood, Wall Street).[3]

Aunque en la actualidad, el término "neoliberalismo" se ha convertido en una piñata que todo mundo puede golpear para obtener aplausos, la sobrecarga limita nuestra lucidez para comprender la confusa "complejidad" e inexactitud del término "neoliberalismo". Hoy, la propia Claudia Sheinbaum ha declarado en los 100 puntos de su programa de gobierno, que el neoliberalismo no regresará jamás. Sin embargo, esto es inexacto. Si el neoliberalismo no puede regresar, no es porque su concepción del mundo haya sido abandonada. Más bien, el neoliberalismo no puede "regresar" a nuestras vidas porque nuestras vidas se han convertido en neoliberalismo. El neoliberalismo nunca se fue. Simplemente dejó de ser una ideología política o un concepto abstracto para convertirse en la única realidad concreta de la existencia.

A lo que voy, es que la izquierda intenta reducir al neoliberalismo a una dimensión meramente económica. De ahí que en la retórica de sus líderes se hable preferentemente del rechazo al "modelo neoliberal" con sus privatizaciones, sus rescates bancarios, sus medidas de apertura comercial y su rechazo a cualquier participación del estado en la economía. Sin embargo, las consignas antineoliberales de la izquierda son engañosas porque se limitan a considerar las dimensiones económicas de este, dejando de lado sus aspectos sociales o culturales.

Al principio de su mandato, López Obrador afirmó, en un breve lapso de sensatez, que el neoliberalismo había alentado al feminismo y al ecologismo.[4] Dicho comentario causó ámpula hasta en sus propios partidarios. Sin embargo, por más que se nieguen a reconocerlo, muchos izquierdistas saben que las dimensiones culturales y sociológicas del neoliberalismo no están siendo cuestionadas por sus líderes y que estos se están plegando a un esquema internacional que les impide hacerlo. De ahí la importancia de remontarnos a los años noventas, que es cuando el neoliberalismo se hace hegemónico a escala global, para explicar los fenómenos que llegaron después.

EL NEOLIBERALISMO PROGRESISTA

En nuestro continente, la narrativa oficial de la izquierda representada por el Foro de Sao Paulo y en México por el partido MORENA, remonta el inicio del período neoliberal en México al año 1982. Sin embargo, la realidad es que todavía hasta 1986, el gobierno mexicano seguía siendo fiel a la ortodoxia priista de antaño. En aquel entonces, la política oficial afianzaba los vínculos entre México y la URSS, condenaba la invasión yanqui en Grenada, apoyaba a Cuba y denunciaba la intervención de diplomáticos estadounidenses en la vida nacional. En 1983, el gobierno había "blindado" la Constitución contra cualquier reforma "peligrosa" de la economía a través de un reforzamiento del artículo 25, que otorga explícitamente al Estado la rectoría del desarrollo nacional (...) *"El Estado planeará, conducirá, coordinará y orientará la actividad económica nacional"*.[5]

La idea de que el periodo neoliberal empezó en 1982 con Miguel de la Madrid, se ha convertido en un dogma sacrosanto, recitado millones de veces en artículos y publicaciones de toda índole. Sin embargo, no todos los autores aceptan automáticamente estas afirmaciones.

Ciertamente, Miguel de la Madrid privatizó algunas de las más de mil empresas paraestatales que existían en el país y formalizó la entrada de México en el Acuerdo General sobre Aranceles Aduaneros y Comercio (GATT), antecedente de la Organización Mundial de Comercio (OMC) en 1986. Sin embargo, cuando México ingresó al acuerdo, otros países latinoamericanos ya eran miembros. Hasta antes de esa fecha, la integración comercial de México con los Estados Unidos era profunda por la cercanía geográfica, pero prevalecían las barreras arancelarias regulares.

Para el autor neoliberal Leopoldo Escobar, etiquetar a Miguel de la Madrid como neoliberal es engañoso porque en términos comparativos, el comercio exterior de la Venezuela chavista actual, es mucho más libre que el que había en México en 1987, un año antes que Miguel de la Madrid dejara la presidencia[6]. Como ya habíamos dicho, México no se sumó al GATT sino hasta 1986 pero participaba en el Consejo de Ayuda Mutua Económica (CAME o COMECON), creado por la URSS para los países socialistas y sus aliados.

En su libro sobre las dinastías políticas del priismo, el periodista neoleonés Ramón Alberto Garza describe al comercio exterior de aquella época con estas palabras:

> *«En esos tiempos de no apertura comercial, en los que la ruta económica de la nación se trazaba en las oficinas de la Secretaría de Industria y Comercio, quien ocupaba esa cartera era de facto un vicepresidente de Economía. Por su escritorio pasaban todos los permisos de importaciones y exportaciones, se aprobaban aranceles, se dictaban los precios de garantía de los productos básicos y se definían los precios de los energéticos.» (Garza, 2024)[7]*

El propio Miguel de la Madrid, dos décadas más tarde, declaró ante el periódico "La Jornada" que haber limitado el crecimiento de la intervención del estado en la economía y haber impulsado al sector privado no es motivo suficiente para calificar a su gobierno como "neoliberal". Además, no era la primera vez que un gobierno de ese tipo implementa políticas económicas de mercado para salir de una crisis. En el sexenio de su antecesor José López Portillo, el gobierno había permitido la operación de depósitos en dólares para facilitar el comercio exterior. Después, la autorización terminó abruptamente, provocando pérdidas económicas a los que cayeron. Años atrás, tanto Miguel Alemán como Plutarco Elías Calles habían recurrido a liberalizaciones temporales. Sin embargo, estas se relacionaban con la reputación internacional de un gobierno que quería presentarse como "moderado" a los ojos de las potencias occidentales y con la necesidad de generar empleos ante los deficientes resultados de la economía burocratizada, etc.

¿Por qué entonces se habla de 1982 y de Miguel de la Madrid como el comienzo del periodo neoliberal? Porque aún reconociendo la veracidad de todos aquellos estudios elaborados con seriedad, que enuncian y analizan los cambios económicos implementados por su gobierno, la etiqueta funge como recurso propagandístico para futuros académicos o historiadores que permiten la "regeneración" del sistema a través de una crítica del pasado. En el caso concreto de Miguel de la Madrid, su categorización como el primer "neoliberal" deriva también de una responsabilidad por asociación, cuyas repercusiones fueron más políticas que económicas. En efecto, es en 1982 cuándo Miguel de la Madrid sucede a José López Portillo como Presidente de la República. Previamente, Miguel de la Madrid había sido Secretario de Programación y Presupuesto, institución de dónde proviene la facción reformista integrada por Pedro Aspe y Carlos Salinas de Gortari. Cuando Miguel de la Madrid sustituye a López Portillo como Presidente en 1982, este pasa a la estafeta a Salinas para que dirija la secretaría de Programación y Presupuesto. Seis años después, Miguel de la Madrid le cede a Salinas la propia Presidencia de la República, en una sucesión presidencial que fractura al PRI en un sector reformista, que logra triunfar, y un sector de izquierda, encabezado por Cuauhtémoc Cárdenas, que es marginado y después reprimido.

Conforme a la visión actualmente aceptada, Miguel de la Madrid es un villano, al que se acusa de haber abandonado los principios de la Revolución Mexicana en aras de imponer un proyecto neoliberal. Siguiendo con esta misma narrativa, el fraude electoral perpetrado por Manuel Bartlett en 1988 solo es el último de toda una serie de actos destinados a evitar el triunfo de la Corriente Democrática encabezada por Cuauhtémoc Cárdenas y Porfirio Muñoz Ledo, a la cual se había tratado de aislar, frenar y combatir por tratarse de una disidencia peligrosa. La lucha de la Corriente Democrática sería entonces una lucha contra el neoliberalismo y contra los fraudes electorales perpetrados por el PRI. Sin embargo, es importante señalar que apenas dos años antes de 1988, las acciones represivas más sonadas del gobierno de Miguel de la Madrid se habían dirigido preponderantemente contra la oposición de derecha. A diferencia de lo que pasó en 1988, el régimen había justificado los fraudes electorales, las golpizas y el encarcelamiento de militantes panistas en Baja California, Chihuahua y Sinaloa, con la consigna de que las movilizaciones de la Iglesia y los trabajadores a favor del PAN eran parte de un operativo de Estados Unidos para desestabilizar al país[8].

En 1986, dos años antes de su "ruptura" con el PRI, el gobernador de Michoacán Cuauhtémoc Cárdenas no tuvo problemas en reconocer el triunfo de alcaldes panistas en algunos municipios de su entidad pero sí estaba consciente de que era necesario blindar a Michoacán ante el crecimiento de la derecha. De ahí que este propusiera al congreso de su estado, una iniciativa para frenar la enseñanza religiosa y evitar la proliferación de "sectarios católicos", a quienes se catalogaba como gente de "agresiva irracionalidad" y de un "estoicismo político" antidemocrático, antifraterno y antiigualitario[9]. Curiosamente, quien desempolvó este recuerdo en un debate por la gubernatura de la Ciudad de México en 1997, fue Alfredo del Mazo, candidato postulado por el PRI neoliberalizado de

Ernesto Zedillo, que al fustigar a Cárdenas realmente se estaba desmarcando de la versión anterior del PRI, que a partir de la ruptura de 1988, ya estaba representada por la corriente política dirigida por el ingeniero Cárdenas.

De acuerdo al contexto de los ochenta, cuando el PRI aún no se dividía, la iniciativa antirreligiosa de Cárdenas estaba muy a tono con la campaña impulsada a nivel nacional por un gobierno que en sendos desplegados se había pronunciado contra la conducta "reaccionaria" de la Iglesia Católica y a un retorno del porfirismo[10].

Otro tema que no se ha explorado suficientemente es la relación entre México y los Estados Unidos en ese periodo. Si bien se acusa al presidente Ronald Reagan de haber impulsado una "guerra de las galaxias", de fomentar un exacerbado anticomunismo y de sostener políticas agresivas contra regímenes que no se ajustaban a los estándares estadounidenses, esto no era así en un principio. En 1980, salió a la luz un esbozo de mercado común donde Estados Unidos eliminaría barreras migratorias a cambio de acceso a los hidrocarburos. Pese a que Reagan dio su respaldo al proyecto, tanto México como Canadá lo rechazaron y en una visita a ese país, López Portillo declaró que las fuentes energéticas de México no se usarían para mantener altos estándares de vida en otras naciones.[11] Si bien todo esto se encontraba aún en el terreno de las hipótesis, lo relevante aquí es señalar que, Reagan estaba dispuesto a continuar la clásica política de "tolerancia" ante su vecino pese a la verdadera naturaleza del régimen mexicano, que seguía siendo un hervidero de espionaje soviético y realizaba acciones hostiles.

MÉXICO, LAS DROGAS Y EL COMUNISMO INTERNACIONAL

Muchos estudiantes mexicanos se encuentran más o menos familiarizados con los relatos de la guerra del opio, cuándo con el fin de compensar su déficit comercial por la alta demanda de té, porcelana y seda provenientes de China en el Reino Unido, los ingleses empezaron a exportar opio a China desde la India. Los efectos del opio en la población fueron devastadores y el emperador chino Daoguang se vio obligado a prohibir su venta y consumo desde 1829. Al final, la derrota militar de China (1839-1842 y 1856-1860) propició que los ingleses se anexionaran Hong Kong y que las potencias europeas pudieran imponer intercambios desiguales al Imperio Chino. Como podemos ver, el resentimiento de los chinos hacía los países occidentales es comprensible y no es ninguna casualidad que ahora ellos estén dirigiendo su comercio desleal hacia nuestro hemisferio, como parte de una venganza histórica.

En 1928 por ejemplo, algunas fuentes señalan que Mao Tse Tung impulsó la producción de opio a gran escala para enviarla a las zonas controladas por los señores de la guerra no comunistas para "ablandar" la zona y preparar la incursión de sus tropas, prohibiendo posteriormente el consumo de narcóticos. Aunque el foco del asunto haya sido el curso de una guerra, del mismo modo en que el conflicto actual entre China y Estados Unidos es esencialmente económico, no podemos soslayar el papel de las drogas en la destrucción de las sociedades, y el hecho de que estas bien pueden emplearse como herramienta para debilitar al adversario.

Varios siglos atrás, en tiempos de los incas, se decía que estos permitían durante un tiempo el uso de alcohol y sustancias entre los pueblos sometidos para minar las bases de sus sociedades y facilitar su anexión al imperio. Incluso después, en tiempos del virreinato, los poderes locales sabotearon la aplicación de las leyes expedidas por las autoridades españolas para frenar el alcoholismo en las comunidades indígenas, pues a través del vicio y de los elevados gastos de las ferias patronales, los caciques mantenían a las comunidades en un estancamiento económico perpetuo. En Alaska y en poblaciones indígenas de Canadá por ejemplo, la introducción del alcohol y después de las drogas, fue igualmente devastadora para el tejido social nativo.

Probablemente, eso es lo que tenía en mente Laurenti Beria, cuando se dirigía a los estudiantes de la Universidad Lenin para hablarles de la importancia de la psicopolítica como herramienta para crear técnicas revolucionarias especiales diseñadas para producir el caos en la cultura del enemigo. Conforme al manual comunista de instrucciones sobre la guerra psicopolítica, el propósito es obtener el dominio de las mentes y los cuerpos de las personas importantes de la nación. Estos comentarios son importantes porque esto sucedió antes de 1936, cuando el "conservador" Stalin gobernaba la Unión Soviética y Rusia atravesaba por un periodo de retradicionalización, en el cual se estaban prohibiendo tanto el aborto como algunos excesos feministas y otros experimentos sociales cuyo resultado había sido devastador en el tejido social del país. Stalin estaba consciente del daño que estas cosas podían hacer en una sociedad. De ahí su interés por prohibirlas en Rusia pero fomentarlas en otras partes del mundo.

Siguiendo con el manual, la idea era aprovechar la ociosidad de los ricos en Estados Unidos y las potencias europeas para incitarlos al desenfreno, a la perversión y a una criminalidad que los llevara a una enfermedad mental que facilitara el colapso de sus sociedades.

Stanton Candlin, un estadounidense pionero en el estudio del globalismo en su forma china, describió cómo en 1934 la Comintern, que era la plataforma usada por los soviéticos para dirigir la política de los partidos comunistas y sus aliados a nivel internacional, puso en práctica un experimento donde estudiantes drogados y no drogados, se enfrentaron a la policía neoyorquina, teniendo como resultado un mejor desempeño en el tumulto por parte de los drogados. Según esta versión, los alborotadores fueron rescatados por un colectivo a favor de los "derechos civiles" y llevados a la Escuela Rand de Ciencias Sociales, dirigida por comunistas. Dos días después, en la Liga para la Democracia Industrial se habría desarrollado una Magna conferencia donde se habló de un posible uso de la marihuana como medio de acondicionamiento para la violencia revolucionaria. En ese evento, un experto mexicano explicaba que México había sido un campo de pruebas para esa técnica, cuyo propósito era dilucidar el efecto de esta sustancia en la inhibición de las emociones, el miedo, la indecisión o el dolor que podrían provocar los gases lacrimógenos en un tumulto. Al final de la conferencia, los asistentes no solo se mostraron complacidos con el experimento, pues también se comprometieron a apoyar campañas para conseguir que la marihuana fuese aceptada socialmente desde una perspectiva liberal. Es decir, tomando como premisa el derecho a la libertad de elección.

Mientras tanto, la operación china para producir opio y otras drogas se desarrollaba preponderantemente contra Japón. En 1949, las fuerzas yanquis de ocupación se percataron del problema y en 1951, la policía japonesa obtuvo la suficiente información como para identificar el origen de las drogas que ingresaban a través de comunistas chinos y norcoreanos. Cabe señalar que entre estas drogas había también sustancias sintéticas muy peligrosas que perjudicaron gravemente la salud de los japoneses en la década posterior a la Segunda Guerra Mundial, donde el elevado número de lisiados y traumatizados era un caldo de cultivo para la venta de narcóticos. Aunque Candlin culpa principalmente a los comunistas chinos, se sabe que los rusos estaban conscientes de la operación porque después de la Guerra de Corea, expertos soviéticos y checoslovacos experimentaron con prisioneros de guerra estadounidenses y surcoreanos, a quienes administraban sustancias como parte de un programa de control mental.

En una reunión del Comité Central Soviético, el ideólogo Mikhail A. Suslov dijo en un discurso que la estrategia de los chinos en Asia era desarmar a los capitalistas con las cosas que les gustaba probar, refiriéndose en este caso a las drogas y no es para menos. En el libro Cocaína Roja del autor Joseph Douglas, se narra también la forma en que los soviéticos, a través de sus satélites checoslovacos, buscaron adueñarse de una red cubano-mexicana que ya desde los años sesenta, se encargaba de la producción y distribución de droga en Norteamérica. No olvidemos que la revolución cubana originalmente se fraguó en México, con apoyo de funcionarios del gobierno y especial participación de Fernando Gutiérrez Barrios, baluarte de la Dirección Federal de Seguridad, y que igualmente tuvo un papel destacado en la formación de los servicios de inteligencia cubanos.

Para 1984, cuando se hallaron 8000 toneladas de marihuana en un rancho de Chihuahua y los medios estadounidenses dieron cuenta del sistema de protección a las operaciones masivas del cártel de Guadalajara, la DFS ya había "transicionado" del espionaje a labores más bien delictivas.

Esto es explicado de forma detallada en la obra *"Todo lo que debería saber sobre el crimen organizado en México"*, publicada por el Instituto Mexicano de Estudios de la Criminalidad Organizada en 1998.

Sin embargo, del mismo modo en que en la actualidad, los estadounidenses han sido renuentes a catalogar a los cárteles como grupos terroristas, la participación de la Unión Soviética tampoco se reconocía públicamente en aquella época, pues tal cosa habría obligado a las autoridades a investigar un aparato financiero en donde las propias élites del capitalismo anglosajón están involucradas.

Aún así, justo en el año de los hallazgos en Chihuahua, el Gral. Paul F. Gorman, Jefe del Comando Sur de los Estados Unidos, declaró públicamente que México era un estado de partido único, afín a la izquierda internacional, con un gobierno extremadamente corrupto y que en unos pocos años, se convertiría en la peor amenaza para la seguridad de Estados Unidos.

Poco a poco, los medios estadounidenses empezaron a publicar noticias sobre los supuestos nexos del gobierno mexicano con los cárteles de la droga. Tanto esto como la pésima imagen del gobierno por los malos manejos del terremoto de 1985 y el asesinato del agente de la DEA, Enrique Camarena en territorio mexicano, inquietó a la clase política mexicana por la posibilidad de que Estados Unidos impulsara un cambio de gobierno en nuestro país..

En efecto, entre 1983 y 1986, el PAN había dejado de ser una oposición leal o una escuela de "civismo" para convertirse en una fuerza social combativa. En vista de que esto se suscitó principalmente en Estados como Chihuahua, Baja California, Sinaloa o Durango, la idea de que Estados Unidos estuviese interviniendo en la "desestabilización", preocupó al gobierno. Esto sin mencionar que estos estados son precisamente los más candentes en cuanto al tema de los narcóticos, lo cual no era advertido por la opinión pública, que solo estaba siendo informada sobre la represión y encarcelamiento de militantes panistas.

De acuerdo a la edición del Excélsior del 1 de noviembre de 1986, el dirigente panista Manuel Clouthier entregó con sus compañeros un "Manifiesto al Pueblo de los Estados Unidos", donde pedían al Congreso de ese país que no aprobara más préstamos al gobierno de México, porque era "público y notorio el fenómeno de la corrupción en las esferas oficiales" y eran "utilizados para fines indebidos" mencionando también el problema de "la siembra, tráfico y consumo de estupefacientes".

Ciertamente, el gobierno podría haber hecho frente a una guerrilla de izquierda, pues si esta hubiera existido, habría sido aniquilada en la sierra sin que esto representara mayores problemas o escándalos mediáticos. Sin embargo, aplastar una insurrección encabezada por empresarios y personas citadinas de la clase media en el norte del país, que en muchos casos tenían familiares residiendo en Estados Unidos, era mucho más problemático. Lo que se temía es que en determinado momento, Manuel Clouthier pudiese recibir el respaldo de Ronald Reagan porque si esto sucedía, el PRI no podría imponer a su candidato sino a costa de un gran estallido social, con probables repercusiones internacionales.

Hasta mediados de los ochentas, el panismo era el principal portavoz de las reivindicaciones a favor del pluralismo, la democracia electoral y la libertad de expresión, que había sido reprimida en el norte del país, donde el PRI había perpetrado sendos fraudes electorales, con el apoyo de la izquierda "independiente". En Estados como Coahuila, algunos cuadros decepcionados por el colaboracionismo de los dirigentes de esta izquierda supuestamente independiente, con el PRI, también empezaron a barajar la posibilidad de apoyar al

PAN. El sostenimiento del régimen requería entonces de una operación mucho más cautelosa, bien planeada y que pudiese trastocar el mapa político del país, generando nuevos focos de distracción hacia el centro y desactivando cualquier posible amenaza en el norte, que por su cercanía geográfica con los Estados Unidos y su lejanía con respecto a la Ciudad de México, habría sido de difícil control.

EL INGENIERO CÁRDENAS Y LA OTRA "DISIDENCIA"

En 1986, Cuauhtémoc Cárdenas encabezó junto con Porfirio Muñoz Ledo e Ifigenia Martínez la Corriente Democrática del PRI como una tendencia crítica hacia al gobierno de Miguel de la Madrid, pero no desde una perspectiva reformista sino todo lo contrario. Para este grupo, la apertura hacia el comercio exterior y el estímulo a las actividades económicas privadas favorecía a la derecha y ponía en peligro la supervivencia del régimen. De hecho, algunos de los personajes centrales de la corriente habían sido muy vocales en su denuncia contra el PAN en los años anteriores, al cual caracterizaban como una quinta columna al servicio de los Estados Unidos, de la Iglesia Católica y el neoporfirismo. Tales actitudes se evidenciaron en los procesos electorales de Chihuahua de 1986 y en otros de la misma época en Durango y Sinaloa, donde se perpetraron fraudes electorales para favorecer al PRI y que a veces fueron descritos como "fraudes patrióticos".[12]

En un artículo de Soledad Loaeza, basado en fuentes de la época, se menciona que la escisión encabezada por Cárdenas y Muñoz Ledo, era consecuencia de la marginación por parte de la administración de Miguel de la Madrid, de algunos políticos de abolengo ligados al expresidente Luis Echeverría. Para la Corriente Democrática, el régimen del PRI estaba en peligro por su inacción ante la carestía, su incapacidad para renovar las alianzas con los sectores populares, la sumisión del gobierno ante las exigencias de los organismos financieros internacionales y la adopción de un proyecto neoliberal.

Las reivindicaciones a favor de la democracia electoral sí estaban presentes. Sin embargo, estas se relacionaban directamente con los métodos de selección de candidatos dentro del partido oficial más que hacia afuera, pues se daba por sentado que las elecciones eran un mero trámite. Sin embargo, al estudiar los manifiestos y proclamas de la Corriente Democrática sí se puede advertir que con el paso de los meses, las reivindicaciones pluralistas empiezan a aflorar, así como aquellas que la corriente formula para hacer más eficientes las instituciones, fortalecer al federalismo y generar más "representatividad" en el sistema. La pugna entre este sector y el gobierno de los tecnócratas financieros, a quienes se acusa de haber abandonado los preceptos de la Revolución Mexicana, es fuerte al prinpipio para después moderarse y reaparecer con fuerza al final.

Para la dirigencia del PAN, la posterior aceptación por parte de Cuauhtémoc Cárdenas de la candidatura que le ofrecía el PARM, uno de los partidos satélites del régimen, sugería que la disidencia era en realidad una operación del gobierno para dividir el voto y confundir a la población. Como antecedente, décadas atrás, el gobierno mexicano había negado un registro electoral a la candidatura del comunista Valentín Campa, porque este había hablado mal del gobierno. Algo parecido le sucedió a otra figura de la izquierda opositora, Herberto Castillo, que por su postura crítica frente al régimen fue castigado con la negación de un registro electoral. En vista de que la Corriente Democrática criticaba abiertamente al Presidente y movilizaba a fuerzas populares del propio partido en contra suya y en contra del candidato oficialmente reconocido, que era Carlos Salinas de Gortari, el régimen bien pudo haber excluido totalmente a Cuauhtémoc Cárdenas de la contienda pero eso no sucedió. Lejos de eso, quienes le facilitaron su registro electoral al ingeniero Cárdenas fueron precisamente los partidos "paraestatales" PARM y PPS, que siempre fueron controlados por el gobierno y habían postulado invariablemente a los candidatos del PRI.[13]

En los archivos desclasificados de la extinta Dirección Federal de Seguridad, se incluyen reseñas de encuentros entre Carlos Salinas y Cuauhtémoc Cárdenas[14]. En uno de ellos, Salinas viajó en representación de Miguel de la Madrid a un informe de Cárdenas como gobernador. En otra ocasión, ambos políticos se reunieron para supervisar los trabajos de reforestación del Lago de Pátzcuaro. En la Ciudad de México, Salinas y Cárdenas participaron en un evento relacionado con la reconstrucción de la región tras el sismo de 1985 y el propio Salinas volvió a viajar a Michoacán para firmar un convenio con el gobierno de ese estado. Antes de la fundación de la Corriente Democrática y del PRD, Cuauhtémoc Cárdenas era un gobernador más y no era una figura pública tan conocida. En el papel, los eventos antes descritos eran netamente protocolarios, institucionales y rutinarios. ¿Por qué eran entonces relevantes según la bitácora de seguridad nacional de la época?

Otro punto es que no todos los miembros del ala izquierda del PRI se habían pasado a la Corriente Democrática. Algunos, como el poblano Manuel Bartlett o el chiapaneco Patrocinio González Blanco, se mantuvieron dentro del partido y gozaron de buena relación con Salinas de Gortari, aunque después lo hayan "repudiado". De haber sido necesario, el régimen bien pudo haber premiado a Cuauhtémoc Cárdenas y compañía con algún cargo, pudo haber buscado la reconciliación con ellos o los pudo haber reintegrado de alguna manera, como se hizo en el pasado con otros priistas inconformes ante una sucesión presidencial.

Sin embargo, la disidencia cardenista continuó con la aparente anuencia del régimen. Meses antes de las elecciones, mientras la candidatura de Cárdenas era reforzada con la adhesión de un sector del estado, los sindicatos y los intelectuales orgánicos, el panista Clouthier tuvo que dedicar un tiempo considerable a combatir el boicot extraoficial de los medios de comunicación contra su candidatura. Castillo Peraza, uno de los dirigentes panistas de aquellos años, también recalcó que Cuauhtémoc Cárdenas estaba concentrando su campaña casi exclusivamente en el centro-sur del país, anticipándose a un plan que los panistas habían diseñado para introducir a su partido entre los sectores descontentos con el PRI y los damnificados del sismo de 1985 de la capital. En algunas zonas del sur del país, los panistas denunciaron el bloqueo de sus líneas telefónicas y la cancelación de entrevistas radiales a su candidato. El propio Clouthier organizó un mitin a las afueras de Televisa para protestar contra una cobertura mediática totalmente a favor del candidato del PRI. Si bien es cierto que esto afectaba a otros candidatos de oposición, la categorización de Cuauhtémoc Cárdenas como un "traidor" al PRI[15], por más negativa que ésta fuera, contribuía a presentarlo ante la opinión pública como un verdadero contendiente de la campaña, situación que contrastaba con la invisibilización de la figura de Clouthier a lo largo de los meses.

En cuanto a la oposición de izquierda, Loaeza puntualiza que para Luis H. Álvarez, había motivos para dudar de su "autenticidad" porque ésta siempre había sido subsidiada por el gobierno y nunca pudo penetrar verdaderamente en el pueblo. En dado caso, tanto la declinación de la izquierda marxista y su candidato Heberto Castillo como el respaldo de los partidos satélites del régimen eran elementos suficientes para concluir que el gobierno operaba por medio de ellos.

"Su apoyo a Cuauhtémoc Cárdenas no fue a sus ojos más que la prueba de que su candidatura era una "operación gubernamental" que servía a varios propósitos: debilitar a la izquierda de inspiración marxista, restar los votos de protesta que podía captar

> *el PAN, crear un espacio fuera del PRI para antiguos funcionarios y políticos descontentos y añadía que también sería utilizada como arma de negociación con Estados Unidos para justificar el regreso"[...] cuando le sea necesario y conveniente, a su vieja política socializante y populista..."*

Si bien todos estos episodios quedaron en el olvido cuando se impuso oficialmente la narrativa del fraude electoral contra Cárdenas, el proceso para que el izquierdista Heberto Castillo, que por fin podía hacer realidad su sueño de contender en las elecciones, declinara su candidatura, no se dio tan suavemente como parece. Esta misma narrativa oficial que presenta a Cárdenas como una víctima pasiva de un fraude en 1988, por ejemplo, saca a relucir que Salinas de Gortari, por medio de su enlace Manuel Camacho Solís, intentó convencer a Heberto Castillo de no declinar. Sin embargo, no otorga la misma importancia al hecho de que el propio Castillo era abordado reiteradamente por la otra vertiente "desgajada" del régimen para pedirle que se "bajara" de la candidatura y le diera su respaldo a Cuauhtémoc Cárdenas. En parte, porque estos acontecimientos sugieren que en realidad, la posición de Carlos Salinas no era tan fuerte como parecía. Eventualmente, muchos cuadros pertenecientes a la oposición de izquierda terminaron decepcionados ante la forma en que Cárdenas, Muñoz Ledo y otro grupo afín al régimen, conocido como "ferrocarril" y luego como "los chuchos", operaron para "quedarse" con su registro electoral, sus simpatizantes y el trabajo de muchos años en las bases y en la cárcel.

Como veremos más adelante, México sería pieza clave en el ajedrez de la globalización y Estados Unidos ya no estaba dispuesto a tolerar a un régimen como el de aquellos años. De ahí que los servicios de inteligencia de ese país desarrollaran una guerra de baja intensidad contra México a finales de los ochenta. Sin embargo, la "dictadura perfecta" supo maniobrar en medio de aquella difícil coyuntura internacional pues con las elecciones de 1988, el régimen logró canalizar las aspiraciones pluralistas y democráticas de las clases medias hacia una facción izquierdista del propio gobierno, eclipsando a la figura de Manuel Clouthier. Paralelamente, la radicalización de la izquierda como resultado de las elecciones y la represión que vino después, sirvió para que el régimen pudiera legitimarse ante los Estados Unidos. A diferencia de los fraudes electorales contra el PAN en el norte del país, el régimen podría justificar el fraude que impuso en la Presidencia a Carlos Salinas bajo la premisa de qué la izquierda contra la que se actuó, era hostil a las reformas democráticas y a los intereses estadounidenses. Al presentarse como los salvadores de las reformas, los promotores de esta estrategia estaban dándole nueva vida a un régimen que ya no era del agrado de los Estados Unidos y que de este modo, habría de tener una continuidad.

Según el ingeniero Cárdenas, él jamás claudicó en su firme petición para que se limpiaran las elecciones y por eso se reunió con Salinas de Gortari en el punto más álgido de la disputa electoral, para pedirle que se hiciera un muestreo y se zanjara la duda de una vez por todas[16]. Aparentemente, Salinas esperaba otro tipo de negociación, donde el ingeniero Cárdenas le pediría espacios en el gobierno o en el Congreso a cambio de reconocer su derrota. Es evidente que esto no sucedió porque a pesar de haber logrado un segundo lugar, las fuerzas afines a Cuauhtémoc Cárdenas se vieron sumamente mermadas.

El panorama posterior a las elecciones es ilustrativo en este sentido porque al poco tiempo de habérsela "rifado" con Cuauhtémoc Cárdenas, a quien le habían ofrecido su registro y un apoyo irrestricto, los dos partidos "paraestatales" PARM y PPS se desvincularon de él y regresaron a la clásica postura de apoyo al gobierno. Eso sí, no sin antes haberse beneficiado con una votación récord, que jamás habrían podido conseguir sin la imagen de Cuauhtémoc Cárdenas. En su momento, el cardenismo tuvo que conformarse con el registro del pequeño partido de Heberto Castillo, que si no hubiese accedido a entregárselo para crear el PRD y a declinar su candidatura meses atrás, probablemente hubiese perdido el registro, a menos que hubiese llegado a un acuerdo previo o posterior con Salinas de Gortari, como sí hicieron los futuros líderes del PT.

Habiendo dicho todo esto, no habría motivos para cuestionar la veracidad del relato del ingeniero Cárdenas, quien reitera haber permanecido incólume e incorruptible ante el tipo de negociación que Salinas esperaba. Sin embargo, por muchos años, Cuauhtémoc Cárdenas se había rehusado a reconocer que la reunión con Salinas sí había tenido lugar. ¿Por qué? Una posibilidad, es que Cárdenas haya querido mantener la discreción porque en opinión de Porfirio Muñoz Ledo, cualquier negociación con Salinas estaba fuera de lugar. Al menos en la teoría, Miguel de la Madrid seguía siendo el presidente. Además, Carlos Salinas había sido desairado por importantes facciones del sistema, que boicotearon su campaña. En más de una ocasión durante la campaña, estos grupos recibieron a Salinas con rechiflas e insultos. Incluso se llegó a sugerir que en el punto más álgido del conflicto, la lealtad de Fidel Velasquez ante Salinas se tambaleaba. Para Muñoz Ledo, el segundo al mando en el FDN, aún era posible arrastrar a gente del propio gobierno en una resistencia que obligaría a Miguel de la Madrid a negociar desde una posición mucho más débil. Sin embargo, si se hubiese impuesto la visión de Muñoz Ledo, la confrontación habría derivado en una escalada de violencia que Cuauhtémoc Cárdenas no deseaba. De ahí su deseo de ocultar su encuentro con Salinas ante ante un candente y agresivo Porfirio Muñoz Ledo, pero también ante Heberto Castillo, cuyo liderazgo fue anulado deliberadamente por Cárdenas en el punto más álgido de la contienda electoral. Probablemente, si Castillo hubiese negociado con Carlos Salinas, este último le habría hecho una propuesta semejante a la que después se les hizo a los dirigentes del Partido del Trabajo para convertirse en una cuarta fuerza política, con la salvedad de que bajo el liderazgo de Castillo, el Partido Mexicano Socialista habría tenido una proyección verdaderamente nacional, como aliado crítico de Salinas, y no una posición marginal como la que tuvo el PT, que era más débil. En dado caso, cualquiera de los dos escenarios ponía a Cuauhtémoc Cárdenas en una posición precaria. De ahí que éste optara por una vía media, que lo convertiría en el único líder de una oposición de izquierda unificada, con posibilidad de acceder al poder posteriormente, una vez que las condiciones del país fuesen adecuadas.

Otra posibilidad, es que al ingeniero Cárdenas le apenaba reconocer la existencia de esa reunión por sus nulas capacidades de negociación o porque verdaderamente, Salinas logró convencerlo mediante engaños, de que hiciera concesiones vergonzosas a cambio de algo que Carlos Salinas no cumplió. Es importante mencionar también, que de acuerdo a todas las versiones, Manuel Camacho Solís también estuvo presente, pero como parte del equipo de Carlos Salinas de Gortari. Una década más tarde, Manuel Camacho sería uno de los principales asesores del PRD y una de las figuras más importantes del entorno de Andrés Manuel López Obrador.

En vista de que Cárdenas reconoce la existencia de otras dos reuniones posteriores entre su equipo y el de Manuel Camacho, y que el único propósito del diálogo era limpiar la elección, no podemos descartar que efectivamente se haya hecho algún tipo de muestreo o estudio. Aunque los paquetes electorales fueron quemados después y ya no es posible conocer los verdaderos resultados de las elecciones, el hecho de que 6 años más tarde, el PRI haya obtenido una fácil victoria con Zedillo en una elección más o menos limpia, nos da la pauta para asumir que lo más probable es que Carlos Salinas de Gortari sí haya ganado en 1988, aunque por un margen mucho menor al reconocido por el oficialismo. Aquí habría que matizar también la polémica postura del Partido Acción Nacional frente al proceso electoral, pues si bien Manuel Clouthier había apoyado la resistencia civil encabezada por Cárdenas, este último se había desdicho de su compromiso, que era el de no proclamarse ganador de las mismas, pues por más que este apareciera en la segunda posición, todo apuntaba a que los verdaderos resultados de la elección ni siquiera fueron contabilizados. Además, es muy probable que tanto Cárdenas como el PAN hubiesen actuado así porque a pesar de estar conscientes de que Salinas no siempre contó con el respaldo absoluto del sistema en la campaña, estos estaban conscientes del enorme poder de convencimiento que tenía Carlos Salinas. Por poner un ejemplo, los partidos satélites PARM, PPS y PFCRN, que al final del conflicto postelectoral abandonaron al ingeniero Cárdenas y reconocieron a Carlos Salinas, obtuvieron 119 diputados. Al PMS de Heberto Castillo, que entregó su registro a Cuauhtémoc Cárdenas para fundar el PRD, se le reconocieron 19 diputados y no todos aceptaron su decisión puesto que Alberto Anaya supuestamente desertó para fundar el PT con apoyo de Carlos Salinas. Por ende, un respaldo abierto por parte del PAN a la resistencia cardenista habría podido propiciar el crecimiento del PMS o de los satélites a expensas de su propio partido, que también había enfrentado represión por parte del gobierno en años anteriores. Esto sin mencionar que el proyecto panista se había programado a largo plazo, como una vía para "ciudadanizar a la población" más que para tomar el poder en sí mismo. Aún así, los panistas se opusieron inicialmente al dictamen que declaraba ganador a Salinas[17].

Además, los panistas se habían percatado de que en el entorno de Cárdenas, las consignas contra la apertura económica, contra los empresarios y contra la derecha estaban cobrando fuerza dentro de su discurso, situación que permitiría al PAN recuperar la bandera de la democracia electoral y el el pluralismo en el corto plazo ante la radicalización del PRD. Era lógico que el PAN, por tratarse de la fuerza política más afín a la moderna noción de una democracia liberal y burguesa, sería el receptáculo natural de esas simpatías, y eso es lo que sucedió.

En las siguientes elecciones, donde se votó a diputados en 1991, el PRD de Cuauhtémoc Cárdenas obtuvo una votación muy inferior a la del PAN, aún a pesar de que éste ya estaba alineado con Salinas[18]. Por ende, esto también nos da la pauta para suponer que si Manuel Clouthier hubiera competido en 1988 contra un único candidato priista de ideas socialistas, el panista habría tenido grandes posibilidades de ganar. Si el escenario hubiese sido ese y no el de Cárdenas, cualquier intento de fraude electoral habría sido objeto de una insurrección popular respaldada por los Estados Unidos, que probablemente habría terminado con la renuncia del gobierno en turno y la entrega del poder al PAN.

Desgraciadamente, la sospechosa muerte de Clouthier y el hecho de que Salinas también hubiese operado para someter al PAN y entregarlo a una camarilla de empresarios colaboracionistas, contribuyó a que la maniobra del régimen para crear una disidencia controlada de izquierda se viese eclipsada por la narrativa del fraude contra Cárdenas y la subsecuente represión que el régimen de Salinas desencadenó contra los simpatizantes del PRD. A lo que voy, es que todo esto que he narrado no tiene como propósito denigrar en modo alguno a los miles de luchadores sociales sinceros que se han identificado políticamente con la izquierda. Lejos de eso, lo que quiero destacar es el elevado maquiavelismo del régimen en su afán por conservar el poder.

Además, el hecho de que el cardenismo se haya gestado como una disidencia interna o una ruptura pactada, no quiere decir que no existiera una verdadera lucha de ideas o que la fractura en el sistema político mexicano fuese una simple finta. Ciertamente, el sector de izquierda encabezado por Cuauhtémoc Cárdenas estaba fuertemente sustentado en una tradición histórica e ideológica que rivalizaba con el reformismo privatizador de Salinas. Ciertamente, el corazón de la disputa fue principalmente el tema de la política económica: libre comercio o proteccionismo, desregulación o asistencialismo, estatismo o iniciativa privada, individualismo o populismo, etc. Sin embargo, las dimensiones filosóficas y culturales del neoliberalismo aún no estaban presentes en el debate público ni mucho menos en la imaginería popular.

MÉXICO Y EL NEOLIBERALISMO PROGRESISTA

Aunque las políticas económicas del salinismo bien pueden ser catalogadas como entreguistas o antinacionales, difícilmente podríamos decir lo mismo en cuanto a su política cultural e identitaria. Por más deshonestos y ruines que fuesen sus verdaderos propósitos, es innegable que el gobierno del Presidente Salinas utilizó la propaganda estatal para impulsar la cultura nacional. El sexenio de Salinas popularizó obras culturales, difundió el turismo arqueológico nacional y regeneró el interés por las lenguas indígenas. Precisamente en el marco de las celebraciones por los 500 años del descubrimiento de América en 1992, la programación televisiva se vio inmersa en una fuerte campaña de corte patriótico e identitario. Los desfiles y actos cívicos para conmemorar la independencia o la Revolución Mexicana, nuevamente adquirieron dimensiones grandiosas. Esto sin mencionar la reconciliación con la iglesia, pues es innegable que el cristianismo también es una parte importante de nuestra identidad colectiva como nación moderna.

Ya con Zedillo en el poder, las discusiones que se suscitan entre congresistas estadounidenses sobre la posibilidad de prestar dinero a México para hacer frente a la crisis de 1994, catalogan las reformas económicas en nuestro país como parte de un proceso que se desencadena tras el colapso del modelo soviético[19]. En palabras de los congresistas, la economía de mercado triunfa por ser más robusta, diversificada y real. Se habla de una regeneración de la economía pero no de "neoliberalismo", concepto que ciertamente no es nuevo y que podría interpretarse de diferentes maneras.

En efecto, las principales fuentes de consulta establecen que el término "neoliberalismo" aparece por primera vez en 1938, durante el Coloquio Walter Lippmann[20]. En los años previos a la Segunda Guerra Mundial, tanto el comunismo, como el nacionalsocialismo o el capitalismo norteamericano, recurrían a la rectoría económica del estado para impulsar su rearme industrial, tecnológico y militar. Por ende, en ese coloquio se considera al neoliberalismo como una actualización del liberalismo clásico, cuyas premisas esenciales son la prioridad del mecanismo de precios, la libre empresa, el sistema de competencia y un Estado fuerte e imparcial. Justo después de la Segunda Guerra Mundial, el liberal clásico de la vertiente inglesa Milton Friedman, reafirma estos mismos conceptos en su ensayo de 1951 sobre "el nuevo liberalismo y sus prospectos". Aquí, la retórica de la izquierda recurre a su clásica culpa por asociación, pues si Milton Friedman es "neoliberal" y éste apoyó el programa económico de Pinochet, el neoliberalismo tendría que ser intrínsecamente "malo" a comparación de un viejo liberalismo que bien podía aceptarse como parte de la "evolución" ideológica del mundo, conforme a la ilustración europea. Fueron precisamente los polemistas de la izquierda sudamericana, que combatían a las dictaduras militares del cono sur, los que habrían de convertir al neoliberalismo en sinónimo de capitalismo abusivo, pauperización y represión contra los sectores populares golpeados por la desindustrialización.

Sin embargo, el viraje hacia una economía de mercado,

hacia el libre comercio o hacia las privatizaciones no necesariamente tenía que ser antiindustrial, antipopular o antinacional. Ya hemos visto que el gobierno de Salinas, por más "entreguista" que haya sido, por lo menos buscó hacer de México una "marca" respetada. Durante su sexenio, aunque fuese con el solo propósito de hacer más competitivo a México en el mercado internacional, el salinismo buscó impulsar la identidad mexicana y una cierta forma de espíritu patriótico. De igual forma, la política social del gobierno de Salinas y el Programa Nacional de Solidaridad evidentemente chocan con el concepto que actualmente tenemos sobre el "neoliberalismo" y que implica un abandono deliberado de los sectores populares con un globalismo apátrida. Lo mismo podemos decir de Fujimori en el Perú, cuya figura aún goza de enorme popularidad, irónicamente entre las clases bajas. En Chile, el recuerdo de Augusto Pinochet es satanizado por burgueses "progres" como Gabriel Boric y Camila Vallejo, pero no goza de tan mala reputación entre los descendientes de obreros o los indígenas, que al principio fueron reprimidos por la dictadura militar pero que después, se vieron beneficiados por el mejoramiento en las condiciones de vida y las obras de infraestructura que la dictadura emprendió. Decir que el pinochetismo, el salinismo o el fujimorismo fueron simples "neoliberalismos" es faltar a la verdad, pues en los tres casos la apertura económica se acompañó de una amplia política social, con elevado involucramiento de la población en las decisiones de gobierno a nivel local.

En el caso concreto de México, el propio Salinas de Gortari, siempre ha rechazado el calificativo de neoliberal para su gobierno, señalando que en realidad, el primer neoliberal que gobernó nuestro país fue Ernesto Zedillo[21]. Hoy, Salinas de Gortari se defiende de sus detractores aduciendo que lo que realmente quería hacer, era asegurar un sitio privilegiado para México en el mercado de los Estados Unidos. Salinas se justifica también diciendo que su proyecto contemplaba un período de preparación con una moratoria en las importaciones para hacer a la industria más competitiva. Para Salinas, fue Zedillo el que retiró todos esos candados, dejando al país abandonado a su suerte hasta hacer fracasar su proyecto. En Chile, la principal figura del gremialismo cooperativista que forjó la política social del régimen de Pinochet, Jaime Guzmán, fue asesinado por terroristas de izquierda en 1991. Sin embargo, el principal beneficiario del descabezamiento del gremialismo no fue la izquierda marxista sino el capitalismo salvaje. Con los gobiernos "democráticos", la política social del gobierno militar fue desmantelada y el país fue totalmente entregado a las corporaciones extranjeras.

Para la narrativa de izquierda, todo es "neoliberalismo". Sin embargo, lo más honesto sería reconocer que en la primera etapa, lo que hubo fue un "nuevo liberalismo", que ciertamente promovía una economía de mercado abierto, pero que seguía considerando al estado-nación y a la cohesión cultural como cuestiones deseables. Después, en la segunda mitad de los años noventas, esta etapa sería sucedida por una nueva, con dimensiones mucho más allá de lo económico y que entrañan la reorganización y reformulación cultural de las sociedades humanas, mediante la deconstrucción de las identidades y el establecimiento de una dominación suprema y absoluta de las grandes corporaciones.

Para la escritora estadounidense Nancy Fraser, la alianza de este progresismo cultural con los impulsores del capitalismo cibernético y tecnológico, pero sobre todo con el sector de las finanzas intangibles, es lo que caracteriza a lo que ella define como "neoliberalismo progresista", que se hace hegemónico a nivel mundial tras el triunfo de Bill Clinton en las elecciones de los Estados Unidos de 1993. Para críticos de izquierda como la propia Fraser, el "pecado" de la izquierda consiste en haber renunciado a sus propias reivindicaciones de revolución social y económica a cambio de no desaparecer por completo, incurriendo en una alianza indigna con las corporaciones, conformándose con la defensa de un igualitarismo abstracto en el contexto de la economía de mercado. Es decir, la sociedad capitalista moderna.

Por su parte, la crítica derechista que tiene como su exponente original al filósofo brasileño Olavo de Carvalho y que después replican los argentinos Agustín Laje y Nicolás Márquez, censura a la derecha anticomunista de entonces por haberse entusiasmado excesivamente con el triunfo de la democracia capitalista, que en palabras de Fukuyama, ya era "irreversible" e imposibilitaba cualquier probable retorno del marxismo[22]. Para Eric Harris, discípulo de los dos anteriores, esta idea del "fin de la historia" había propiciado que la derecha perdiera su combatividad para centrarse en los tecnicismos económicos, olvidando la defensa de la familia, la moral religiosa y otros aspectos sociales o culturales que eran necesarios para la buena marcha del sistema capitalista. Para Harris, mientras la derecha cedió espacios a la izquierda en aras de la "reconciliación", los líderes marxistas solo sacaban ventaja de la "buena fe" del capitalismo para conquistar silenciosamente la educación, las universidades, las letras, las artes, la comunicación y el periodismo. Lo que describe el argentino es un plan más o menos concertado para moldear a la opinión pública y preparar el retorno del comunismo, a través de una hegemonía cultural[23].

En palabras de Nicolás Márquez, la izquierda había reemplazado las balas guerrilleras por papeletas electorales, suplantando su discurso clasista con consignas igualitarias, sustituyendo a la clase obrera con almas atormentadas o marginales a las que recluta para reprogramar y lanzarlas a la provocación de conflictos[24]. En un trabajo más reciente, su discípulo Eric Harris ilustró su libro con un collage, donde los dictadores Josef Stalin, Fidel Castro y Mao Zedong, aparecen junto al infortunado intelectual Antonio Gramsci, los teóricos de la psicología contracultural Herbert Marcuse y Michel Foucault, el ideólogo "neotrotskista" Ernesto Laclau e incluso, los populistas latinoamericanos Hugo Chávez y Néstor Kirchner, como si todos fuesen parte de un mismo movimiento, que conspira para destruir a la "civilización occidental". A simple vista, las figuras históricas del collage no tienen prácticamente nada que ver la una con la otra, más allá de su adscripción "nominal" a cierta forma de ideología marxista. De ahí que los detractores izquierdistas de estos argentinos intenten desacreditar su construcción, catalogándola como un reduccionismo inaceptable o como una mera "teoría conspirativa" ligada a la moralina de unos cuantos fanáticos religiosos.

Sin embargo, es en la obra de Olavo de Carvalho donde encontramos el eslabón que nos permite identificar adecuadamente al factor que unifica a todas estas figuras y vertientes, aparentemente inconexas, dentro de un mismo movimiento histórico, confirmando la veracidad de la tesis general de Harris y otros argentinos sobre la izquierda globalista y su acción unificada.

OLAVO DE CARVALHO Y EL MOVIMIENTO HISTÓRICO

Para el filósofo brasileño, la unidad de un movimiento histórico es difícil de identificar porque puede confundirse fácilmente con los otros tipos de unidad que pueden darse en la multiplicidad de los actos humanos.

En este sentido, el filósofo brasileño describe un primer tipo de unidad que se da de manera espontánea a través de un número incontable de actos individuales, razonados de forma inconexa o independiente por personas o grupos que persiguen sus propios objetivos. Ese es precisamente uno de los argumentos empleados por la escuela austriaca de economía para explicar el fracaso del socialismo estatista, ya que en la práctica es imposible medir, contabilizar o dirigir una multiplicidad innumerable de actos económicos que se suceden de forma incesante y en tiempo real. La economía sería en este caso, un orden más o menos espontáneo.

En segundo lugar, se describe a la unidad que caracteriza a los movimientos especiales. Carvalho pone como ejemplo al catolicismo o al comunismo propiamente dicho, que pueden perdurar en el tiempo al contar con una estructura de mando identificable y con una masa de militantes.

Un tercer tipo de unidad es la que ciertamente alude a la teoría de la conspiración, donde la masa de participantes se agrupa en unidades distintas, que aparentemente no guardan la más mínima relación la una con la otra, pues la unidad solo es conocida por los líderes, a través de un intrincado sistema de secrecía, que oculta sus verdaderos propósitos a la masa de "ayudantes anónimos" que trabajan, inadvertidamente, para conseguirlos.

En contraste con las tres anteriores, un movimiento histórico no surge de forma pura o espontánea. Lejos de eso, se trata de un esfuerzo consciente y prolongado para mover las cosas hacia una dirección determinada, sin que esto quiera decir que verdaderamente exista un plan conspirativo, con un método claro y pormenorizado para lograr los objetivos uno a uno. A diferencia de la teoría de la conspiración, que necesariamente requiere de una jerarquía secreta para subsistir, el movimiento histórico ni siquiera necesita una jerarquía como tal. En algunos casos, su estructura de mando puede ser descabezada o extinguirse sin que exista ningún plan sucesorio de por medio para después regenerarse bajo otra forma. La unidad del movimiento histórico reside entonces, en un conjunto de símbolos que representan deseos e ideales abstractos que constituyen una cultura, y que pueden reformularse bajo la fachada de cualquier otro movimiento especial que haya estado inspirado en el anterior, aunque sea al puro nivel de las "emociones". Es precisamente esto lo que permite a un colectivo de "anticapitalistas" LGBTQ portar la imagen del Che Guevara, que odiaba profundamente a los homosexuales, sin que esto represente la más mínima "contradicción" a los ojos de sus partidarios. Por tanto, estamos ante una fuerza que puede reformularse y mutar constantemente, pues no se identifica verdaderamente con sus objetivos o programas sino con una esencia que le lleva a buscar una agitación permanente hacia una meta en movimiento que solo puede realizarse plenamente en un futuro indeterminado. Se trata de una serie de revoluciones que se devoran las unas a las otras pero proporcionan a la siguiente generación, una inspiración para retomar el ímpetu necesario para alcanzar la meta final. El poder soviético, por ejemplo, se concebía a sí mismo como la máxima expresión de la universalidad revolucionaria para después extinguirse como una mera expresión local y temporal de un movimiento histórico que puede transmutarse y reformularse constantemente. De modo que tanto la revolución rusa de Lenin como las sublevaciones obreras que hicieron posible la caída del muro de Berlín o los motines de homosexuales en Londres o Nueva York, son victorias de un mismo movimiento histórico en permanente estado de agitación. He aquí pues, la conexión metafísica e histórica que enlaza a figuras tan disímiles como Hugo Chávez o Mao Tse Tung, a Néstor Kirchner o Fidel Castro, etc.

Según la doctrina de Marx, que vivió en la época del cientificismo, del mismo modo en que el hombre puede descubrir las leyes que determinan el curso de la evolución en la naturaleza, este también puede descubrir las que rigen el desarrollo de las sociedades humanas. Si en la naturaleza, la evolución es el resultado de una incesante sucesión de cambios cualitativos, y después cuantitativos, que se registran en el mundo físico (materialismo dialéctico), la transformación de las sociedades humanas estaría determinada por la producción de bienes materiales.

Según el marxismo, aunque las personas de las comunidades primitivas eran propietarias personales de algunos instrumentos de trabajo, que también servían para defenderse de las fieras, los medios de producción eran de propiedad colectiva. La cooperación entre las personas era simple, sin clases sociales ni explotación del hombre por el hombre. Sin embargo, cuando surge la primera división de trabajo entre la agricultura y la ganadería, se registra un "salto hacia adelante" en el desarrollo de las fuerzas productivas, puesto que al elevarse la productividad, se crea un excedente que a su vez propicia un incremento de la población, y por ende, del número de personas que pueden ser empleadas en la producción. Al hacerse posible el empleo de unos hombres por parte de otros, tanto la colaboración simple como el régimen de propiedad colectiva, que habían sido funcionales en una época anterior, se hicieron incompatibles con las condiciones imperantes, dando paso a las sociedades esclavistas.

Siguiendo con la narrativa marxista, la propiedad privada se vuelve esencial, se captura a los trabajadores por medio de la guerra y surge el estado como órgano de opresión de la clase dominante sobre la dominada. Para el marxismo, con la separación de los oficios aparece también el dinero como mercancía universal, que otorga valor a las demás y la clase de los mercaderes. No obstante, el esclavismo dilapidaba su principal fuerza productiva, que eran los esclavos. Además, las guerras tenían que financiarse mediante impuestos, situación que degeneró en revueltas de esclavos y de poblaciones descontentas con el reclutamiento forzado en guerra y el cobro de tributos para financiarla. Según esta narrativa, el esclavismo entró en crisis porque las relaciones de producción frenaban el desarrollo de las fuerzas productivas. Es así como el esclavismo es sustituido por el feudalismo, donde las personas eran libres pero debían permanecer en sus fincas y abonar una parte de lo que producían para el señor feudal.

Eventualmente, el desarrollo de las fuerzas productivas también propició que se agotara el feudalismo, pues la pujanza de los productores y artesanos de las ciudades provocó que estas quisieran emanciparse de los señores feudales y que la burguesía se pusiera a la cabeza de los levantamientos campesinos para tomar el poder. Al convertirse en la nueva clase dominante, la burguesía utiliza el poder del estado moderno para despojar a la población campesina de sus tierras, lo cual acelera su conversión en proletarios o trabajadores urbanos de fábricas. Agustín Laje, en "El libro negro de la nueva izquierda" tiene a bien recalcar que para el marxismo, la burguesía es una clase "muy revolucionaria" porque destruyó el mundo feudal, rompió los estrechos márgenes de la antigua industria, revolucionó las comunicaciones e implantó una cultura cosmopolita a escala planetaria a través del comercio.

El punto a destacar, es que para el marxismo, los cambios en el modo de producción, donde existen clases sociales determinadas por su relación con los medios de producción (propietarios y desposeídos, patrones y trabajadores) y un régimen de propiedad determinado, eventualmente alteran el régimen social. Para los marxistas, del mismo modo en que la comunidad primitiva, la sociedad esclavista y el feudalismo se "agotaron", el desarrollo de las nuevas tecnologías y maneras de producir convertirá al actual régimen de propiedad privada en un "freno a la productividad", situación que llevaría al capitalismo a su agotamiento.

Continuando con esa explicación, si la burguesía como "clase dominante" engendró al proletariado como "clase dominada", una vez que se den las condiciones materiales para una nueva revolución, el proletariado pasaría a ser dominante, produciéndose la síntesis que "corona" al movimiento dialéctico. Estaríamos llegando entonces al fin de la historia, a la sociedad sin clases o al paraíso comunista, donde ya no hay explotación ni opresión.

Reitero nuevamente, que el análisis histórico qué hace el marxismo sobre las sociedades humanas se encuentra fuertemente influenciado por las ideas en boga durante el siglo XIX, que se caracterizan por el racionalismo, el positivismo (cientificismo), el evolucionismo, el materialismo, el mecanicismo y el eurocentrismo. En efecto, el análisis de Marx se basa preponderantemente en las sociedades industriales del hombre blanco, que a los ojos del hombre moderno constituyen las expresiones más "evolucionadas" de la humanidad. El liberalismo-conservadurismo y sus vertientes suelen explicar esta supuesta "superioridad" del hombre blanco bajo la premisa de que este está naturalmente dispuesto para el trabajo industrioso, el ahorro y la disciplina. Se trata, de una reformulación velada de la idea calvinista sobre la predestinación, que hace del hombre blanco un instrumento de Dios o un "civilizador" por excelencia. Los darwinistas sociales, que vinieron después, atribuían esta "superioridad" a la selección natural o la biología mientras que los marxistas, no se pronunciaban con respecto a la "moralidad" de tal selección y se concretaban a afirmar que el desarrollo de las fuerzas productivas de acuerdo a las condiciones concretas de su entorno, había hecho posible la primacía de los eurodescendientes a escala planetaria.

En todos los casos, se trata propiamente de ideologías, que si bien pueden partir de informaciones o conceptos verídicos, de hecho acomodan la realidad a sus propios valores. Además, todas se gestan precisamente en el Siglo XIX, en medio de un ambiente intelectual dominado por un elevado entusiasmo ante la ciencia y la esperanza de dominar por completo a la naturaleza y al mundo mediante la tecnología. En la mayoría de los casos, la crítica hecha a cualquier ideología de la modernidad suele llevarnos a un punto muerto porque esta se desarrolla normalmente desde las mismas bases que las sustentan a todas: racionalismo, cientificismo, evolucionismo o eurocentrismo. En el caso concreto de la crítica contra el marxismo, esta se hace la mayoría de las veces conforme a los principios de la ideología liberal y esto no solo incluye a los sectores expresamente liberales sino también a personas de otras ideologías, que la toman como punto de partida para cimentar sus teorías.

MARXISMO Y TERCERMUNDISMO

Para la mayoría de los críticos del marxismo, ya sea el liberal Benegas Lynch, la libertaria Gloria Álvarez o los exponentes actuales de la derecha antipopulista en Argentina, el hecho de que se diera una Revolución socialista en Rusia, donde aún no se había dado una revolución burguesa previa, y que esta ideología se implementara en sociedades igualmente "atrasadas" como la de México o China, cuando se supone que las condiciones se darían primero en los países capitalistas desarrollados, constituía un grave problema teórico para el marxismo y su filosofía de la historia. Sin embargo, existen factores geográficos y humanos que a lo largo de la historia han diferenciado a cada sociedad humana de las demás. Por ende, el cambio de un modo de producción a otro no siempre se dará de manera simultánea ni reemplazará por completo a los modos de producción anteriores.

Conforme al análisis marxista, en la época actual lo que predomina es el capitalismo en su fase imperialista. Sin embargo, todavía subsisten algunos rastros de feudalismo en la propiedad ejidal o comunal. En naciones como Mauritania, todavía existen instituciones sociales análogas al esclavismo en la segunda década del siglo XXI. La Rusia anterior a Lenin no era una nación capitalista como los Estados Unidos pero tampoco era un estado completamente feudal como en tiempos de Alexander Nevsky, sino un país "atrasado" a comparación de Francia pero "adelantado" a comparación del

Tibet.

Para el ideólogo comunista Plejanov, citado por Agustín Laje[25], el desarrollo económico ruso no estaba lo suficientemente maduro para qué hubiese una burguesía que encabezara una Revolución liberal al estilo francés. Además, la ausencia de una revolución liberal en Rusia se combinó con el fortalecimiento del Estado nación en toda Europa. De ahí que la burguesía rusa se viera más inclinada a aceptar un camino de colaboración con la nobleza zarista. Según Plejanov, esperar a que primero se diera una Revolución liberal del tipo europeo para después volver a esperar a que llegase una revolución de tipo socialista y ultramoderno, habría tomado demasiado tiempo.

Para Lenin, no sólo era posible sino también deseable, que el proletariado se aliara al campesinado para encabezar una revolución "dual". Esto quiere decir que la clase obrera tendría que cumplir el papel de la burguesía para modernizar al país, y el de proletariado en sí mismo, para industrializar a Rusia en el sentido socialista y ponerla al nivel de los países occidentales.

De entrada, son las condiciones de cada país o zona geográfica, con sus respectivas ramificaciones económicas y culturales, las que inciden en el curso de las cosas. El propio Olavo de Carvalho aclara este punto cuando señala que el ascenso de la burguesía comerciante no necesariamente desemboca en el derrocamiento violento de la nobleza o en una Revolución como la francesa. En Inglaterra, la patria del capitalismo, este proceso se suscitó de manera pacífica. No olvidemos que a diferencia del catolicismo, la religión protestante tenía poco aprecio por las humanidades o los estudios filosóficos. De ahí que los ingleses mentalmente capaces, se vieran obligados a canalizar sus energías hacia cosas más "banales" como la economía o el desarrollo de tecnologías para las cosas cotidianas, situación que propició un desarrollo sustancial de las fuerzas productivas. Este no era el caso de Francia, donde imperaba un catolicismo humanista que sacralizaba la filosofía y las artes. De ahí la importancia de las universidades en la vida nacional francesa y que la casta intelectual haya sido tan numerosa e influyente a lo largo de la historia de ese país. Conforme al razonamiento de Carvalho, cuando la casta intelectual, que él designa como burocracia virtual, crece de forma tan desproporcionada, esta no puede ser absorbida por el orden existente. De ahí el origen de las revoluciones violentas. En el caso concreto de Francia, si bien la revolución se hacía en nombre de la burguesía, de los comerciantes y de las personas ilustradas en oposición a la nobleza feudal, buena parte de las figuras de la Revolución Francesa eran literatos, filósofos, ocultistas o antiguos seminaristas pero no burgueses o empresarios. Más de un siglo después, el caso ruso presenta condiciones similares, pues por más que la revolución rusa se hubiese hecho en nombre de la clase obrera, la clase "más revolucionaria" de ese nuevo tiempo, sus dirigentes fueron judíos, intelectuales educados en el extranjero o personas que se formaron mediante literatura extranjera.

Si conforme a los razonamientos del marxismo-leninismo, la clase obrera rusa tuvo que asumir la tarea modernizadora que una burguesía débil y reaccionaria no podía desempeñar, en el México revolucionario, país eminentemente rural, las condiciones eran mucho más complicadas. Al igual que en Francia, el cristianismo hispánico tenía una especial estima por la filosofía, el derecho y otras humanidades. De ahí que en México y en gran parte de Iberoamérica, la intelectualidad haya sido numerosa y sofisticada, pero también, muy ajena a la realidad de las mayorías del país. A raíz de la guerra de independencia y las subsecuentes guerras civiles, protagonizadas por militares que eran dirigidos a su vez, desde las sombras, por novelistas y licenciadetes, la vieja nobleza había desaparecido por completo pero tampoco surgió una burguesía empresarial productiva. Esto se debió principalmente a que la persona de a pie estaba completamente desprotegida frente al bandolerismo, las invasiones extranjeras y las guerras civiles que se sucedían una tras otra mientras los licenciadetes se reunían en los lujosos salones de las logias para elaborar "constituciones" y códigos que carecían de cualquier sentido práctico o aplicación en la vida real del país.

Esto cambió parcialmente con el porfiriato, pues a diferencia de los militares que anteriormente se habían involucrado en las guerras de México, los de la generación tuxtepecana eran personas brillantes y con un gran sentido práctico, que respetaban a los intelectuales pero no se sometían ante ellos. Si bien es común que se acuse a Porfirio Díaz de ser un admirador de los europeos y los estadounidenses o que destruyó a las comunidades indígenas, esto no es del todo cierto, pues es bajo su mandato cuando reaparecen instituciones y poderes que proceden del México prehispánico, y que hicieron posible el restablecimiento del orden y la prosperidad en el país.

Para Karl Wittfogel, estas modalidades de organización se corresponden con lo que él denomina "despotismo asiático" o "despotismo oriental", término que después fue sustituido por el más general y menos "geográfico" de "despotismo hidráulico" y qué hace referencia a imperios organizados conforme a grandes obras de irrigación, con sociedades autoritarias y colectivistas[26]. En este sentido, estamos no sólo ante un modo de producción u organización sino también, ante un modo de ser y de vivir, que es diametralmente opuesto al individualismo democrático de las naciones europeas y eurodescendientes. Tanto China como la India o el antiguo Egipto, serían ejemplos absolutos de este despotismo mientras que Rusia, el Imperio Español o las naciones indoamericanas serían ejemplos híbridos, porque se trata de sociedades mestizas donde el elemento europeo-moderno coexiste con el elemento nativo-tradicional.

La aportación de Wittfogel es importante porque en la medida en que sigamos concibiendo a lo hispano como sinónimo de modernidad, europeísmo y capitalismo, más difícil será comprender nuestra situación. Hoy por hoy, decir que España no es una nación verdaderamente "europea", aunque esté ubicada geográficamente en Europa, puede sonar ofensivo a los oídos de muchos españoles, a quienes se ha instruído en la idea de que "España es el problema y Europa, la solución". Es decir, que España debe asimilarse a la Europa moderna, liderada por Francia, Alemania o Inglaterra, de donde procede la ilustración y superar aquello que une a España con las culturas del Mediterráneo y del Norte de África. El autor argentino Marcelo Gullo describe esta situación en su libro "Madre Patria" donde asevera que España fue siempre una nación mestiza, con una de las poblaciones más antiguas, preindoeuropeas y por tanto, aborígenes, del continente y que se diferencía genética y culturalmente de sus vecinos[27]. Por lo menos desde los Reyes Católicos, la pugna entre quienes desean una España integrada a la civilización europea universalizada y quienes reclaman un espacio civilizacional separado, ha estado presente. Todavía con el franquismo, hubo un breve periodo en que se defendía la especificidad de España y su diferenciación con respecto a Europa. En la España del Siglo XIX, los alegatos de Ortega y Gasset (1883-1955) a favor del europeísmo o de Miguel de Unamuno a favor de la diferenciación en su obra "La independencia de la patria" de 1908, son muy interesantes. En la actualidad, el europeísmo ha triunfado en España. A menos que una crisis económica severa uniera a los españoles en una reacción contra la Unión Europea, una reversión de todo esto es poco probable, pues ni siquiera Grecia mostró la suficiente vitalidad como nación para enfrentarse a su absorción dentro del bloque europeo. Por ende, algunos académicos han optado por considerar lo "no europeo" en la cultura hispana como un remanente del pasado, que se ha venido depurando con el paso del tiempo.

Para el historiador Jorge Veraza, catalogar al Imperio Español como una forma de absolutismo europeo es erróneo porque este era mucho más cercano a las formas asiáticas de gobierno o al imperio otomano[28], que a la Europa normativa, cuna de la civilización moderna y que ahora ha devenido en "globalización".

En dado caso, cuando el elemento europeo y moderno prevaleció y trató de transformar a España conforme a esos estándares, esto coincidió con periodos de fracaso nacional y pérdida de identidad cultural. Tal es el caso de las reformas borbónicas, que prolongaron el dominio colonial en América durante un siglo, pero arruinaron las bases que hacían posible la continuidad de un imperio verdadero. En el caso de las naciones indoamericanas, los próceres de la independencia fueron incapaces de darse cuenta de que el enemigo no era la España nativa, mediterránea y aborigen, emparentada con los pueblos del norte de África, sino el elemento moderno que quería hacer de España una nación europea e ilustrada. No hay lugar a dudas: la solución era independizarnos de España pero no para establecer republiquetas mediocres con libertades y derechos individuales que carecen de sentido en nuestra verdadera cultura indohispánica. Lejos de eso, era necesaria una independencia que acogiera a la España rural y profunda, hermanándola con las formas de organización de los imperios inca y azteca, que por su efectividad, fueron preservadas en los primeros siglos del virreinato, manteniendo viva la llama de nuestra verdadera nacionalidad. Lamentablemente, en vez de identificar correctamente al reformismo ilustrado y moderno como el verdadero enemigo, "próceres" independentistas como Hidalgo, Bolivar o Miranda creyeron que era necesario profundizarlo y esto fue un grave error. No es ninguna casualidad, que el ala ilustrada y europeísta que anteriormente había participado con los vándalos del cura Hidalgo, se haya plegado a la amnistía que ofrecía el borbonismo, pues a final de cuentas, el engendro liberal conocido como "Constitución de Cádiz" satisfacía sus simpatías modernistas individualistas.

No es tampoco una casualidad, que borbonistas y masones-republicanos se hayan aliado para deponer a Iturbide, cuyo imperio garantizaba la continuidad de nuestra civilización indohispánica. El caos que se produce en el México del Siglo XIX, se debe preponderantemente al abandono de nuestra institucionalidad tradicional, que al ser sustituida por otra "europea", ficticia y ajena a nuestra verdadera cultura, terminó por hundir al país en la anarquía, dejándonos en estado de indefensión frente a los Estados Unidos.

A lo que voy, es que el modelo de sociedad basado en la propiedad privada, el individualismo y el libre comercio tiene muchas bondades para aquellos pueblos en donde estos se desarrollaron de manera natural y en plena compatibilidad con la cultura y etnia a la que pertenecen. Este no es el caso de Rusia, México, España o el resto de las naciones indoamericanas. Todas estas naciones han tenido que cargar con la tragedia de no haber podido construir su propia modernidad.

Sin embargo, todavía hay destellos de nuestra verdadera nacionalidad que sobreviven y brotan de manera insospechada. Irónicamente, el México de Porfirio Díaz, se funda ideológicamente sobre las bases de la república liberal juarista, de marcada tendencia ilustrada y modernista. No obstante, los militares porfiristas logran recrear, al margen de la ley de papel creada por los licenciadetes modernizadores, un estado paralelo que sí es auténticamente mexicano, con grandes obras de irrigación y una sociedad verdaderamente organizada para el trabajo. Desgraciadamente, al igual que los próceres independentistas, la clase política del porfiriato no pudo entenderse a sí misma. Ellos pensaban que estaban conduciendo a México por el camino de la modernidad y con dirección al "progreso", cuando la realidad es que lo estaban llevando a un punto distinto, ubicado en un espacio conceptual diferente[29].

Aún así, durante el porfiriato, la estabilidad y la paz interna, permiten que surja en nuestro país una verdadera clase de burgueses capitalistas. Sin embargo, en la mayoría de los casos se trataba de una burguesía sin aspiraciones tecnológicas y enteramente consagrada a la extracción de recursos naturales, en representación de sus verdaderos amos ingleses y estadounidenses.

A principios del siglo XX, la única oposición que verdaderamente luchaba contra Porfirio Díaz estaba conformada por algunos clubes de intelectuales anarquistas y por los hijos de los terratenientes, que exigían espacios a una clase política cuyo promedio de edad era de 75 años. México seguía siendo un país eminentemente rural. De ahí la necesidad de reiterar al lector que por más que la izquierda actual se vista de huipil o huaraches, el marxismo es una fuerza a favor de la modernidad y en este sentido, modernidad quiere decir también, urbanización e industrialización.

Tal como lo afirma Antonio Gramsci, el marxismo hereda de la doctrina económica inglesa de Smith y compañía[30], un fuerte respaldo a la creación de bienes industriales, que éste considera como la verdadera riqueza. Hoy por hoy, algunos cálculos elaborados por economistas o pensadores que no son marxistas, sugieren que el territorio de un solo país podría ser más que suficiente para alimentar a gran parte de la población mundial. Por ende, la visión marxista acerca de la relevancia de lo industrial frente a lo agrario es bastante comprensible. Si en el tiempo de las revoluciones liberales modernizadoras, la burguesía había sido la clase "más revolucionaria" por su manejo del comercio, su conocimiento del territorio y su internacionalismo, el proletariado sería la clase más revolucionaria en una época posterior porque éste conoce mejor que nadie la operatividad de la producción y está en condiciones de parar la economía de un país para deshacerse de los dueños de las fábricas y erigirse en el dueño de su destino. Este es el razonamiento del marxismo, y en este sentido, el campesinado sólo puede servir como aliado temporal por su atavismo, su religiosidad y su oposición al progreso moderno, qué tanto los liberales como los marxistas consideran como positivo y como una meta que se debe buscar.

En Rusia, el movimiento socialista y marxista había logrado infiltrar sus ideas en la clase obrera, mientras que los anarquistas habían logrado incrustar sus ideas en el campesinado. Sin embargo, los magonistas mexicanos nunca lograron convencer a la gran masa de trabajadores. A diferencia del zapatismo, el villismo, el huertismo o después el carrancismo o el obregonismo, el maderismo nunca pudo conformar una corriente política propia. Madero, que nunca fue un socialista pero sí era un hombre culto y carismático, tuvo serias dificultades para comunicarse con la gente de abajo porque pertenecía a un estrato social totalmente alejado de las masas populares. A lo que voy, es que la élite "educada" de los últimos años del porfirismo formaba parte de una colectividad étnicamente europea, distinta tanto de los antiguos hacendados hispanos como de los nativos reducidos a la servidumbre. De ahí que sus ideas fluyeran con dificultad hacia unas masas con las que no convivían. Por el contrario, las tendencias radicales del pensamiento europeo si pudieron instalarse en las masas rusas porque sus dirigentes y propagandistas eran predominantemente judíos, que por su estilo de vida y sus actividades comerciales, se movían con soltura en los ambientes de diferentes clases sociales. Sin embargo, sí hubo en nuestro país un segmento de la intelectualidad con el suficiente contacto con las masas como para poder insertar ahí, algunas de sus ideas. Me refiero aquí, a los instructores, maestros y asesores relacionados con el ejército porfiriano, de donde procede la facción triunfadora al final de la Revolución Mexicana. En efecto, buena parte del material ideológico de las facciones revolucionarias en pugna, es autoría de personas ligadas de uno u otro modo a este sector.

Tal es el caso de Antonio Díaz Soto y Gama, que introdujo ideas anarquistas dentro del zapatismo, del Gral. Pascual Orozco, que introdujo algunos aspectos del marxismo en el propio huertismo o del Gral. Felipe Ángeles, que hizo lo propio en el villismo. En la facción de Carranza, Obregón y Calles, mucho más ligada al ejército original, estas tendencias son despojadas poco a poco de su espíritu subversivo para sistematizarse e institucionalizarse, del mismo modo en que el porfirismo volvió inocuo al liberalismo.

El caso de la Revolución zapatista en Morelos fue peculiar porque quienes se levantaron en armas ni siquiera lo hacían en nombre del antipofirismo o del reparto agrario en sí mismo sino para evitar que sus comunidades fuesen borradas del mapa[31]. Lo que querían los campesinos mexicanos era frenar los despojos de los terratenientes, que se tratara a los trabajadores agrícolas con humanidad, que quienes así lo quisieran tuviesen acceso a la propiedad de una parcela y que se reconociera el derecho de los pueblos a sus tierras comunitarias. Ideas como la "colectivización total" de la agricultura o la abolición total de la propiedad privada eran descabelladas porque las haciendas daban empleo y los campesinos necesitaban recursos para labrar sus propias tierras. El propio Zapata, que formaba parte del estado paralelo al que ya hice referencia, se alzó contra el régimen porfirista porque el ala modernizadora había roto el acuerdo que había hecho posible la construcción nacional. En dado caso, la historia ha demostrado siempre que las revoluciones campesinas tienden a ser extremadamente brutales en sus acciones, pero no en su contenido. De ahí la desconfianza, tanto de los marxistas como de los revolucionarios liberales que los antecedieron un siglo atrás, frente a las masas campesinas, a quienes se catalogaba como reaccionarias y "crueles".

Por ende, si sumamos el fuerte sentido común del campesino

a la poca influencia de los intelectuales entre los obreros y las tropas campesinas de Villa y Zapata, no es de sorprenderse que la facción que salió triunfante en la Revolución Mexicana haya sido la de Carranza, Obregón y Calles, que provenía del entorno militar porfirista. En la práctica, esta era la única vertiente intelectual con el suficiente arraigo y conocimiento de la cultura real del país como para desenvolverse geográficamente, transmitir sus ideas y someter al resto de los grupos, cómo lo había hecho el propio Porfirio Díaz en el pasado.

Si bien la facción de Obregón y Calles pasó a la historia como aquella que logró reconciliar a los antiguos zapatistas y villistas con la nueva casta militar victoriosa, y esta ha sido considerada como una fuerza amigable con los campesinos o con los anteriormente reprimidos yaquis, la hostilidad del marxismo eurocéntrico frente a los campesinos, que ya flotaba intelectualmente entre los militares constitucionalistas, se hizo patente cuando estos enviaron a los batallones rojos, integrados por obreros de fábricas, a combatir contra los campesinos "reaccionarios" en Morelos. El hecho de que la propaganda carrancista, lejos de catalogar a Zapata o a Villa como "radicales" o extremistas, los etiquetara constantemente como reaccionarios al servicio del clero y del "viejo orden" frecuentemente ha sido pasado por alto en el análisis que se hace sobre los conflictos de la época y que desvela un enfrentamiento entre quienes buscaban una revolución en su sentido etimológico latino de *re-evolvente* y que expresa un retorno a los orígenes para llegar a un equilibrio, y quienes siempre estuvieron al servicio de la falsa revolución internacional de izquierda.

Con la derrota definitiva del villismo y el zapatismo, la facción triunfadora encabezada por Obregón-Calles se dedicó a institucionalizar su poder. De ahí qué el plan original de entregar la tierra en propiedad a las familias fuese sustituido por otro que se orientaba a la eliminación tanto de las haciendas como de las propiedades personales productivas. La meta era esencialmente el control de la población y no su empoderamiento. De ahí que 1922 aparecieran documentos como la circular 51 de la Comisión Nacional Agraria, que anunciaba el fin del anticuado sistema de propiedad individual y el establecimiento de explotaciones comunes con productos dedicados al fondo común bajo la autoridad de oficiales del gobierno[32]. En Rusia, este sistema de koljoses logró producir gracias a una brutal represión militar y al trabajo forzado. En México, la cosa fue distinta porque los oficiales encargados de la colectivización frecuentemente carecían de entusiasmo por la ideología del régimen y solo estaban interesados en el pillaje.

De cualquier manera, los resultados de esta colectivización, ajena a la cultura nacional, fueron tan desastrosos que la anteriormente portentosa industria henequenera de Yucatán prácticamente desapareció y algo semejante ocurrió en la Comarca Lagunera, que había sido una de las zonas agrícolas más productivas de México. Como consecuencia de las hambrunas recurrentes en varias regiones del país, las autoridades se vieron obligadas a preservar un *status quo* agrario, donde las tierras se conservaban como ejidos pero eran explotadas individualmente o rentadas a otras personas en la informalidad.

En sí, una de las críticas más fuertes de la izquierda contra el régimen del PRI fue haber "frenado" el reparto agrario, haber permitido de nueva cuenta el surgimiento de latifundios informales y haber dado pie a la conformación de una nueva burguesía empresarial. Sin embargo, no debemos olvidar que su propósito era industrializar al país. Toda Revolución marxista o de izquierda es en el fondo, una revolución modernizadora. Sin embargo, esto no podía hacerse conforme al modelo soviético porque a diferencia de la Rusia zarista, que siempre fue un país independiente, México estaba sometido por los Estados Unidos, cuyo imperialismo imponía fuertes limitaciones a nuestro desarrollo tecnológico. La Revolución Mexicana tendría que ser entonces pragmática, pues solo podría alcanzar la industrialización a través de un acuerdo con Estados Unidos. Nuevamente, la experiencia zapatista, villista y cristera había demostrado que las mayorías campesinas eran proclives a apoyar posturas "reaccionarias". Por ende, estas debían ser liberadas pero controladas por la casta militar, que bajo el mando de Obregón, Calles y Cárdenas, usando la propia terminología del marxismo, tendría que "hegemonizar". Es decir, asumir una tarea que no le es propia: modernizar al país en primer lugar y preparar el camino para el socialismo.

A lo que voy, es que si el eje de las izquierdas es el marxismo, este sería entonces el punto de inflexión, pues mientras la vertiente soviética apuesta por el establecimiento de la dictadura del proletariado, con un estado autoritario que transforma a un país agrario en una superpotencia industrial a través de la coerción y el autoritarismo, en México es un sector del ejército el que asume la tarea modernizadora, creando a una burguesía patriótica que antes no existía, e implementando una política de industrialización pactada, a través de un acuerdo con los Estados Unidos. Este camino es el que habrían de seguir las revoluciones boliviana (1952) y peruana (1968) pero también la de Nasser en Egipto (1952), la de Gaddafi en Libia, la de Sukarno en Indonesia (1949) y la de otras muchas naciones de lo que en aquel tiempo se conocía como el Tercer Mundo.

El proceso antes descrito, y que marca una ruptura entre el marxismo-leninismo y los socialismos tercermundistas, es explicado de manera mucho más elocuente por el ideólogo peruano Víctor Manuel Haya de la Torre, que partiendo del caso mexicano, cuestiona el espíritu eurocéntrico del marxismo y aplica sus teorías, desde otra perspectiva. Para Haya, mientras que en Europa o los Estados Unidos, el imperialismo es el último estadio del capitalismo, esto no sucede entre los pueblos no europeos, donde el imperialismo ha sido el primero y único estadio del capitalismo[33].

En naciones como Perú, lo poco que había de capitalismo había llegado a través de la inversión extranjera a cargo de países capitalistas avanzados. Desarrollar un capitalismo nacional era entonces mucho más coherente que lanzarse a la aventura de una industrialización socialista forzada, a costa de muchas vidas humanas. A partir del comienzo de la Guerra Fría, estos socialismos toman su propio camino y se asumen como fuerzas políticas distintas al marxismo, aunque tomen de este algunos conceptos.

Sobra decir, que la crítica liberal, que acusa al marxismo de haber fallado en su predicción sobre el lugar donde se daría la revolución socialista, es deficiente. Sin embargo, el hecho de que los primeros gobiernos socialistas se suscitaran en sociedades agrarias no europeas, sí constituye un punto de inflexión. Si comparamos el camino soviético con el camino revolucionario del Tercer Mundo, ahí tenemos una importante bifurcación del pensamiento socialista en el Siglo XX.

EL MARXISMO COMO AGENTE "OCCIDENTALIZADOR"

En la actualidad, es común que identifiquemos a la socialdemocracia como un camino de tercera vía, totalmente orientado hacia un capitalismo "neoliberal" pero con algunas regulaciones para defender al consumidor y mantener las prestaciones laborales de los trabajadores. Durante la Guerra Fría, los partidos socialdemócratas en países como Francia o Alemania, apoyaron a Estados Unidos y se oponían, al menos en el papel, al imperialismo soviético. Sin embargo, esto no siempre fue así.

En realidad, la socialdemocracia europea fue el primer marxismo político y el primer movimiento socialista con la suficiente coherencia y capacidad de organización para contender por la toma del poder. Antes de la Revolución Rusa, la socialdemocracia era la forma "normativa" de marxismo, pues fieles a los preceptos marxistas, esta trabajaba preferentemente en los medios industriales de los países capitalistas avanzados, impulsando huelgas que otorgaban nuevas concesiones a los trabajadores. La socialdemocracia contendía también electoralmente, y pretendía llevar a cabo la revolución mundial a través de reformas paulatinas, consigna que hermanaba a esta vertiente del marxismo con el socialismo fabiano de Inglaterra. La revolución rusa fue entonces un parteaguas que dividió al movimiento marxista, pues para Lenin, no sólo era posible sino también deseable, conquistar el poder directamente.

Con el triunfo de la revolución rusa, la opción socialdemócrata perdió partidarios, pues pare ese entonces ya era evidente que los dirigentes sindicales e intelectuales de esa corriente, se habían acostumbrado a cierto "modus vivendi" con los capitalistas y con los dueños de las fábricas, con los que frecuentemente pactaban. Los conflictos entre comunistas propiamente, y socialdemócratas, se hicieron evidentes porque los primeros acusaban a los segundos de ser demasiado tímidos o de haberse convertido en una comparsa del capitalismo. En algunos casos, la socialdemocracia terminó virando totalmente hacia un capitalismo reformista. Sin embargo, algunos socialdemócratas siguieron considerándose a sí mismos como los verdaderos marxistas y defendieron la mayor efectividad de su revolución gradual en oposición a la Revolución leninista.

Para el socialista alemán Kautsky, la máxima marxista de que la revolución socialista sólo podrá suscitarse en las sociedades capitalistas desarrolladas, seguirá siempre vigente y la toma del poder por parte de Lenin no constituye un verdadero problema teórico para el marxismo. Siguiendo con este mismo razonamiento, el contenido marxista de la revolución de Lenin no alteraba su verdadero papel en la historia, pues la revolución rusa no era sino la última de las revoluciones burguesas.

Desde este punto de vista, la revolución rusa hacía posible anticipar cuáles serían los futuros aspectos de la Revolución mundial, pero solo estaba cumpliendo los objetivos del marxismo al lanzar a Rusia de lleno a la modernidad, haciendo del antiguo imperio zarista un país moderno, de cultura europea y donde el capitalismo podía afianzarse sin el resabio del antiguo feudalismo. Aquí nos estamos topando con una tristísima realidad, pues paradójicamente, tanto la revolución soviética como el resto de las revoluciones, hechas por pueblos no europeos, eventualmente acabaron destruyendo nuestras sociedades tradicionales e incrustándonos en la globalización capitalista.

La revolución de Mao Tse Tung, por ejemplo, fue también una guerra anticolonial contra los japoneses y sin embargo, su resultado final fue la creación de una China occidentalizada. Varias décadas después, Mao lanzó su revolución cultural bajo la premisa de que al destruir los cimientos tradicionales de la sociedad confuciana y sus equivalentes entre los pueblos tibetanos, mongoles o islámicos de Asia central, surgiría un nuevo tipo de patriotismo chino, "proletario" y moderno. Sin embargo, el resultado final fue la creación de una China occidentalizada, con millares de personas convirtiéndose año con año a la forma gringa del protestantismo. En la actualidad, el actual régimen chino está tratando de revertir la tendencia, favoreciendo de nuevo a las religiones tradicionales como el budismo o el taoísmo, pero el modernismo occidentalista difícilmente va a detenerse.

En México, la Revolución Mexicana y su régimen buscaron exaltar de nueva cuenta el pasado indígena pero a la postre, su efecto fue la construcción de una sociedad moderna, cosmopolita y más cercana a la globalización que al nacionalismo. De no ser por los fundamentalismos islámicos auspiciados por Estados Unidos para sabotear la alianza entre los nacionalismos árabes y la Unión Soviética, que amenazaban los intereses petroleros occidentales, el mundo musulmán en su totalidad estaría tan occidentalizado como la Turquía actual. Y volviendo al tema de Rusia, aunque es totalmente verdad que muchos sectores no comunistas inicialmente apoyaron la revolución de Lenin, en protesta por la "occidentalización" de la nobleza rusa, es innegable que el experimento soviético insertó a Rusia dentro de la modernidad global.

Es aquí donde nuevamente nos topamos con la teoría del "simulacro" soviético, que solo anticipa algunos aspectos de la Revolución mundial pero en el contexto de una revolución burguesa, como al final sucedió. Ciertamente, los rusos consiguieron la industrialización en tiempo récord pero pagando un elevado costo en materia de vidas humanas y con un elevado sufrimiento en su población. Además, el crecimiento económico de la Unión Soviética no puede comprenderse si se descontextualiza del crecimiento económico mundial, cuyo motor principal fue el auge de las potencias capitalistas tras la Segunda Guerra Mundial. En realidad, la Unión Soviética siempre estuvo tecnológicamente a la sombra de los Estados Unidos. Tan es así que toda una gama de científicos rusos creativos, que verdaderamente creían en el comunismo pero también en el papel de Rusia como parte de la civilización mundial, terminaron decepcionándose ante un sistema que imitaba tecnología para competir con Occidente pero desalentaba la verdadera creatividad. El poder soviético ciertamente estaba a la altura del mundo capitalista pero siempre a través de la imitación y no de la innovación porque en Rusia también existe la misma contradicción entre un elemento europeo que exige una homologación globalista y un elemento nacional que quiere *"ser"*.

Otro parteaguas fue también la guerra de Vietnam. Quienes combatieron en ella, estaban perfectamente conscientes de que los Estados Unidos tenían la suficiente tecnología para aplastar a los comunistas. No obstante, la derrota resultaba mucho más conveniente, a largo plazo, que la victoria. Y eso es porque tanto el liberalismo como el marxismo son ideologías modernas y globalistas basadas en premisas evolucionistas.

Tanto para los liberales auténticos como para los marxistas auténticos, el gran escollo para su sociedad futurista y ultramoderna es la sociedad tradicional, con sus valores religiosos y "patriarcales". Los comunistas, que supuestamente luchaban por la soberanía de Vietnam, inadvertidamente estaban fungiendo como agentes modernizadores. A diferencia de los franceses o los estadounidenses, los comunistas autóctonos gozarían del respaldo de un pueblo irrevocablemente nacionalista, para impulsar una modernización que en realidad estaba preparando al país para su inserción dentro del mundo globalizado.

En efecto, quienes celebraban la toma de Saigón el 30 de abril de 1975 como "el triunfo de David contra Goliat" no se estaban percatando de que en realidad, los estadounidenses le estaban delegando al Vietcong una tarea que hubiese sido mucho más costosa para ellos, pues gracias a un gobierno comunista que se presentaba como anticolonialista, Vietnam se convirtió en un país occidentalizado y plenamente integrado a la modernidad. De igual manera, si los estadounidenses hubiesen pactado con el excomunista Mohamed Najibullah cuando las tropas soviéticas accedieron a retirarse en 1988, Afganistán sería un país inofensivo y aliado de Occidente, pues a final de cuentas, Najibullah estaba construyendo una sociedad moderna en su país.[34]

Paradójicamente, mientras que en el mundo no europeo ni eurodescendiente, los socialismos operaban inadvertidamente como fuerzas occidentalizadoras, la barrera ideológica entre los países europeos del bloque soviético y sus contrapartes capitalistas permitió que los primeros se convirtieran en el último reducto del conservadurismo europeo. A finales de los ochentas, cuando la caída del bloque soviético era inminente, los regímenes comunistas de Polonia, Rumania y Bulgaria habían virado hacia una especie de conservadurismo social, que contrastaba con sus vecinos occidentales. Ya desde una etapa más o menos temprana, algunas corrientes pro estadounidenses comenzaron a denunciar, que los regímenes prosoviéticos estaban reclutando antiguos fascistas o nacionalsocialistas. Además, muchos socialistas europeos seguían viendo al Occidente moderno como el mejor prospecto para liderar la revolución mundial. Después de todo, la intelectualidad europea frecuentemente catalogaba a los rusos como un pueblo semiasiático y al estado soviético en su forma estalinista, como una forma híbrida entre el imperio zarista y el marxismo revolucionario. Por ende, no todos los marxistas apoyaron a la Unión Soviética, pues muchos tomaron partido por Estados Unidos. Tal es el caso de los socialistas alemanes o franceses, que ante la apropiación que los soviéticos habían hecho del apelativo "marxista" decidieron eliminar esa etiqueta para trazar su propio camino reformista, sin que esto signifique que hayan renegado por completo de la ideología.

Incluso en Estados Unidos, siempre hubo marxistas encubiertos dentro de la política y del empresariado, lo cual incluye a personas de tan alto rango como el propio Zbigniew Brzezinski, consejero de seguridad de la Casa Blanca. Incluso aquellos marxistas occidentales que no eran expresamente antisoviéticos, reconocían que la experiencia rusa y tercermundista había servido para llevar a los pueblos no europeos a la modernidad. Sin embargo, ellos se habían dado cuenta de que las posibilidades modernizadoras de esos regímenes estaban agotadas, pues su aislamiento estaba propiciando que se diese un proceso contrario de retradicionalización o reafirmación nacional. Ciertamente, no es ninguna coincidencia que la Polonia comunista haya podido preservar mucho mejor al catolicismo que la democracia capitalista de Europa occidental. Lo mismo podemos decir de Cuba o de México, dónde hasta mediados de los años ochentas, la religiosidad popular seguía siendo vigorosa. Como comparación, en países como Chile, Uruguay o Argentina, los mismos regímenes militares que combatían al izquierdismo en nombre de la "civilización occidental y cristiana" en realidad presidían sociedades altamente secularizadas y "librepensadoras". De ahí que en México haya habido un López Obrador pero no un Gabriel Boric, por ejemplo.

En efecto, una característica esencial de la socialdemocracia es su apego a la modernidad occidental pero eventualmente, todo movimiento que se haga llamar marxista, aunque no sea expresamente europeizante o modernizador, terminará aceptando que es necesario acabar con los remanentes de la sociedad tradicional y que el capitalismo ultramoderno siempre será mejor que un socialismo nacionalista. El maoista Abimael Guzmán, que dirigió a la fuerza más brutal y extremista del marxismo en nuestro continente, Sendero Luminoso, en realidad admiraba a Fujimori y consideraba que su guerra popular, aunque en la práctica había fracasado, realmente había triunfado. Al imponer un régimen de terror entre los campesinos indígenas, obligando a miles de ellos a emigrar a las ciudades, los senderistas herían de muerte a la sociedad tradicional. Además, su brutalidad forzó a las fuerzas militares peruanas a abrazar de lleno el anticomunismo, situación que hacía poco probable el resurgimiento de un socialismo militar nacionalista como el que había encabezado el Gral. Juan Velasco Alvarado. En la práctica, Sendero Luminoso logró afianzar plenamente el poder de una oligarquía blanca a la que jamás combatió y que a través de Fujimori, introdujo al país dentro de la modernidad global.

Es este el punto donde tanto la socialdemocracia o la nueva izquierda de corte europeo, aliada a los Estados Unidos, como los remanentes del viejo marxismo-leninismo prosoviético o del maoísmo acaban confluyendo, pues para ellos, la caída de la Unión Soviética elimina una vieja contradicción y hoy por hoy, todos coinciden más o menos, en que la sociedad capitalista globalizada es un lugar más fértil para que emerja una Revolución mundial, a comparación del mundo bipolar de la Guerra Fría.

No obstante, aún si reconocemos a la izquierda como un conglomerado de movimientos y vertientes que giran en torno a la ideología marxista y que estos actúan como movimiento histórico, la distinción entre estas permanece. En vista de que estas tienen una capacidad natural para mimetizarse y actuar dentro del liberalismo, el centrismo democrático, el nacionalismo o el cristianismo, es importante reconocerlas e identificarlas[35].

a) Marxismo-leninismo:
En primer lugar y como era de esperarse, están los partidos comunistas fieles a la ideología de Carlos Marx y Federico Engels, que además toman como guía al proceso seguido por la revolución rusa durante el liderazgo de Lenin, pero también de Stalin. Estos partidos apuestan por la estatización de las fábricas y la abolición de la propiedad privada de la tierra, en la cual se establecen granjas dirigidas por el estado. De este modo los oficiales pueden planificar la economía, decidiendo dónde, cuándo y qué producir, en el marco de un gobierno autoritario. Lo que más importa a estos socialismos es la creación de industria pesada. Por ende, el bloque soviético estableció un colonialismo interno que sometió a las naciones del báltico y subordinó los objetivos nacionales de países como Bulgaria, Rumanía o Checoslovaquia, a los de la Rusia soviética, coartando sus propias posibilidades de crecer e industrializarse. En vista de que este modelo requiere de un poder casi absoluto por parte del Estado, generalmente se requiere de una Revolución violenta o de una defensa violenta del régimen para que este se sostenga. Cuando aludo a este marxismo, uso los términos marxismo soviético o marxismo doctrinario.

b) Socialismos tercermundistas
Estos surgen principalmente en países no europeos que en tiempos antiguos fueron cunas de la civilización pero

fueron tecnológicamente rebasados y sometidos. Tal es el caso de China, Vietnam, México, Perú, Mesopotamia, India o Egipto, que a inicios del Siglo XX seguían siendo eminentemente rurales. Su relación con el marxismo es conflictiva, pues mientras Mao Tse Tung o Ho Chi Minh se consideraban marxistas, los socialismos árabes, africanos o latinoamericanos no rechazaban el análisis marxista pero tampoco aceptaban el camino propuesto por los soviéticos, pues antes de alinearse a cualquier bloque, se proponían elevar el nivel de vida de las masas populares a través de medidas que combinaban la economía de mercado y la rectoría del estado. Discrepan también del socialismo soviético porque a diferencia del primero, los socialismos tercermundistas consideraron que el tránsito de una sociedad rural o feudal a una de industria pesada, como la soviética, era costosa e inviable. En este sentido ellos apostaban por una alianza entre los campesinos, los obreros, las burguesías nacionalistas y sobre todo, las fuerzas armadas. Entre los exponentes principales de esta corriente tenemos al nasserismo en Egipto, al baathismo del mundo árabe, a la ideología de la Revolución Mexicana (PRI-MORENA), al Peronismo argentino, al Aprismo peruano o a los socialismos africanos de Nkrumah en Ghana o Julius Nyerere en Tanzania. Para efectos de este libro, estas experiencias aparecen descritas como socialismos tercermundistas, nacionalismos tercermundistas, nacionalismos de izquierda, populismos latinoamericanos o dictaduras desarrollistas.

c) Socialdemocracia

La socialdemocracia es preponderante en países europeos o eurodescendientes con democracias liberales consolidadas, a las cuales se pretende reformar, mediante la legislación, las acciones afirmativas y la presión de los sindicatos. Hasta la Segunda Guerra Mundial, la socialdemocracia se había considerado marxista pero con el advenimiento de la Guerra Fría, los socialdemócratas se desvincularon del marxismo por considerarlo autoritario y se decantaron por opciones reformistas que buscaban implantar el estado de bienestar mediante prestaciones laborales y políticas asistencialistas que compensan las desigualdades derivadas de una economía capitalista, dominada por el sector privado. A diferencia del marxismo soviético o tercermundista, la socialdemocracia considera que el socialismo debe preservar las instituciones democrático-parlamentarias derivadas de la revolución francesa, por su carácter moderno. La socialdemocracia reivindica también al marxismo como una continuación del legado de la ilustración y lo anexa a la democracia liberal construida por esta. En ciertos ambientes, la socialdemocracia se denomina también "tercera vía" o socialismo democrático, aunque este podría catalogarse como un camino medio entre el comunismo y la socialdemocracia propiamente dicha. Sus exponentes más conocidos son el PSOE de España y el resto de los partidos socialistas europeos. En México, el liberalismo social de Carlos Salinas de Gortari debería clasificarse igualmente como socialdemócrata.

d) La nueva izquierda

A la muerte de Lenin, el trotskismo criticó a Stalin por haber impuesto un régimen que no solo implica un retorno de la autoridad suprema del estado burocrático sino también de la religión y el nacionalismo. La nueva izquierda, por su parte, tiene como base a la Escuela de Frankfurt, un movimiento ideológico que se gesta en la segunda mitad del siglo XX. Sin embargo, alcanza su culmen con las protestas estudiantiles de 1968, que son duramente reprimidas en Francia pero también en México y en Checoslovaquia, con el aval de los marxismos oficialistas, que se posicionan a favor del orden establecido y contra los estudiantes que protestaban. Para la nueva izquierda, lo sucedido expone el carácter reaccionario de la URSS. De ahí que se retome la crítica trotskista original contra el autoritarismo soviético, tomando también de Trotsky su concepto de "revolución permanente", que debía llevar a la humanidad a un estadio más evolucionado, acabar con la supersticiones e impedir cualquier restauración conservadora. Para Marx, la forma del estado, la religión o la manera de pensar de una sociedad humana constituyen una superestructura, que descansa sobre una estructura material, conformada por el sistema económico imperante y las relaciones de producción. Por eso es que Lenin, apuesta por la destrucción del estado burgués, de su ejército y de su burocracia, como poderes al servicio de la clase dominante. Por el contrario, la nueva izquierda coincide aquí con el ideólogo italiano Antonio Gramsci, que otorga una gran importancia a la superestructura bajo la premisa de que sin una acción cultural lo suficientemente sistemática como para cambiar la mentalidad de la colectividad, su concepción del mundo y el sistema de creencias y valores derivado de ella, propiciará un retorno o una regeneración del orden anteriormente derrocado. Si bien se cataloga en algunos sectores a la nueva izquierda como "freudomarxismo", esta considera al psicoanálisis como una herramienta que reprime las diferencias e impone estándares de comportamiento funcionales para las estructuras laborales del capitalismo. De ahí su activismo a favor del abandono de tabúes sexuales, la inversión de las jerarquías, la legalización de las drogas y la deconstrucción de todo, pues una vez que han sido erosionadas las bases culturales de la "normalidad" podrá surgir una nueva sociedad humana. En cuanto a su estética, la nueva izquierda coincide con la contracultura de los sesentas, el movimiento hippie y la psicodelia. En este libro, utilizo los términos postmarxismo, neomarxismo o postmodernismo para referirme a la nueva izquierda.

Cabe señalar que esta clasificación no es fija ni infalible, ya que existen formas híbridas y no todas estas corrientes han colaborado las unas con las otras. El castrismo, por ejemplo, fue un socialismo tercermundista que después se convirtió en un marxismo rígido, sometido a los soviéticos. El chileno

Salvador Allende era un marxista doctrinario pero militaba en un partido socialdemócrata, cuyas reivindicaciones eran principalmente latinoamericanistas y tercermundistas. Tras la caída del muro de Berlín, la mayoría de los partidos comunistas del bloque oriental se hicieron socialdemócratas. El maoísmo chino, fue un marxismo rígido que tras la ruptura con la URSS se convirtió en tercermundismo y ahora en socialdemocracia, aunque se sigue presentando como comunista o marxista. Hasta aquí, el lector se habrá dado cuenta que las distintas interpretaciones del marxismo aplicadas a determinada sociedad pueden arrojar resultados disímiles. Las diferencias entre todas estas corrientes son demasiado profundas como para asumir que la ideología marxista por sí sola es capaz de "coaligarlas" o unificarlas. En efecto, la teoría de Olavo de Carvalho sobre el movimiento histórico explica esta unidad a nivel metafísico. Sin embargo, sí existe un eslabón "terrenal" que prueba la existencia de una continuidad entre las viejas izquierdas, moralmente "conservadoras" y las izquierdas postmodernas.

Me refiero aquí, a la contribución ideológica del argentino Ernesto Laclau, qué trata de refundar a la izquierda descartando a la clase obrera como sujeto, sustituyéndolo parcialmente con nuevos agentes revolucionarios, que se gestan a través de relatos que propician conflictos.

Para Ernesto Laclau, lo que se busca es crear una nueva hegemonía a través de un discurso igualitario que permea en todos los rubros de la vida cotidiana. Según este razonamiento, la lucha de las minorías genera antagonismos novedosos que aceleran la conflictividad social. De ahí el respaldo a toda clase de grupos ecologistas, urbanos, feministas o sexuales, cuyo desenfreno tiene el potencial para destruir al "individualismo posesivo" de la sociedad liberal. Más adelante nos adentraremos un poco más en este asunto. Sin embargo, existe una tendencia reciente, que desde una perspectiva estalinista, critica al hedonismo de la nueva izquierda bajo la premisa de que este ha resultado funcional a los intereses de los capitalistas. Según este argumento, expuesto por el comunista español Roberto Vaquero, la izquierda feminista y posmoderna sería en realidad antimarxista. Como hemos de ver más adelante, esto no es verdad, pues pese a sus diferencias internas, tanto el marxismo posmoderno como el estalinista trabajan para el mismo fin.

Ahora bien, el lector seguramente habrá notado que no he incluído al "progresismo" en ninguna parte, cuando en nuestro continente, la izquierda es "progresista". No deseo atiborrar este trabajo de definiciones. Sin embargo, existe un concepto de progresismo que se corresponde con la noción heredada del positivismo francés del siglo XIX, que alude al avance tecnológico, el auge de la ciencia y la superación de los atavismos. Es precisamente este el concepto que el líder norcoreano Kim Jong Il reivindicaba cuando solicitaba el apoyo de los "progresistas" del mundo para su régimen. Sin embargo, la definición que a nosotros nos interesa es la que corresponde al "progresismo" en inglés, y se identifica con las corrientes de izquierda en los Estados Unidos. En efecto, si no incluí esa palabra en las descripciones anteriores, eso es porque el progresismo de Clinton y otras vertientes más radicales de la izquierda en ese país, si bien se asemejan a la socialdemocracia europea o a la nueva izquierda por sus políticas laboristas, por el estado de bienestar y la reivindicación de las minorías, no tiene su orígen en las luchas obreras del viejo continente sino en el liberalismo anglosajón. Tan es así, que en los Estados Unidos la palabra "liberal" alude precisamente al progresismo de izquierda y los estadounidenses de derecha ahora ocupan la palabra libertarianismo para referirse al liberalismo inicial de los padres fundadores. Este solo hecho, debería de ser más que suficiente para demostrar que el progresismo, con todas sus agendas y disparates, constituye la evolución legítima del liberalismo y que un retorno a una etapa anterior del mismo, eventualmente nos llevaría al mismo lugar donde ahora nos encontramos.

En Hispanoamérica, los ambientes políticos suelen estar fuertemente influenciados por la intelectualidad europea, de donde se han tomado prestados muchos conceptos y categorizaciones, cuando a nivel práctico, predominan las modas y tendencias propias de los Estados Unidos. A diferencia de la nueva izquierda europea, el progresismo anglosajón no impone cuotas de privilegio para mujeres, afroamericanos o colectivos LGBTQ con el afán expreso de "deconstruir" a la sociedad, cómo hace la nueva izquierda europea, sino con el pretexto de "resarcir" agravios históricos, argumento que ha sido replicado constantemente por la izquierda iberoamericana. Sin embargo, hay que decir, que en muchos casos esta política se disfraza de justicia social para encubrir objetivos de deconstrucción. De hecho, ya desde los años sesenta, algunas organizaciones estadounidenses como las Panteras Negras, se presentaban como una forma radicalizada del movimiento de los derechos civiles, pese a su evidente tendencia marxista. En los Estados Unidos, figuras como Bernie Sanders o Alexandria Ocasio-Cortés representan una convergencia del progresismo anglosajón con estos grupos y con la nueva izquierda europea, pero el "celo justiciero" que caracteriza a la izquierda estadounidense tiene sus orígenes en el mesianismo puritano y el milenarismo protestante, del que hablaremos en otro trabajo.

EL MARXISMO Y LA LUCHA ANTICOLONIALISTA

El hecho de que muchos antiguos comunistas del hemisferio occidental, que en su momento apoyaran las políticas autoritarias del régimen soviético para recibir financiamiento o apoyo diplomático de este, ahora abracen las agendas desenfrenadas de la nueva izquierda para obtener votos y presupuesto, bien puede catalogarse como simple oportunismo.

Sin embargo, es tentador pensar que quienes alguna vez sirvieron como propagandistas de Moscú en países como Francia o Italia, estaban tan movidos por el odio a su propia cultura europea, que el apoyo a una potencia asiática como la URSS, cuyo "conservadurismo" social y sexual no compartían en lo más mínimo, estaba justificado porque dicha potencia combatía al bloque capitalista europeo-estadounidense. Además, existe una segunda narrativa, también difundida desde la derecha antiprogresista en Sudamérica, donde un grupo de comunistas asiáticos se organizaron para debilitar a las naciones del bloque capitalista a través de una acción cultural que trabajaría sobre la mentalidad de la gente, para erosionar y destruir aquellos valores que habían hecho posible la prosperidad del mundo occidental. Siguiendo con la tónica del choque de civilizaciones, la derecha antiprogresista en

Sudamérica intenta convencer a los cristianos conservadores de que el futuro de la civilización occidental y la moral cristiana, se encuentra irremediablemente atada a la supervivencia del capitalismo estadounidense, al que es necesario defender para evitar la destrucción de todo lo demás.

Sin embargo, por más que la nueva izquierda frecuentemente se pronuncie contra la cultura occidental, contra las sociedades cristianas o contra la ciencia racionalista, tanto esta como la socialdemocracia no ha hecho sino recuperar el marxismo para la civilización que le dio origen, que es precisamente la del capitalismo liberal, pues como bien menciona Agustín Laje, el marxismo original asumía que la revolución mundial se gestaría en el mundo desarrollado y de cultura eurodescendiente. Por ende, el hecho de que naciones agrícolas "atrasadas" hayan implementado gobiernos marxistas antes que Estados Unidos o Inglaterra no constituye un verdadero "problema teórico" pues para tal efecto, el marxismo desempeñó en la China del Siglo XX el mismo papel que el liberalismo había desempeñado en Iberoamérica un siglo atrás. Ambas ideologías, que no son sino dos versiones de una misma fuerza histórica en épocas distintas, eventualmente tenían como propósito arrojar a los pueblos antiguos a la modernidad mediante un desmantelamiento de su sociedad tradicional, cuyo resultado es esencialmente el mismo. Es decir, la universalización del sistema productivo y la adopción de una cultura "ilustrada", europeizada y "occidentalizada". A lo que voy, es que incluso en el caso del socialismo con características chinas, donde el régimen de Pekín ha logrado sostenerse gracias a una restauración parcial del legado confuciano, lo que hay es una imitación velada de la forma de vida occidental y, sobre todo, la estadounidense. De hecho es a través, y no a pesar del marxismo, que el régimen chino ha incorporado ciertos aspectos de la ética de trabajo protestante, a veces disfrazados de confucianismo, para fomentar el emprendimiento. Nuevamente, es importante recalcar que la

Guerra Fría fue una pugna entre potencias imperialistas. Por ende, el hecho de que por motivos geopolíticos, la Rusia soviética haya impulsado "cruzadas" anticoloniales no quiere decir que el marxismo sea en sí mismo una ideología "antioccidental", "antieuropea" o "antiblanca" pues en el fondo, el marxismo busca una globalización bajo estándares "occidentales" e ilustrados, por más caretas que se ponga.

Sí los patriotas de las naciones no blancas se hacían marxistas en los sesentas, eso es porque las potencias coloniales europeas como Inglaterra o Francia, pertenecían al bloque capitalista encabezado por Estados Unidos. Si tomamos en cuenta que la Rusia soviética se presentaba como defensora de los pueblos oprimidos y que Rusia era la única superpotencia que se oponía a la hegemonía estadounidense, apoyar al comunismo en nombre del antiimperialismo y la liberación nacional era una posición coherente.

Aún en nuestros días, la mayoría de los simpatizantes de la izquierda ignora que Carlos Marx celebró la conquista británica de la India en 1858 y la derrota de México a manos de los Estados Unidos en 1847, bajo la premisa de que de esta manera, nuestras sociedades serían arrojadas por la fuerza a la modernidad y dominadas por los anglosajones, que eran más "evolucionados". Por ende, es totalmente lógico asumir que las tropas campesinas de Mao o Ho Chi Minh tampoco tenían la menor idea de la verdadera naturaleza del marxismo. Lo que se puede verificar aquí es que en una coyuntura como la de aquellos años, era predecible que estas fuerzas se aliaran con el enemigo de su enemigo. Dicho argumento queda corroborado porque en aquellas naciones donde un imperialismo marxista hacía el papel de potencia colonial, quienes luchaban por la independencia de sus países lo hicieron al lado de Estados Unidos. Esto es precisamente lo que pasó en Estonia, Lituania o Letonia, que habían sido anexadas a la URSS, pero también entre los tibetanos exiliados, a quienes difícilmente podríamos catalogar como simpatizantes de la democracia liberal pero veían en el apoyo del bloque capitalista, una esperanza para liberar a su patria de la dominación extranjera.

Aunque es totalmente cierto que buena parte de los movimientos de liberación nacional en África o Asia se guiaban por un fuerte sentimiento antieuropeo y antimoderno, no todos se identificaron con la izquierda o con el socialismo. De hecho, mientras que en Vietnam o Argelia, el imperialismo estadounidense era percibido como el causante de la penetración cultural moderna, a la vez que el bloque soviético se presentaba como una alternativa respetuosa de las identidades nacionales, en Pakistán o Afganistán sucedía exactamente lo contrario. En este último país, los agentes del imperialismo soviético eran vistos como enemigos culturales, que occidentalizaban a la población al agredir las tradiciones islámicas mediante un ideario jacobino. Estados Unidos, por su parte, se presentaba como una potencia amigable con la religión islámica y respetuosa de la identidad que la penetración soviética amenazaba. De ahí que en los años ochentas, miles de combatientes musulmanes se hayan puesto al servicio de Estados Unidos en su lucha contra el comunismo. Incluso en África, casi la mitad de los estados africanos contemporáneos fueron independizados por líderes tribales que en su momento fueron el terror de los colonos blancos y a pesar de eso, sostenían posiciones fuertemente anticomunistas y pro estadounidenses.

El punto es que, si los movimientos de liberación nacional que tomaban partido por los Estados Unidos o por la Rusia soviética en una u otra parte del mundo, también combatían la ideología de la potencia contraria en nombre de la identidad cultural, los valores religiosos y la soberanía nacional, la conclusión a la que deberíamos llegar es que ni el marxismo ni el capitalismo liberal eran adecuados para impulsar una lucha anticolonialista, pues ambos son un producto de la ilustración europea y nos conducirán irremediablemente al mismo lugar. Es decir, a la antesala de la república mundial globalista. Si somos incapaces de comprender esto, cualquier esfuerzo que hagamos para combatir el globalismo estará condenado al fracaso desde el principio. Más aún cuando los hispanoamericanos ya habíamos vivido ese proceso en el pasado, cuando nuestros países se independizaron de España a inicios del Siglo XIX.

En el caso hispanoamericano, nuestro entendimiento sobre el periodo virreinal es deficiente como consecuencia de las falsas expectativas derivadas de la modernidad. Durante generaciones, los niños mexicanos se acostumbraron a estudiar libros de texto que se saltan de la conquista a la independencia, tal como si los 300 años de experiencia virreinal no hubiesen sido relevantes o como si se tratara de una única época de saqueo, destrucción de la cultura indígena y negación de nuestra verdadera nacionalidad, lo cual es un reduccionismo inaceptable.

De hecho, si de verdad quisiéramos tener una comprensión mínima del período virreinal, deberíamos por lo menos distinguir tres etapas más o menos diferenciadas. El periodo de la conquista propiamente dicho, fue una verdadera revolución social, con toda la destrucción y transformación que eso conlleva. Se trata de un periodo convulso, donde movidos por el igualitarismo de una "fe furiosa", totalmente novedosa para ellos, los grupos indígenas oprimidos se unen a los agitadores europeos en un frenesí que pretende demoler la antigua sociedad hasta sus cimientos. Después, como consecuencia de las epidemias, la hambruna y la destrucción cultural, se inicia un período de retradicionalización, que implica un compromiso entre los remanentes de la antigua cultura indígena y las nuevas autoridades, con la presencia de la Iglesia Católica como poder mediador.

Dicho esquema permitió que las comunidades indígenas se

recuperaran del colapso demográfico. En el México del Siglo XVII, el náhuatl permanece como lengua de uso común, independientemente del grupo étnico al que pertenecieran los hablantes. Tan es así, que nuestra lengua nacional se enseñaba en Guatemala, se hablaba en el ejército y Sor Juana Inés de la Cruz la había usado para escribir poesías. El propio Francisco Javier Clavijero, que era sacerdote jesuita, era un gran admirador de la poesía náhuatl virreinal. A lo largo y ancho del territorio nacional, otras lenguas indígenas eran enseñadas. Por supuesto que la América virreinal no era color de rosa, pues entre los españoles siempre hubo un sector europeísta y antitradicional que predicaba la superioridad europea y oprimía a nuestros pueblos originarios. No obstante, nuestra población nativa se estaba recuperando de la debacle demográfica derivada de las epidemias en la conquista, las autoridades respetaban la forma de organización tradicional de nuestras comunidades y los descendientes de los colonizadores estaban cada vez más arraigados al suelo nacional, adquiriendo de este modo la identidad de la región donde nacían y se desenvolvían. Es este el periodo que coincide con el auge de la Casa de Austria en España y con la formación de una sana conciencia nacional con una integración paulatina de todas las etnias, sin menoscabo de sus identidades particulares.

En 1700, con la entronización de la dinastía borbónica en España, esta época llega a su fin y es suplantada por otra mucho más cercana a lo que actualmente consideramos como "colonialismo" en un sentido moderno, y donde de nueva cuenta, se busca demoler a la civilización tradicional pero no solo a la indígena sino también, a la española. Para la clase política e intelectual de la España borbónica, el Imperio español debería homologarse a los patrones europeos. Por ende, las reformas borbónicas fueron particularmente traumáticas para los pueblos de América, pues al sentar las bases para la imposición del sistema capitalista, sembraron desigualdad y odios económicos. Además, se trató de imponer el español como única lengua. Esto no sólo desautorizó a la lengua náhuatl sino que también, propició que decenas de lenguas minoritarias se extinguieran, pues los misioneros ya no tenían permitido enseñarlas. Con la expulsión de los jesuitas y la secularización de las misiones, la construcción nacional se detuvo y la patria mexicana ya no pudo extenderse hacia el norte, dejando libre el camino para la futura anexión de ese territorio por los Estados Unidos. La Guerra de Independencia contra España era una lucha contra la europeización forzada, contra el individualismo burgués de los afrancesados y los nefastos efectos de aquella primera reforma liberal privatizadora. Sin embargo, las proclamas de los próceres independentistas, en vez de presentar a la tiranía borbónica como lo que era: un reformismo europeizante y modernizador, la describen como oscurantista, medieval y enemiga del progreso, conceptos tomados de la leyenda negra acuñada en Inglaterra y de la retórica liberal francesa. En resumen, la guerra de Independencia fue una guerra contra la modernidad que paradójicamente se hacía en nombre de la propia modernidad. Es decir, de los preceptos de la Revolución Francesa, el enciclopedismo, el republicanismo y el liberalismo.

Si en el Siglo XIX, los hispanoamericanos caímos en ese error, no tendríamos por qué juzgar de mala manera a los patriotas antiestadounidenses de Vietnam por haber creído que el marxismo era un ideal novedoso, que los libraría del colonialismo francés o estadounidense, del mismo modo en que tampoco podemos culpar a los exiliados de los países anexados forzosamente a la URSS por operar a favor de los Estados Unidos durante la Guerra Fría, pues lo que ellos querían era la independencia de sus países. En dado caso, aunque la coyuntura de la Guerra Fría hubiese forzado a muchos movimientos de liberación nacional a ponerse del lado de una u otra potencia, sus líderes estaban conscientes de que ni el capitalismo estadounidense ni el marxismo soviético eran la mejor alternativa. Dicho sea de paso, lo que pocos autores están dispuestos a admitir es que antes de la Guerra Fría, tanto los pueblos oprimidos por el imperialismo ruso cómo los que vivían bajo la opresión francesa o anglosajona en Asia o África, originalmente simpatizaron con la Alemania de Hitler, que aparecía como el último reducto de la resistencia contra la modernidad. Por el contrario, Estados Unidos y la URSS representaban lo moderno. A la postre, los yanquis y los soviéticos se dieron cuenta de que estaban en la misma trinchera.

Hasta antes del fin de la Segunda Guerra Mundial, ser antiyanqui no era un requisito para "ser de izquierda". En aquellos años, los marxistas todavía alardeaban acerca de la naturaleza eminentemente moderna y evolutiva de su ideología. Si bien había claros indicios de que desde el inicio de su gobierno, Stalin estaba virando hacia una forma bizarra de nacionalismo ruso, esto no era todavía perceptible hacia afuera, pues la política exterior soviética seguía esforzándose en presentar a su país como un ejemplo de modernidad, transformación social y participación popular. En muchos aspectos, el estalinismo de los primeros años podía compararse un poco al régimen de Mustafá Kemal Ataturk en Turquía. Ambos se consideraban patriotas e intentaban cohesionar culturalmente a sus sociedades pero su patriotismo era moderno y con fuertes resabios de jacobinismo.

Para el novelista judío Joseph Roth, contemporáneo de aquel periodo, la Unión Soviética estaba atravesando por un proceso de americanización que vaciaba espiritualmente a Rusia y le robaba el alma[36]. Hasta el propio Stalin, antes de verse obligado a desempolvar el nacionalismo ruso para hacer frente a las huestes de Hitler, decía que los cuadros bolcheviques estaban llamados a fundir el "impulso revolucionario ruso" con el "espíritu práctico estadounidense". Por si fuera poco, el escritor nacionalista italiano Claudio Mutti, tuvo a bien recopilar algunas citas de Antonio Gramsci, el ideólogo comunista a quien frecuentemente se categoriza como el "peor enemigo" de la civilización occidental[37]. En palabras de Gramsci, marxista, el fenómeno estadounidense debe considerarse como "el más grande esfuerzo colectivo capaz de crear con una rapidez extraordinaria y una conciencia del objetivo nunca visto en la historia, un nuevo tipo de trabajador y de hombre".

En México, los gobiernos de Cárdenas y Ávila Camacho, pese a los reclamos de los extranjeros por el tema petrolero, desarrollaron una intensa campaña propagandística, con un arte que combinaba motivos mexicanos y realismo soviético. El mensaje de esta propaganda era bastante claro: el socialismo mexicano era un aliado de la lucha antifascista y de los valores de la modernidad. Los integrantes del escuadrón 201, por ejemplo, eran tan socialistas como el propio Cárdenas, y aún así, participaron gustosos en la cruzada imperialista de Estados Unidos en Filipinas, otra nación hispana sometida, con el pretexto de que se estaba combatiendo a la "barbarie" japonesa, a la vez que se luchaba a favor del progreso y la modernidad.

De regreso en Italia, el dirigente comunista Palmiro Togliatti, compañero de Gramsci, se dirigía a la resistencia antifascista en un sentido discurso pronunciado el 8 de agosto de 1941 por Radio Moscú: *"Realmente debemos estar agradecidos con los Estados Unidos, no sólo por haber dado trabajo durante tantas décadas a tantos de nuestros hermanos, sino también por el hecho de que esos hombres, que salían de la oscuridad de un entorno social casi medieval, pudieron ver lo que es un régimen democrático moderno, lo que es la libertad (...)"*. (Losurdo, 2011)

No digo más, pues ya está suficientemente demostrado que el marxismo se identificaba con la modernidad occidental.

Eventualmente, es incorrecto presentar al comunismo y al nacionalsocialismo como dos variantes del mismo colectivismo autoritario, pues al final de todo, los soviéticos terminaron luchando al lado de Estados Unidos contra la Alemania de Hitler. La lógica de la ideología marxista, favorable a la modernidad, acabó imponiéndose. Por ende, es perfectamente normal que el lector ahora haga ciertos cuestionamientos. ¿Qué tuvo que haber pasado para que dos décadas más tarde, la bandera roja se convirtiera en símbolo del anticolonialismo, con el que los vietnamitas habrían de combatir a franceses y estadounidenses? ¿Cómo es que la izquierda transitó del colaboracionismo con Estados Unidos a una retórica beligerante como la de Fidel en Cuba?

Stalin, en sus fundamentos del leninismo de 1924, señala que el camino para la victoria de la Revolución mundial pasa por la alianza de los comunistas con los movimientos antiimperialistas y de liberación en las colonias y los países dependientes[38]. Tras la Conferencia de Yalta, este planteamiento cobra una gran importancia para la geopolítica soviética, cuya prioridad era oponer al bloque capitalista encabezado por Estados Unidos y Europa occidental, un frente internacional de naciones oprimidas, que convertía en aliados potenciales del comunismo a fuerzas tan "reaccionarias" como los fedayines islámicos o los sacerdotes de la teología de la liberación, a la vez que se rechazaba a los laboristas ingleses o a los progresistas estadounidenses, pues por más "socialistas" que estos pudieran ser, su trabajo era funcional a los objetivos imperialistas de sus países capitalistas.

Por obviedad, de esta postura surgirían contradicciones trágicas. En Irán, por ejemplo, la izquierda socialista recibió la instrucción de respaldar la revuelta de los ayatolas, que una vez en el poder no duraron en exterminar a los "ateos rojos" que los habían ayudado. En México, Gustavo Díaz Ordaz fue respaldado por la URSS y por el marxismo oficial cuando reprimió un movimiento estudiantil que era izquierdista, pero también antisoviético y antiautoritario. En el mundo árabe, la política soviética prefirió pactar con el Partido Baath, una fuerza relativamente conservadora, enviando a la muerte a cientos de militantes comunistas que fueron masacrados. Para el movimiento comunista mundial de entonces, la primera consigna era ver por los intereses de la URSS, bajo la creencia de que su preservación era fundamental para el desarrollo de la lucha antiimperialista. De ahí que muchas fuerzas revolucionarias legítimas terminaran actuando en contra de sus propios intereses, absteniéndose de tomar el poder cuando el triunfo parecía seguro. En su libro *"Del buen salvaje al buen revolucionario"*, el liberal Carlos Rangel detalla la forma en que los comunistas venezolanos inexplicablemente se negaron a tomar el poder cuando pudieron haberlo hecho en los años cincuenta. En Argentina, los comunistas prosoviéticos participaron casi siempre en alianza con sus "enemigos de clase", combatiendo al peronismo y apoyando después a la dictadura de Videla, porque así convenía a los intereses de la superpotencia rusa.

A mediados de los ochentas, quienes verdaderamente luchaban contra el colonialismo y el imperialismo, ya habían entendido que los intereses de la potencia soviética siempre estarían antes que los del "pueblo oprimido" al que se quería "liberar" y que no se podía confiar en la izquierda prosoviética. Por ende, el abrupto desplome de la URSS liberó a los marxistas de la necesidad táctica de hacerse pasar por patriotas, a la vez que se reafirmaron los preceptos originales del marxismo, que consideran a los países capitalistas avanzados como Estados Unidos, cómo la verdadera "patria" de una futura revolución comunista mundial.

En vista de que la globalización no es sino el establecimiento de los "Estados Unidos del Mundo", con una cultura hegemónica occidental y moderna por obligación, la desaparición de la

URSS permitió que marxismo y liberalismo marcharan juntos durante este largo trecho, como en la Segunda Guerra Mundial. Esto no significa, que la "marcha" sea totalmente uniforme, pues del mismo modo en que algunas vertientes de la derecha, partidarias del modelo industrial capitalista y el libre mercado, estuvieron en desacuerdo con el pacto con los comunistas en aquellos años, hay segmentos que están en desacuerdo con una convergencia "progresista" como la de ahora, que en el papel parece favorable al auge de la izquierda y no al del capitalismo productivo.

Desde sus comienzos, la URSS nació con un "corazón dividido", pues por un lado, se arrojaba a sí misma la misión de expandir por todo el orbe el mensaje de una ideología universalista e internacionalista, pero desde los cimientos de un imperio concreto y con una tradición cultural particular que es la de los eslavos ortodoxos. En la URSS, la estatización de prácticamente todas las actividades económicas, con la concentración del poder en manos de la burocracia partidaria no sólo obedecía a la necesidad de someter poblaciones de otras nacionalidades sino a la de mantener un aparato armamentístico que defendía las pretensiones políticas y territoriales de Rusia. De ahí que este país implantara un colonialismo interno contra los pueblos del Báltico y otras nacionalidades, y que el Pacto de Varsovia impusiera relaciones económicas desfavorables para los países satélites, cuyos pueblos veían a la Unión Soviética como un mero continuador del imperialismo zarista. No obstante, mientras que el poder armamentístico estadounidense era la manifestación de un desarrollo robusto y auténtico, propiciado por la acción de miles de motores independientes, el armamentismo soviético se construyó artificialmente a través del drenaje constante de todos los demás sectores productivos por parte del Estado[39].

Además, en la medida en que Rusia se veía obligada a conciliar sus intereses nacionales con su misión universalista, la ideología marxista obligaba a los líderes soviéticos a ponerse como meta la exportación de la revolución a toda costa, a través de alianzas contradictorias con toda clase de actores ideológicos si esto servía a la causa del internacionalismo proletario. La Escuela de Frankfurt, que buscaba debilitar a los países occidentales a través de una erosión de su cultura y de la salud mental de sus habitantes, ciertamente habría favorecido a la URSS si ésta siguiese existiendo. Sin embargo, los corrosivos efectos de esta contracultura, pensados para facilitar una victoria soviética, ahora podrían arrasar con Rusia cuando Putin fallezca o si su régimen "conservador" es sustituído por otro más liberal. Esto quiere decir, que la propia Rusia, que en su momento quiso liderar la revolución mundial, terminaría tragada por ella, ahora que su estafeta ha pasado a manos de sus legítimos herederos, que son precisamente los modernos eurodescendientes, de dónde provino originalmente la ideología marxista.

Uno de los motivos que explican el éxito de socialismo marxista en China y su fracaso en la Rusia soviética, tiene mucho que ver con su contexto nacional, pues con la excepción de Taiwán, los objetivos nacionales de los han, la etnia mayoritaria de ese país, ya se habían cumplido y China estaba unificada desde mucho antes. Por ende, aunque existen tendencias que apoyan un imperialismo territorial o político, el nuevo imperio chino ha sublimado sus pretensiones hegemónicas preferentemente a través de la economía. En China, la necesidad de controlar políticamente a la población derivó en experimentos brutales que fracasaron, como el gran salto adelante o la revolución cultural. Sin embargo, a inicios de los años ochenta, ese problema estaba prácticamente resuelto, no solo por las reformas económicas sino también porque el régimen chino, a diferencia del soviético, podía apelar con más facilidad a la historia nacional y a la tradición cultural china para legitimarse. Además, mientras la Unión Soviética había participado en una carrera armamentista que le llevó a desviar una enorme cantidad de sus recursos en su guerra propagandística con los Estados Unidos, el régimen chino operaba de manera silenciosa bajo la premisa de que cualquier desarrollo armamentístico debía proceder de un genuino rearme industrial, económico y científico.

En resumen, fue el modelo chino, que viró hacia formas más amigables con la propia historia y tradición nacional de sus poblaciones, el que alcanzó una adecuada proporción entre la propiedad estatal, la propiedad colectiva y la propiedad privada, y esto le permitió sobrevivir. Sin embargo, esto no era tan evidente a inicios de los noventas, cuando las protestas de Tiananmen (1989) le hicieron creer a muchas personas, incluyendo a muchos analistas de izquierda, que la caída del régimen chino también era inevitable. Evidentemente, el eurocentrismo internalizado de la izquierda en el hemisferio occidental, había subestimado la fortaleza de los socialismos tercermundistas. En efecto, el régimen de Pekín se salvó cuando permitió el libre mercado como motor de un desarrollo que impactara en la vida de las personas y les devolviera el orgullo por pertenecer a un imperio milenario con aspiraciones de potencia mundial.

En Iberoamérica, el regreso de la izquierda como fuerza política tiene muy poco que ver con la ideología marxista y mucho que ver con las reivindicaciones nacionalistas, que nuevamente volvieron a cobrar importancia cuando se hizo evidente que la política de libre comercio y apertura económica había beneficiado preponderantemente a las corporaciones extranjeras. En efecto, quienes ahora votan por MORENA en México o por Gustavo Petro en Colombia, no lo hicieron con el afán de acabar con el patriarcado, con la "clerecía reaccionaria" o con el "conservadurismo" sino por la creencia de que la izquierda defendería las reivindicaciones de soberanía nacional e independencia económica que el neoliberalismo había sepultado.

Sin embargo, el problema aquí es que si el eje sobre el que se mueven las izquierdas es precisamente la ideología marxista, por más que éstas vistan a sus líderes de rebozo y guayabera, el marxismo lleva consigo el gen de la "civilización moderna e ilustrada", fruto de las revoluciones liberales. En Rusia, el régimen soviético tuvo que apelar a los objetivos nacionalistas del viejo zarismo para derrotar a las huestes del führer. Además, hubo periodos de retradicionalisación. Sin embargo, el corazón marxista de la ideología oficial soviética tuvo como resultado la modernización y la occidentalización, tanto de los rusos como de los aborígenes asiáticos sometidos a ellos. En China, el maoísmo apeló a la idea del tercer mundo para hacer frente a los imperialismos ruso y estadounidense pero sea como sea, la China de hoy es una potencia occidentalizada. En México, el indigenismo de izquierda jamás pudo cumplir con sus objetivos de consolidar una identidad indoamericana. Lejos de eso, este nos dejó una cultura urbana moderna de tipo europeo o estadounidense. Sobra decir, que los intentos de López Obrador por restaurar el "nacionalismo" izquierdista del siglo pasado, van encaminados al mismo fracaso, pues tiene como beneficiaria a Claudia Sheinbaum, que representa a la izquierda modernizadora, feminista y cosmopolita, donde el marxismo se empalma con sus orígenes liberales e irremediablemente nos llevará al mismo sitio al que nos lleva el capitalismo. Es decir, a la adopción de la cultura occidental moderna como estándar único de la globalización: a los Estados Unidos del Mundo.

Para muchos cuadros de la izquierda posmoderna, la caída del bloque soviético no era ni el fin de la historia anunciado por los capitalistas liberales, ni la derrota del comunismo sino el comienzo de una nueva etapa para la revolución mundial. Esto quiere decir que el comunismo de los mitos heroicos, que apela a lo más profundo de la psique humana, haciendo de la revolución rusa un relato apocalíptico o mediante figuras sacralizadas como el Che Guevara, tendría que ponerse en hibernación para dar paso a un comunismo banal, terrestre y profano como el que propone Gramsci. Por ende, la misma izquierda que en su momento había aceptado "alianzas" con los sacerdotes de la teología de la liberación, tendría que sacar ahora su cara antirreligiosa, jacobina y modernizadora. Para esta izquierda, el fin del simulacro soviético inaugura una época donde la vanguardia estará en la socialdemocracia o el laborismo de los países capitalistas porque a final de cuentas, el mundo moderno es un terreno mucho más idóneo para el establecimiento de una república comunista mundial, que una monarquía ortodoxa, budista o islámica.

A lo que voy, es que la línea mítico-revolucionaria del apocalipsis polpotiano[40] y la profana-reformista de la tecnocracia "relajada" y el sexo libre, no son contrarias la una a la otra sino complementarias. Para tal efecto, es como si estuviésemos ante las dos piernas de un hombre, o ante las dos hojas de una tijera, donde cada una refuerza la capacidad de corte de la otra. En este sentido, el primer marxismo explota diabólicamente el aspecto místico-religioso de la psique humana a través de relatos apocalípticos y un panteón de figuras sagradas que se ajustan a los arquetipos psicológicos del padre, el chamán, el ermitaño, el mártir o el guerrero para después destruirlos. Como parte de un mismo proceso dialéctico, cada revolución contribuye a "depurar" al alma humana, capa por capa, de la propia dimensión místico-espiritual a la que se apela originalmente, dejando como resultado a un hombre cada vez menos "espiritual" y más "animal". Es aquí donde entra en acción la otra hoja de la tijera, que apela en esta ocasión a la parte sensorial del hombre previamente desespiritualizado, que ahora es animado a derribar cualquier obstáculo físico o mental que impida el cumplimiento de sus deseos. De este modo, el disfrute irrestricto y permanente de los placeres no sólo se convierte en él último fin de la existencia sino también en una obligación.

En el libro "Generación idiota" de Agustín Laje, encontramos una clara descripción de este esquema en la sociedad actual. En la práctica, lo que busca esta segunda hoja de la tijera es "confirmar" al ser humano en su estado de "hombre totalmente natural" o "buen salvaje" que vive para satisfacer su placer en completa libertad. Evidentemente, esto no es sino una reversión grotesca del orden natural, pues si todo animal superior siente la necesidad de saborear un rico bocadillo, eso es porque sin ese antojo, careceríamos de motivación para alimentarnos. De igual forma, si el sexo no fuese placentero, no habría incentivos para buscar la reproducción. Incluso en el caso de aquellos animales que tienen relaciones sexuales más allá de un interés reproductivo, estas desencadenan mecanismos de convivencia, pertenencia, liberación de estrés o protección mutua entre los miembros de la especie. Por ende, el "hombre totalmente natural" cuya vida es un orgasmo perpetuo, no es sino una aberración, pues tarde o temprano se volverá incapaz de experimentar verdadera satisfacción y su psique se dañará a tal grado, que el resultado final no será, ni siquiera un animal, sino una especie de robot o de zombi. El relato de H.G. Wells en su célebre "Máquina del tiempo" bien puede interpretarse de este modo.

Por ende, no debemos caer en el engaño de quienes dicen que la "nueva izquierda" o el "marxismo liberal" no es verdadero marxismo. De igual forma, el marxista que promueve el nacionalismo, rescata los símbolos del pasado o apela a la mitología heroica es un oportunista, pues por más que se oponga a la ideología de género, al feminismo o al hedonismo de la sociedad actual, su meta es exactamente la misma: llegar a un estadío más "evolucionado" por otros medios.

LA FALSA HISPANIDAD COMO CABALLO DE TROYA DEL MARXISMO

Recientemente, la corriente "anti revisionista" del marxismo, que critica el abandono del autoritarismo estalinista en la URSS y culpa al reformismo democrático por propiciar una restauración del capitalismo, se ha actualizado conforme a las nuevas tendencias ideológicas presentes en Internet. Ahora, este neoestalinismo no solo cuestiona a los socialismos "light" sino también a la escuela de Frankfurt y a los más recientes desarrollos de la nueva izquierda en torno a temas como el feminismo, la ideología de género, el movimiento ecologista o el indigenismo, a los que se acusa de obstaculizar el surgimiento de un movimiento comunista unificado.

Tal es el caso de los marxistas o filomarxistas Gustavo Bueno, Santiago Armesilla o Juan Manuel Zunzunegui, que no necesariamente se encuadran dentro del estalinismo, pero sí dentro de un espectro marxista que defiende el "patriotismo hispánico" bajo la premisa de que este es un instrumento adecuado para reconstituir al movimiento comunista, tal como existía en los años setentas. En parte, la oposición de estos autores a la narrativa indigenista ha propiciado que hasta la propia ultraderecha católica difunda sus obras y los incluya dentro de sus círculos.

Para muchos hispanistas, hartos de una izquierda indigenista que reproduce las consignas de la leyenda negra antiespañola y de una derecha que admira a los anglosajones, los postulados de un Zunzunegui o un Armesilla son música para sus oídos. No obstante, no hay que perder de vista que si estas personas se oponen al indigenismo, esto es porque las culturas tribales de la antigüedad se caracterizan por haber construido sociedades estratificadas, que para los estándares marxistas constituyen el resabio de un primitivismo que hay que extirpar para llegar al progreso y a la "superación" del pasado.

Bajo la mirada de un marxismo congruente, la conquista de América fue "un paso adelante" porque estableció una sociedad más igualitaria, de corte moderno e ilustrado. Por supuesto, que este comentario no tiene como propósito denostar el trabajo y las contribuciones intelectuales de estos hermanos iberoamericanos, pues sus aportaciones bien pueden ser valiosas en la lucha contra la izquierda oficial del posmodernismo o el feminismo. No obstante, no debemos perder de vista que todo marxista desea una "república mundial". Por tanto, si ellos critican a la nueva izquierda, esto es porque desde su punto de vista, esta propicia una fragmentación artificial de la sociedad, haciendo más difícil la organización de un movimiento comunista sólido. Ellos defienden a la Iglesia, sobre todo al escolasticismo de Santo Tomás de Aquino porque ven en el "realismo" de la filosofía tomista, al eslabón que hizo posible el surgimiento del racionalismo, el materialismo y el escepticismo de la modernidad europea e ilustrada. Para ellos, como para todo marxista, Dios no es más que una construcción cultural o mental, que irá desapareciendo de nuestra psique una vez que la humanidad "evolucione" hacia la satisfacción total de sus necesidades. Para estos marxistas, el catolicismo es mucho mejor que el paganismo prehispánico porque se trata de una religión más "avanzada" pero eventualmente, este también tendrá que ser superado y lo mismo pasa con nuestro concepto "tradicional" de familia.

En realidad, la postura de estos marxistas a favor de la familia y contra la ideología de género, no es más que una charada. Roberto Vaquero, uno de estos influencers "hispanistas", anti-islámicos, anti-indigenistas y anti posmodernos, fundador del Partido Reconstrucción Comunista y del Frente Obrero en España, explica con toda honestidad: *"nosotros estamos en contra de la familia tradicional patriarcal, pero nuestra alternativa es la familia en el socialismo y sin las condiciones materiales que se generan con el socialismo no puede haber solución ni transformación general de la sociedad, incluyendo por supuesto las relaciones humanas, el matrimonio y la familia."* Al buen entendedor, pocas palabras: tanto el matrimonio como la familia son funcionales para el contexto actual, pero no son sagrados ni inmutables para estos marxistas. Para tal efecto, estas personas no se diferencian demasiado de aquellos liberales promercado que apoyaron décadas atrás el multiculturalismo racial, la diversidad sexual o las cuotas de género y que ahora las denuncian porque han resultado contraproducentes para la productividad de un modelo de sociedad industrial que está destinado a desaparecer.

La "hispanidad" de estos influencers marxistas no es un canto de unidad a favor de nuestra civilización indohispánica ni una defensa de aquella España rural y profunda que vino a América sino una vía para la "europeización" de nuestros pueblos, que facilitará nuestra absorción dentro de la "civilización universal".

Aunque parezca difícil de creer, incluso aquellos influencers que se dicen de derecha, católicos o tradicionalistas, en su afán de jugar a la piñata, tratando de "pegarle" a todo lo que huela a "izquierda" han caído en el juego de la tijera marxista. Este es precisamente el caso del argentino Cristian Iturralde, que en un panfleto plagado de racionalismo moderno e historicismo, ataca sistemáticamente a nuestras culturas precolombinas desde el punto de vista de la modernidad. En este sentido, tanto Iturralde como los marxistas "conservadores" antes mencionados, denuncian a los aztecas o los incas por "oprimir a la mujer", por practicar la muerte ritual, por ser "homofóbicos" y porque sus sociedades eran estratificadas y "enemigas del progreso". Sin embargo, es importante señalar que estas mismas personas que denostan nuestra cultura, no le dirán jamás a un español o a un noruego que es vergonzoso tener como ancestros a los celtas o a los vikingos, aunque en la antigüedad hayan practicado también la muerte ritual. Otro ejemplo es el de los nacionalistas católicos en Hungría, que consideran a Atila el Huno como uno de los antepasados ilustres de su nación sin que esto se contradiga con la máxima exaltación que hacen los húngaros de su Rey cristiano San Esteban. En Europa, ninguna vertiente identitaria considera como una contradicción la exaltación del pasado precristiano de sus pueblos. Por eso es de llamar la atención, que estos "hispanistas" tan orgullosos del acervo identitario europeo, estén tan interesados en hacerle creer al mexicano que sus raíces prehispánicas son motivo de vergüenza, que nuestros abuelos indígenas no eran sino unos caníbales sacacorazones y que antes de 1521, todo lo que había en nuestro continente era una basura.

En este sentido, algunos de los influencers antiprogresistas que exponen estos argumentos en las redes sociales, lo hacen apelando a los fundamentos del cristianismo, que relacionan las prácticas sacrificiales y mitologías prehispánicas como una forma de idolatría, asesinato masivo o "cultos satánicos". Quienes han tenido la oportunidad de leer las disertaciones y debates entre los polemistas de la época como Francisco de Vitoria, Bartolomé de las Casas o Ginés de Sepúlveda, se darán cuenta que al menos desde la perspectiva del catolicismo, ni siquiera un tema como los "sacrificios humanos" puede juzgarse por el hecho concreto sin tener en cuenta el contexto histórico, cultural o religioso en el que estaba inmerso. Un calvinista puritano en el Massachusetts del Siglo XVII, por el contrario, siempre habría podido hacer un juicio "a priori" de acuerdo a su fe veterotestamentaria. Sin embargo, aún pasando por alto lo anterior, el argumento de algunos hispanistas católicos para satanizar la práctica ritual azteca, es consecuente de acuerdo a los principios religiosos que ellos profesan. Lo que quiero decir, es que si algún católico sincero pero con poca formación histórica o religiosa, considera como legítima a la conquista bajo la premisa de que ésta salvó a los indígenas del dominio de los aztecas, que eran "idólatras y asesinos" dicho argumento puede considerarse como legítimo porque desde su punto de vista, la ley del cristianismo es universalmente aplicable, aún si esta es desconocida por determinadas poblaciones no evangelizadas.

Sin embargo, el problema de algunas vertientes del hispanismo católico en las redes, es la aplicación de un estándar religioso en forma selectiva y tendenciosa. A lo que voy, es que construyen su discurso sobre las prácticas sacrificiales de los aztecas para convencer a los mexicanos de avergonzarse de sus raíces. Sin embargo, no hacen lo mismo cuando se trata de los celtas, los romanos o los vikingos, que también incurren en prácticas que a los ojos del hombre moderno, serían catalogadas como crueles o idolátricas desde el punto de vista cristiano.

A algunos influencers, hispanistas de ocasión, les ofende que un mexicano nacionalista exalte el pasado indígena y su mitología a través del arte o de la literatura, como si esto fuese un pecado, pero les parece totalmente aceptable que los artistas europeos católicos hayan esculpido ininterrumpidamente las imágenes de dioses paganos o que inmortalizaran artísticamente la mitología grecorromana, igualmente plagada de episodios crueles y perturbadores.

Estas personas, que todo le perdonan al hombre europeo y nada al hombre precolombino, no son consecuentes con su ética religiosa, pues no nos miden a todos con la misma vara. Por ende, no es el cristianismo lo que verdaderamente los mueve, ni mucho menos la hispanidad. Lejos de esto, hacen del hispanismo católico una tribuna desde la cual, se aprestan para defender el mundo moderno y este es el verdadero problema.

A lo que voy, es que de acuerdo al pensamiento de la modernidad, el tiempo es una línea que marcha ineludiblemente hacia el futuro. Desde esta perspectiva, resulta lógico que los vikingos no merezcan una censura tan fuerte como la que merecen los aztecas, pues estos dejaron de practicar el sacrificio humano hace más de 1000 años, mientras que los aztecas los siguieron practicando hasta 1521. Lo que a ellos les indigna no es entonces el pecado contra Dios sino contra la evolución, pues desde su punto de vista, el europeo es el prototipo más evolucionado de la especie humana, y por consiguiente, el que está llamado a "civilizar" a todos los demás. Y en este sentido, tanto la derecha cristiana europeísta como el protestantismo estadounidense, el liberalismo francés o el marxismo, marchan juntos y totalmente alineados.

En su libro *"1492, fin de la barbarie. Comienzo de la civilización en América"* Cristian Iturralde cuestiona la "capacidad" mental de nuestros abuelos indoamericanos porque los europeos ya habían domesticado ganado, caballos, cerdos y toda clase de animales mientras que acá en América, los únicos animales que se habían domesticado antes de la llegada de los españoles eran los perros y los guajolotes. Evidentemente, este argumento es tendencioso porque cuando los euroasiáticos empezaron a domesticar al caballo hace aproximadamente 8000 años, este animal ya llevaba por lo menos unos 2000 años extinto en Norteamérica. En esta parte del mundo, tanto los camélidos como los elefantes o los equinos desaparecieron hace por lo menos 10,000 años cuando en ninguna parte del mundo, se había dado su domesticación.

Algunos artículos citados por Iturralde sugieren que el hombre precolombino padecía una debilidad mental como consecuencia de la "falta de proteínas", por las modificaciones hechas a los cráneos de los niños o a causa de las infecciones parasitarias. Sin embargo, en las culturas donde se acostumbraba la deformación de los cráneos, esta era una práctica casi siempre vinculada a la nobleza o a los grupos gobernantes, que de haber sido mentalmente inferiores a sus gobernados, habrían sido incapaces de mantenerse en el poder. Lo de la falta de proteínas es igualmente relativo porque pese a la existencia de ganado y carne en el continente europeo, esta era un privilegio de las clases acomodadas. Las mayorías pobres rara vez tenían acceso a la carne. Esto sin mencionar, que la gastronomía prehispánica era suficientemente completa como para satisfacer el apetito de los propios españoles recién llegados. Las propias crónicas de indias están llenas de descripciones sobre los mercados, el comercio, la enorme variedad de alimentos y el buen aspecto de la comida.

Desmentir tales imposturas es nuestro deber porque después de todo, estas personas pretenden erigirse en voceros de todos cuando critican a los indigenistas, acusandolos de idealizar el pasado precolombino, que la izquierda indigenista retrata como un "paraíso" conforme al relato de Rousseau sobre el buen salvaje. Sin embargo, ellos mismos hacen lo que le reprochan a otros al presentarnos la época medieval como "la organización social más perfecta que existiese jamás". Irónicamente, es en el sitio web del Padre Javier Olivera Ravasi, uno de los mentores de Iturralde, donde encontramos uno de los mejores trabajos de investigación, con fuentes documentales de la época acerca del medioevo europeo. En esta obra, denominada "La civilización del Occidente Medieval", el escritor francés Jacques Legoff repara:

"Quizá lo más terrible en este reino del hambre radique en que es a la vez arbitrario y fatal. Arbitrario porque va unido a los caprichos de la naturaleza. La causa inmediata de la hambruna es la mala recolección, es decir, el desarreglo del orden natural: sequía e inundaciones. Pero no es sólo que de tarde en tarde el rigor excepcional del clima provoque una catástrofe alimentaria —una hambruna—, sino que, además, con bastante regularidad en todas partes, cada tres, cuatro o cinco años, una penuria de cereales produce una escasez de efectos más limit dos, menos dramáticos, menos espectaculares pero, en cualquier caso, no menos mortíferos".

Otra obra ahí mencionada, del autor Fritz Curschmann sobre las hambres medievales (Hungersnóte im Mittelalter) ha reunido centenares de textos de crónicas sobre las malas rachas climáticas, las hambres y las epidemias, con sus episodios de canibalismo, mortandad y victimización de los pobres.

Ante esto, algunos podrían objetar que todas estas cosas son irrelevantes porque lo importante es la salvación de las almas y la cristiandad medieval seguía siendo un reflejo de la Ciudad de Dios de San Agustín, a pesar de todos sus horrores. Sin embargo, este mismo argumento era usado ocasionalmente por Fidel Castro cuando defendía la "rectitud moral" del socialismo, la veneración de la pobreza y la ausencia del pecado de la ambición o como ahora dice López Obrador, el "aspiracionismo" en su sociedad comunista. En dado caso, un orden social que no alimenta a su población, aún reconociendo que el alma es más importante que el cuerpo, no puede ser catalogado como perfecto. Sobre todo si comparamos los relatos medievales con la grandeza y el esplendor de la Antigua Roma, por ejemplo.

Ciertamente, no he disfrutado al escribir esta parte del

libro, pues se debe reconocer tanto a Cristian como al Padre Javier Olivera y el resto de los exponentes de la derecha antiprogresista argentina el haber asumido una posición fuerte contra las reivindicaciones de la Izquierda del Foro de Sao Paulo en el continente. Sin embargo, no apruebo sus ataques a la cultura mexicana porque estos terminarán favoreciendo plenamente, tanto a los partidarios de la modernidad capitalista como a los indigenismos de izquierda que inventan falsas tradiciones e impulsan la división en nuestras sociedades. A lo que voy, es que un movimiento de contenido más europeísta, conservador y católico puede ser adecuado para la Argentina, cuya población es mayoritariamente italiana o española. De manera análoga, el nacionalsocialismo tahuantinsuyano del caudillo peruano Antauro Humala puede ser la mejor opción para Perú o Bolivia, donde las razas autóctonas conforman la gran mayoría de la población. Sin embargo, ambas alternativas presentan inconvenientes en un país como México, que por virtud de la genética y la cultura debe considerarse como un país mestizo o más bien, como un país que es simultáneamente hispano e indoamericano. La "partidización" de aquellos aspectos nacionales e identitarios de relevancia, como pueden ser lo hispano, lo indígena, lo católico y lo folclórico, no hace sino profundizar las divisiones y facilitar nuestra absorción dentro del monstruo globalista.

De igual manera, hay que desaprobar la tendencia de algunos líderes de opinión antiprogresistas que emplean adjetivos agresivos con el afán de "destruir" individualmente a influencers como Gloria Álvarez y otros líderes de opinión con los que tienen diferencias. En realidad, las descalificaciones "ad hominem" dirigidas contra sus personas y no contra sus ideas, son un síntoma más de la enfermedad del individualismo, que corroe a la sociedad liberal actual tanto en los medios de la derecha como en los de la izquierda. Otra práctica igualmente repulsiva es que algunos personajes ensoberbecidos por sus likes en las redes, envíen a sus seguidores para atacar virtualmente a personas que ni son políticos ni tienen el poder en nuestra sociedad, pues esto no es sino una caricatura de la práctica estalinista que los zurdos promueven contra todo aquel que se oponga a la ideología oficial, feminista, del sistema.

Ciertamente, hay que estar alertas ante los embates de un "neoprimitivismo" de izquierda que enaltece como autóctonas o auténticas a expresiones propias de linajes dispersados porque como afirma Julius Evola, estos son el resabio de poblaciones cuyos ancestros fueron víctimas de ciertas degradaciones o prevaricaciones que alteraron su sustancia más profunda[41]. No obstante, aplicar los criterios propios de la sociedad moderna para medir o juzgar a las culturas tribales de la antigüedad, por más que estas solo fuesen residuos degradados de las civilizaciones primigenias de donde proceden, no hace sino fortalecer a quienes impulsan una globalización basada en la ideología de los derechos humanos.

Irónicamente, el hecho de que Iturralde se considere como un admirador de Arnold Toynbee, un gran defensor de las culturas indígenas tradicionales y que el argentino haya sido un nacionalista en la primera etapa de su trayectoria, sugieren que algunas ideas expresadas en algunos de sus trabajos no son las que verdaderamente siente y que su concepción sobre el tiempo es esférica como la de un servidor y no lineal como la que despliega en sus escritos. De igual forma, algunas alusiones a las culturas indígenas en las obras de Agustín Laje, también sugieren que muchos de sus argumentos en contra de los pueblos indoamericanos se han dado más por una coyuntura, que por una verdadera convicción a favor de la modernidad y de las libertades "occidentales". Para rematar, me atrevo a decir que muchos de estos escritores odian a la modernidad tanto como yo lo hago y que muy en el fondo, lamentan vivir en una época como la que tenemos ahora. ¿Qué los lleva entonces a actuar de esa manera? Muy probablemente, la necesidad de encontrar una vía rápida para frenar a la izquierda en su país, la necesidad de obtener el apoyo de sectores con más poder adquisitivo y que obviamente, pertenecen a las oligarquías "blancas" con acceso al poder empresarial, etc.

Sin embargo, a diferencia de estos católicos sinceros, tanto los marxistas como los liberales que en los últimos años han decidido ponerse la casaca de la hispanidad o de la familia tradicional, son defensores conscientes de la modernidad no por una coyuntura sino porque creen en ella y la desean. Mientras los liberales sueñan con un retorno a los años noventa, cuando el feminismo era inofensivo y el capitalismo todavía desplegaba una "estética" coherente, los marxistas quisieran regresar a los años setentas, cuando Brezhnev le hacía creer al mundo que el ser humano verdaderamente podía llevar el control de las cosas. Ambos quieren una rectificación, pero siempre regresando a la misma línea de la historia, qué forzosamente nos debe llevar al progreso y a la evolución.

Por ende, el hecho de que nuestros propios líderes de opinión ocupen argumentos basados en el racionalismo, el evolucionismo, el progreso o la ideología de los derechos humanos para orientar la "resistencia" contra el resultado de todas estas cosas, no solo es un despropósito sino un veneno que tarde o temprano nos destruirá por dentro. Si en Sudamérica, la resistencia de la derecha antiprogresista y antipopulista de repente se vio copada por la irrupción de señores libertinos, asiduos practicantes de tríos sexuales, es muy probable que en los próximos años, el movimiento hispanista se transforme en una especie de neoborbonismo modernizador y de izquierda. Y no lo digo porque sus promotores sean monárquicos, pues está claro que esos marxistas son tan rojos y republicanos como las feministas posmodernas a las que denuncian. Me refiero más bien al hecho de que lo que los mueve es el espíritu modernizador de la Constitución de Cádiz, de las reformas borbónicas y de la ilustración, que pretende hacer de los españoles y los iberoamericanos, una mera extensión de lo europeo y de lo moderno.

Otro punto a considerar es que, en palabras de Olavo de Carvalho, el núcleo ardiente que hace posible la inagotable vitalidad de la izquierda como movimiento histórico es precisamente la tensión entre ideales indefinidos y acciones no reconocidas. Del mismo modo en que muchos no pueden entender que exista una izquierda autoritaria, militarista y socialmente "conservadora" a la par de una izquierda hippie, libertina y pansexual, y que ambas sean marxismo, un número aún mayor de personas piensa que el enemigo del marxismo es el capitalismo liberal y que a la izquierda se le puede combatir con un movimiento que defienda la propiedad privada, el libre mercado y los derechos individuales. En las apariencias, esto es así porque el comunismo se opone a todas estas cosas. Sin embargo, no todo es como parece. En efecto, si el liberalismo fuese el "contrario" del comunismo, López Obrador no se consideraría un continuador de la obra de Juárez, ni Hugo Chávez habría dedicado tanto tiempo en exaltar la figura de Simón Bolívar ni el Partido Comunista de Cuba se consideraría en primer lugar como "martiano", y después como marxista-leninista.

Aparentemente, es contradictorio que la izquierda socialista en México promueva el culto cívico a Juárez, cuando este fue un privatizador que abolió las tierras comunales de los pueblos indígenas y eliminó los hospitales públicos. En la práctica, el comunista critica al capitalismo liberal y al libre comercio pero venera a figuras como Cromwell, Giuseppe Garibaldi o Thomas Jefferson, que hicieron posible este tipo de sociedades. Todo esto es contradictorio y también lo es que la Revolución Rusa se vea a sí misma como una actualización de la Revolución

Francesa. A fin de cuentas, esta última exigía libre comercio, libre expresión y libertad para contratarse, mientras que el comunismo es hostil al mercado, es autoritario en cuanto a la información y sustituye el comercio por monopolios estatales.

A simple vista todo esto es una contradicción pero en realidad no lo es porque la izquierda marxista y el liberalismo del siglo XIX son vertientes de un mismo movimiento histórico, que progresa a través de mutaciones y revoluciones internas, de modo que un movimiento puede considerarse revolucionario en un momento y contrarrevolucionario en el siguiente. De ahí la tensión subyacente entre el culto a los "santos" del panteón revolucionario y la crítica demoledora de las revoluciones pasadas, que se devoran la una a la otra para regenerarse una y otra vez. O bien, la tensión entre la agitación perpetua y la esperanza de un fin de la historia y un paraíso estático de justicia y paz universal. A lo que voy es que el liberalismo fue una ideología de izquierda y la vanguardia organizada de la Revolución mundial en el Siglo XIX. Sin embargo, una vez que sus objetivos de llevar a la humanidad a una etapa más evolucionada quedaron parcialmente cumplidos, el liberalismo pasó a engrosar las filas de la reacción, pues la estafeta de la revolución ha aparecido ya en otra parte, transmutada.

LA PSEUDO-RELIGIÓN ANTIFASCISTA EN LA DERECHA Y LA IZQUIERDA

Lamentablemente, hasta el propio Olavo de Carvalho, aquella mente brillante que ha sido capaz de explicar la verdadera naturaleza de la izquierda como movimiento histórico, ha sido presa del error generalizado de la derecha, que ingenuamente cree poder combatir a la izquierda mediante una defensa del capitalismo, la propiedad privada y el libre mercado. Lo mismo podemos decir de quienes siguen creyendo que el "nacionalismo" anglosajón de los Estados Unidos es una "esperanza" o que una regeneración de la sociedad de mercado, desde el marco hermenéutico del liberalismo clásico[42] puede salvarnos de la decadencia.

Por principio de cuentas, el "nacionalismo" anglosajón nunca fue un verdadero nacionalismo sino el exclusivismo de un "pueblo elegido" que al igual que su contraparte israelita, aspira a hacerse universal. Además, la revolución estadounidense ha sido la más efectiva, duradera y universal de toda la historia. Esta también es, otra tijera en sí misma, con una vertiente conservadora donde un piadoso Abraham se aísla del mundo para construir una sociedad incontaminada, y otra agresiva, donde los descendientes del pueblo elegido están determinados a imponer su propia moral justiciera y su visión del progreso, a todo el mundo. El cauteloso aislacionismo de John Q. Adams[43] y el progresismo expansionista de Wilson no son sino las dos hojas de una misma tijera. Y en dado caso, si alguien sugiere que el liberalismo europeo o inglés está más atemperado como consecuencia de la supervivencia del catolicismo en el viejo continente, dicho argumento también se cae, pues por su propia "moderación" este siempre tenderá a ser superado por otra vertiente más revolucionaria y así sucesivamente.

Sí me parece comprensible, que algunos líderes de opinión en el ámbito de la hispanidad o la derecha antiprogresista como el Dr. Raúl Tortolero o como los argentinos antes citados, crean conveniente desarrollar la "resistencia" dentro del marco hermenéutico del liberalismo clásico porque a final de cuentas, un panista decepcionado pero temeroso de los "extremismos", es mucho más potencial como posible adepto de su causa, que un ultranacionalista exaltado y hostil al capitalismo. Además, en vista de que algunos sectores pudientes o empresariales solo quieren conservar sus privilegios sin cuestionar los fundamentos de la sociedad moderna, una opción política conservadora pero amigable con la libre empresa podría convertirse en el receptáculo de apoyos económicos y por consiguiente, en una opción política viable. No obstante, el hecho de que algunos ámbitos del hispanismo que se han destacado por su hostilidad hacia el nacionalismo mexicano y por una histeria religiosa que los motiva a ver al diablo en todos lados menos en los sistemas económicos y políticos que padecemos, ahora aplaudan vehementemente a marxistas como Santiago Armesilla o Roberto Vaquero, cuya agenda estalinista es más o menos pública, sugiere que más allá de la coyuntura, existe una razón filosófica poderosa que justifica su actitud y esa se llama antifascismo. A lo que voy es que por más "disidentes", "resistentes", o "políticamente incorrectas", que algunas personas quieran ser, el antifascismo es el único dogma de la corrección política que jamás se atreverán a quebrantar.

Lo que quiero decir, es que un liberal promercado sabe perfectamente que el comunismo estalinista ha matado a muchas más personas a lo largo de la historia que el Tercer Reich, del mismo modo en que un comunista con formación en historia entiende perfectamente que las atrocidades cometidas por ingleses, franceses y holandeses en África o Asia superan con creces lo sucedido en los campos de concentración del Tercer Reich. La enemistad histórica entre el Vaticano y la masonería es igualmente un tema conocido por todos los católicos creyentes. Sin embargo, nadie está dispuesto a desprenderse del dogma democrático moderno, que atribuye tanto al fascismo como al nacionalsocialismo o cualquier otra variante nacionalista la categoría de "mal absoluto", entendiendo en este caso al "mal absoluto" como el asesinato de los discapacitados, el exterminio de grupos étnicos enteros, de la supremacía de una raza por sobre las demás, la persecución religiosa y una exaltación de la violencia que anula por completo cualquier noción de misericordia o de amor por el prójimo, y sobre todo, por los más débiles.

En efecto, todas estas cosas tuvieron mucho que ver con la derrota del Tercer Reich y sus colaboradores en la Segunda Guerra Mundial. Sin embargo, lo que muchos se niegan a admitir es que este "mal absoluto" que algunas vertientes del nacionalsocialismo alemán elevaron erróneamente al rango de "doctrina", ya estaba presente tanto en los estados católicos medievales como en las sociedades europeas ilustradas o en los países comunistas. La teoría de la raza superior, por ejemplo, gozaba de amplia aceptación entre los científicos franceses, ingleses o estadounidenses desde finales del siglo XIX e inicialmente sirvió para que éstos justificaran las atrocidades de los imperialismos de entonces. Sin embargo, el liberalismo modernizador nunca ha sido proscrito como ideología como sí sucedió con el nacionalsocialismo.

Paralelamente, el sistema condena a los nacionalsocialistas por su concepto del espacio vital, que frecuentemente es equiparado con la expulsión o exterminio de poblaciones étnicas enteras cuando los promotores del Destino Manifiesto usaron este mismo concepto en Estados Unidos para apropiarse de territorio mexicano, expulsando a sus habitantes hispanos y exterminando a los pueblos indígenas que lo habitaban a partir de la firma del Tratado de Guadalupe Hidalgo de 1848. ¿No es ésto hipocresía? A propósito del genocidio de los indígenas en Estados Unidos, el Presidente Theodore Roosevelt aplaudió la entereza de los políticos que le antecedieron por no haberse dejado vencer por falsos sentimentalismos a la hora de conquistar y "civilizar" territorios bárbaros. Para Teddy Roosevelt, los "filántropos sentimentales" que se conmueven por la suerte de los pueblos coloniales son peores que un "criminal de profesión".

A propósito de la compasión y a la misericordia: ¿no fue la Europa del liberalismo la que impuso su dominio colonial en África y Argelia masacrando a los nativos y matándolos de hambre? En 1841, en su "Trabajo sobre Argelia", el "humanista" Tocqueville, todo un ícono del liberalismo, escribía:

He oído a menudo en Francia a hombres a los que respeto, pero con quienes no estoy de acuerdo, decir que está mal quemar cosechas, vaciar silos y, en fin, apresar a hombres, mujeres y niños desarmados. En mi opinión, son necesidades desafortunadas, pero cualquier pueblo que desee hacer la guerra contra los árabes se verá obligado a someterse a ellas... En lo que a mí respecta, creo que hay que utilizar todos los medios para desolar a las tribus. (Tocqueville, 1990, p. 227)

Dicho sea de paso, los estadounidenses en la época de Franklin

D. Roosevelt eran unos firmes creyentes en la eugenesia al igual que los soviéticos y los europeos. En 1899, Churchill escribió en una carta que "la mejora de la raza británica es mi principal objetivo político". Posteriormente, este mismo "héroe de la libertad" señaló ante el primer ministro lord Asquith:

"El antinatural y rápido crecimiento de sectores mentalmente débiles o perturbados, junto a las restricciones impuestas sobre los más enérgicos y superiores, constituye un riesgo para la nación y la raza. Creo que la fuente de esa corriente de locura debe ser cortada y sellada dentro de este mismo año".

Sobre los débiles mentales, Churchill decía que era innecesario encerrar a esas personas porque "una simple intervención quirúrgica les permitiría vivir libremente sin causar ningún daño a los demás". Sin embargo, este mismo personaje sugirió después que se encerrara en campos de trabajo a las personas con "inteligencia defectuosa".

¿No predicaban los estadounidenses la superioridad racial cuando arengaban a sus soldados para pelear contra Japón en la Segunda Guerra Mundial? El propio Franklin D. Roosevelt dijo, acerca de Italia: "les haremos probar a los italianos un auténtico bombardeo, y estoy más que seguro de que no permanecerán de pie bajo una medida de presión como ésta". Y ni qué decir de los brutales bombardeos en Dresden, en Hiroshima o en Nagasaki, o el encierro de miles de estadounidenses de orígen japonés en campos de concentración.

Todas estas cosas son manifestaciones de una hostilidad que ha acompañado al ser humano desde sus primeros días en la tierra. Sin embargo, es en las sociedades modernas donde se conforma el marco ideológico que las justifica, normaliza y sistematiza, bajo el disfraz de la razón, el progreso y la ciencia. Para tal efecto, es este racismo, llevado al extremo por algunos grupos, lo que provocó el colapso de la Alemania nacionalsocialista, de las potencias del eje y del proyecto nacionalista de aquellos años, no tanto por las atrocidades en sí mismas, sino porque estas teorías llevaron a los líderes de entonces a tomar decisiones equivocadas. Por principio de cuentas, era iluso creer que la "solidaridad racial" haría que los ingleses abandonaran su postura antialemana para unirse al Tercer Reich en una cruzada contra el comunismo. En sí, esta idea de la "hermandad germánica" fue una constante. De hecho, el propio Hitler habló desde el comienzo de su liderazgo, de la necesidad de una alianza con Gran Bretaña para que permitiera un avance de Alemania en Europa a cambio de que esta no interfiriera con la supremacía británica en ultramar. Sin embargo, esta no era en modo alguno una idea estrafalaria sino un planteamiento ampliamente aceptado entre los nacionalistas alemanes, desde comienzos del Siglo XX, en parte gracias a un brillante teórico británico: Howard Houston Chamberlain.

Desde su llegada Alemania y hasta su muerte en 1927, este autor empalagó tanto a los círculos militares como a los religiosos e incluso a los asiduos al esoterismo, exaltando las virtudes nórdicas y las glorias de la estirpe europea. Su libro "La fundación del siglo XIX" publicado en 1899 tuvo una enorme relevancia en Alemania. Sin embargo, aún reconociendo los muchos aspectos interesantes de su teoría, su activismo a favor de la hermandad germano-británica estaba realmente pensado para dirigirse al público alemán y no tanto, al angloparlante. Pese a su fascinación por lo mítico, Chamberlain era, a su manera, un firme creyente en el progreso moderno que admiraba profundamente al capitalismo protestante y era a final de cuentas, un liberal. Además, su despliegue en Alemania coincide con el período de mayor auge de ese país, posterior a las victorias de Bismarck sobre Francia y la creación del imperio unificado. En vista de que los geopolitólogos ingleses, que eran sumamente brillantes, vislumbraban que el desarrollo de las fuerzas productivas y los reacomodos de poder en Europa tarde o temprano ocasionarían un enfrentamiento inevitable con Alemania, la idea de que Chamberlain hubiese fungido como propagandista encubierto de la causa británica para confundir a varias generaciones de líderes alemanes sobre lo que verdaderamente representa el Imperio Británico, es una importante posibilidad. El hecho de que los alemanes, ya muy entrada la Segunda Guerra Mundial, aún albergaran "esperanzas" sobre una posible "unidad racial" con los ingleses mientras Churchill comparaba a los alemanes con los hunos en 1941, es un claro ejemplo de ello.

Continuando con la hipocresía anglosajona, ya en 1920,los ingleses habían bombardeado a los iraquíes insurgentes con gas mostaza. Y sin embargo, las plutocracias capitalistas condenaron hipócritamente a los italianos por su incursión en Etiopía. Algo más atrás en el pasado, los ingleses mataron de hambre a miles de irlandeses, a quienes se catalogaba como inferiores pese a que eran tan europeos y blancos como los primeros. En Estados Unidos, los puritanos de habla inglesa solían linchar a los alemanes y estos eran despreciados e inferiorizados en ese país. Sin embargo, nada de esto era tomado en cuenta por los círculos militares e intelectuales de la Alemania anterior a la Segunda Guerra Mundial. Lo mismo aplica en lo que respecta a la política de opresión practicada en el Tercer Reich contra los polacos y otras naciones eslavas, que a la postre habrían sido aliados potenciales en la lucha del nacionalsocialismo contra las plutocracias occidentales. Sin embargo, son las atrocidades cometidas en nombre del racismo las que terminaron en la estigmatización total, no solo del nacionalsocialismo sino también, de cualquier experiencia nacionalista que pretenda oponerse tanto al comunismo como al capitalismo liberal y esto es algo que deberíamos superar de una vez por todas.

A lo que voy, es que el hecho de que solo se hable

de Auschwitz pero casi nadie recuerde las atrocidades de Hiroshima-Nagasaki, de la Kampuchea Democrática de Pol Pot o los muchos crímenes de "los buenos" en Iraq, Afganistán, Somalia, Palestina, Sudán, Yemen, Serbia o las hambrunas provocadas por los regímenes comunistas en Ucrania o China nos da a entender que el antifascismo profesado por todos los actores políticos e ideológicos de la actualidad, no tiene nada que ver con una legítima defensa de los derechos humanos. En efecto, si se perdonan los excesos históricos de todas las ideologías menos los del nacionalsocialismo y sus movimientos análogos, eso es porque existe una segunda intención, que dista mucho de ser honesta o sincera.

Irónicamente, las únicas "guerras coloniales" que los "buenos" sí han retratado invariablemente como crueles y sanguinarias, han sido las de los españoles en América. Además, es peculiar que justo en los años posteriores a la Segunda Guerra Mundial, el manterial bibliográfico de la llamada "leyenda negra" haya sido reeditado y difundido con vehemencia entre los académicos occidentales. ¿Habría pasado lo mismo si en España hubiesen ganado los rojos y no los franquistas?

En cuanto a aquellos que declaran "moralmente superior" a su cultura por virtud de su religión, este tampoco es un buen parámetro. Un claro ejemplo lo tenemos en el Emperador Basilio II de Bizancio, que no tuvo en cuenta la "piedad cristiana" al ordenar que les sacaran los ojos a los soldados búlgaros derrotados en el año 1014. En dado caso, los rusos no fueron nada benévolos con los aborígenes asiáticos sometidos al poder de los zares o al de los comisarios rojos del comunismo. El manegante portugués Vasco Da Gama, por ejemplo, ha sido señalado como el responsable de quemar vivos a 300 peregrinos musulmanes, incluyendo a mujeres y niños, tras haber saqueado o incendiado el barco El-Miri en octubre de 1502.

Las formas tradicionales del cristianismo, presentes tanto en el catolicismo romano como la ortodoxia greco-eslava, son el resultado de un sincretismo pactado con la cultura imperial romana que inicia formalmente con Constantino y Teodosio, pasando por Carlomagno y teniendo como sus exponentes más recientes a la Rusia zarista y al Imperio Español en América. Se trata de formas elevadas, solemnes y colectivas del cristianismo, que conservan la jerarquía social tradicional. De este modo, las tendencias universalistas presentes en el cristianismo primitivo, que inicialmente fue popular entre los esclavos, pudieron desactivarse. Paralelamente, el Concilio de Nicea también golpea duramente a las herejías individualistas del gnosticismo y a los judaizantes, que fueron los principales perdedores cuando la Iglesia Católica se convierte en la fe de los gentiles y su monarquía tradicional.

Gracias a esta alianza, los aspectos solares-viriles de la cultura imperial prevalecieron como una forma más elevada de espiritualidad ligada a lo alto, la resurrección y la inmortalidad, a comparación de la religiosidad baja de los esclavos, relacionada con los cultos matriarcales, lo femenino y la "fatalidad" de la muerte.

Sin embargo, esto no quiere decir que aquellos aspectos humanitarios del Evangelio que incitan a la compasión, al arrepentimiento, a "poner la otra mejilla", a amar a los enemigos o ofrendar la vida para ayudar a los pobres, los enfermos, los pecadores y hasta los animales, no estuviesen presentes en la buena consciencia de los propios cristianos en el poder. San Luis Rey de Francia (1214-1270), por ejemplo, tenía estas inclinaciones en un mundo medieval creado por las tribus germánicas, conocidas por su heroísmo pero también por su brutalidad. Bartolomé de las Casas (1474-1576), cuyo nombre es maldecido en ambientes supuestamente "católicos" por haberse opuesto a los encomenderos, representaba por virtud de su episcopado, el legado de la romanidad imperial en su expresión hispánica. Y sin embargo, este apeló al Evangelio para justificar su "crisis de consciencia" ante los excesos de los conquistadores, independientemente de si sus motivos eran sinceros, o no. San Damián de Molokai (1840-1889), provino de la misma Bélgica que masacraba y mutilaba nativos en el Congo, y aún así, se convirtió en un icono del humanitarismo cristiano. Ahora bien, por más que el Evangelio tenga una innegable dimensión humanitarista, los muchos defensores de los pobres y los débiles que surgieron de entre las filas de la Iglesia, habían sido cristianos ortodoxos. Por ende, todos sabían que ni la caridad evangélica ni el amor por el prójimo eran una carta blanca para legalizar la inmoralidad, normalizar lo anormal o tratar a los delincuentes como víctimas.

Sin embargo, conforme fue avanzando el proceso de secularización en el hemisferio occidental, el significado de las cosas se fue trastocando. En los círculos del tradicionalismo católico, es común que se acuse al Concilio Vaticano II de haber sentado las bases para un encumbramiento de la "espiritualidad" matriarcal, del culto a la "pachamama" y otros fenómenos sociales decadentes que no solo son una afrenta contra la fe cristiana sino también contra las verdaderas culturas indígenas, que están siendo falsificadas por la historiografía oficial feminista. No obstante, una revisiós a consciencia de los relatos de Indias y otros documentos históricos, prueban claramente que ese riesgo ya estaba ahí desde antes. Después de todo, no olvidemos que fueron precisamente los "chandalas", los parias, los descastados y el bajo pueblo quienes más atados estaban a la tierra y al culto matriarcal.

Johann Jakob Bachofen, un antropólogo alemán, acuñó el término "cultura del pantano" para referirse a las épocas donde los tipos precisos de estructura social se habían perdido o no se consolidaban y que se caracterizaron por el culto de las diosas de la tierra, de la fertilidad y de la materia. Toda gran cultura emerge entonces cuando un grupo de seres humanos, decide separarse de la masa amorfa para organizar a la sociedad jerárquicamente, asociándose de nuevo a las deidades de la luz, al sol, al derecho paterno y al matrimonio, que vence sobre el colectivismo sexual y sobre el matriarcado.

En tiempos de la conquista, las poblaciones sometidas asociadas a la tierra y a los cultos matriarcales, además de los parias o chandalas fueron quienes abrazaron con más fanatismo los aspectos igualitarios y universalistas que predicaban el capitan Hernán Cortés y sus acompañantes contra la nobleza mexica y las aparentes injusticias de su gobierno. Sin embargo, con las Apariciones en el Tepeyac, el culto matriarcal fue canalizado hacia su esfera correcta. Es decir, la veneración de la Madre de Dios subordinada a la adoración del Dios Uno y Trino. Además, una vez que el gobierno casi directo de los conquistadores fue sustituído por el poder virreinal, la nobleza indígena habría de recuperar parte su antiguo papel e incluso, su rol religioso. La gran magnificencia, solemnidad y colorido de nuestro barroco novohispano y sus equivalentes en el mundo andino, son un claro ejemplo de ello. Según el autor argentino Marcelo Gullo, todavía en 1824 la nobleza inca desfiló en traje ceremonial, con cadenas de oro, el sol incaico en el pecho, y otros distintivos que llevaban grabado el rostro de un puma, que era el emblema del antiguo imperio. Por ende, es falso que el catolicismo indiano sea forzozamente matriarcal, pachamamista o que represente una "regresión" hacia lo "primitivo". En todas las culturas imperiales, desde Etiopía hasta el Perú, el modelo de Constantino y Teodosio ha sido implementado exitosamente. El problema no es entonces la "inculturación" como dicen algunos pseudotradicionalistas que desprecian a su propia raza y consideran a los europeos como superiores, sino el enfoque que se le da, pues lo mismo puede ésta aspirar a lo alto, lo celestial y lo solar a través de una santificación de las fiestas, los símbolos y los rituales, que a lo bajo, lo terreno y lo oscuro mediante una "carnalización" de la espiritualidad.

Desgraciadamente, quienes se han acostumbrado a culpar al Concilio Vaticano II de todos los males religiosos de nuestro hemisferio, en muchos casos ni siquiera han leído sus documentos, que contrario a lo que se piensa, sí se asocian con la sagrada escritura y la tradición patrística. La satanización del Concilio es una posición cómoda para quienes no desean admitir que el "gen" defectuoso, que es más cultural que religioso, ya estaba presente en la cristiandad europea desde mucho antes. El desarrollo de la filosofía aristotélico-tomista, que algunos libertarios estadounidenses y neoderechistas iberoamericanos veneran como si se tratara de la Sagrada Escritura, por ejemplo, tuvo mucho que ver con el surgimiento del racionalismo materialista, la sacralización de la ciencia y la exaltación del derecho positivo, que caracterizan a la modernidad. El protestantismo original, por ejemplo, fue una reacción errónea que exaltaba las emociones individuales y la relación "personal" con Dios (pietismo) ante el formalismo, el legalismo y el intelectualismo propios del materialismo escolástico.

Dicho sea de paso, quienes rechazan al Concilio Vaticano II lo hacen en parte porque este se tradujo en una revolución "desde abajo" asociada a movimientos como la teologia de la liberación, por ejemplo. Sin embargo, la gran mayoría de los católicos conservadores ignora que quienes ahora se presentan como tradicionalistas son descendientes indirectos de un movimiento reformista igualmente negativo pero impuesto desde arriba, que es el jansenismo francés.

Doctrinalmente, el jansenismo era semejante al calvinismo porque consideraba al libre albedrío del ser humano como incapaz de cualquier posible bondad moral. Por ende, todas las acciones humanas se encontraban determinadas ya sea por la concupiscencia (el deseo carnal) o por la gracia (los deseos celestiales). Para los jansenistas, el ser humano estaba naturalmente imposibilitado de aceptar o resistir la gracia salvadora de Dios debido a la caída de Adán. De ahí que la gracia fuese dada sólo a determinadas personas, que estaban predestinadas para salvarse. El jansenismo original debe su nombre al profesor holandés Cornelius Jansen (1585-1638) cuyas ideas se extendieron por toda Europa a partir del Siglo XVII, alcanzando su relevancia más peculiar en Francia. Históricamente, el auge del jansenismo coincide con el período en que el protestantismo empieza a superar definitivamente al catolicismo en términos militares y tecnológicos.

El hombre moderno, lo cual incluye también a muchos que se consideran conservadores o católicos, observa las cosas a través de la idea del progreso donde invariablemente, las culturas primitivas son históricamente más antiguas. De modo que si los aztecas practicaban la muerte ritual, estos forzosamente tenían que estar más "atrasados" o menos evolucionados que los europeos, que ya no lo hacían. En la actualidad, la derecha está tan alejada de lo que es el mundo de la tradición, que los argumentos que frecuentemente esgrime contra la izquierda se basan en una defensa del capitalismo, del "aspiracionismo" o del progreso de la sociedad. Sin embargo, para el hombre de la tradición, la exaltación del futuro frente al pasado no tiene ningún sentido, porque desde su perspectiva, prevalecía una concepción cíclica acerca de la historia y del mundo. De ahí la importancia del ritual, de los calendarios y de las festividades para trascender al tiempo, regenerando perpetuamente la vida.

Anteriormente, la idea de que el orden de la naturaleza era una expresión de la sabiduría divina porque ejemplificaba la razón y el bien, conforme al punto de vista de Platón, fue muy importante para reconciliar nuestra cosmovisión occidental tradicional, presente tanto en América como en Europa, con la doctrina del Evangelio. De ahí la importancia de la liturgia, el ritual y la ceremonia en las sociedades cristianas, que en su conjunto conforman el ámbito en que lo natural y el sobrenatural confluyen. En este sentido, tanto el carnaval como la víspera de todos los santos o las celebraciones del día de muertos, no solo representan una desaparición simbólica de los límites de este orden sino también, una forma de vivir el momento eterno, la "no duración" y el instante mismo de la creación, cuando todas las cosas se fusionan en una vasta e indiferenciada unidad, como modo total de la realidad.

Todo esto es analizado de forma mucho más detallada por el antropólogo rumano Mircea Eliade. Sin embargo, los hombres sagrados de las culturas tradicionales podían recrear ritualmente las condiciones de la creación original, permitiendo que la comunidad participara también en este acto creativo o en toda una serie de actos, también ritualmente. En los ritos de la Pascua y del Sábado de Gloria, pero también en las vísperas de las Témporas del calendario litúrgico católico anterior al Concilio Vaticano II y en todos los ritos orientales y occidentales, el cristianismo santifica esta forma de vivir la espiritualidad en las culturas tradicionales, pues no solo se recrea el momento original de la creación sino el tiempo mítico en sí mismo. En el ritual de la Pascua, por ejemplo, la creación del mundo, la creación del hombre, la muerte, la resurrección y el juicio final se viven de manera simultánea, otorgando al ser humano la posibilidad de participar del tiempo eterno como anticipación de lo que será, su reintegración a lo divino.

El protestantismo es una rebelión contra todo esto porque de entrada, considera que la caída de Adán fue absoluta y que ésta arrastró consigo a la naturaleza de manera también absoluta. Bajo tal premisa, cualquier intento del ser humano por agradar a Dios a través del culto, el arte o el ritual resulta inútil. De ahí el odio del protestantismo por la belleza, por la estética y por el ceremonial o los protocolos. Para el protestante, todo esto equivale a un intento sacrílego del hombre para abolir su condición de criatura, lo cual constituye una usurpación de la soberanía de Dios.

Para el cristiano tradicional, todo ser humano, por más degradado que pueda estar, tiene algo de Dios en él mientras que para el protestante, el hombre no es más que una pila de estiércol, que puede cubrirse de una túnica blanca a través de los méritos de Cristo. Por ende, el protestantismo desconfía profundamente del sentido común humano y la posibilidad de que este pueda llevarnos a la justicia o la bondad. De ahí su concepción de Dios como una autoridad arbitraria, a veces "injusta" desde el punto de vista humano pero "justa" desde su propio punto de vista, que es a su vez, incomprensible para el ser humano, lo cual se traduce en la simple ventaja del más fuerte.

Además, el protestante divide la historia bíblica en dispensaciones o pactos donde rige determinada ley impuesta por Dios a la humanidad. Si bien esta doctrina es relativamente reciente en el mundo protestante, sus bases ya estaban contenidas en la doctrina calvinista. Su influencia en el mundo actual es innegable. La ley anglosajona, por ejemplo, tiene una notable preferencia por lo que es "a priori". De manera que un contrato, tiene que honrarse forzosamente, aún si hay circunstancias exteriores que hacen imposible su "justo" cumplimiento para alguna de las partes. La escuela austríaca, por ejemplo, es descaradamente judía y protestante porque establece toda una serie de mandamientos "a priori": el Estado no debe intervenir en la economía, etc. Esta gente prefiere dejarlo todo a la espontaneidad del mercado porque considera al hombre como naturalmente incapaz de construir un orden político y económico justo.

A lo que voy, es que si bien algunos liberales convertidos al conservadurismo, ahora abrazan la filosofía tomista con fines no muy sinceros, esta no debe ser rechazada porque por lo menos, permite reconocer la independencia del mundo natural sin necesidad de separarlo del reino sobrenatural. Por el contrario, el protestante desprecia la creación. De ahí su rechazo a los sacramentos y al sacerdocio como detentador de un poder sobrenatural, pues si la naturaleza está caída y es despreciable, Dios no puede estar presente eucarísticamente ni el agua del bautizo puede santificar a alguien ni estar bendita. El protestantismo en sus formas más avanzadas, propias de los Estados Unidos, abolió totalmente la liturgia, las festividades y el calendario religioso porque estos son incompatibles con su visión lineal de la historia. Para el hombre moderno, el ritual es invariable con el paso del tiempo y carece de "sentido" del mismo modo en que el protestante denuncia al "ritualismo" como una sacralización de la naturaleza. Sin embargo, el protestantismo sacralizó el trabajo humano y la obediencia a la ley (rigorismo moral) como medio para lograr el progreso material.

Esta comparación con el protestantismo es relevatnte porque el jansenismo fue una respuesta de las élites ilustradas católicas frente a aparente prosperidad material de las potencial calvinistas. Al compartir con estos muchas de sus reivindicaciones modernizadoras, uno de los principales efectos del jansenismo, llevado desde Francia hacia España por la monarquía borbónica, fue cultural y estético.

En la época posterior a Carlos III, el estilo barroco, lleno de simbolismo étnico y exuberancia en sus motivos fue sustituido por el estilo neoclásico, que se caracteriza por la austeridad de unas paredes planas y la simplicidad de sus diseños. En las iglesias, los hermosos retablos y la sublime iconografía pintada fueron sustituidos por altares vacíos e imágenes de bulto de tipo "naturalista". Las obras de música religiosa a cargo de los compositores nativos en América se fueron olvidando hasta ser reemplazadas por el canto gregoriano plano o por misas rezadas desprovistas de solemnidad. Con el paso del tiempo, los la institucionalidad religiosa fue restándole importancia a los servicios de Vísperas o Maitines, que habían sido verdaderas celebraciones litúrgicas colectivas para enfocarse principalmente en la celebración de múltiples misas rezadas por parte del clero y el rezo del rosario en silencio por parte de las mujeres de la comunidad. Con las reformas borbónicas, la inculturación verdadera y el esplendor folclórico del catolicismo indoamericano fue reemplazado por un cristianismo elitista, fatuo, anticultural y por ende, universalista (globalista). Conforme se fue perdiendo el misticismo, el simbolismo y la ritualidad, el rol litúrgico de los varones en las comunidades se fue perdiendo. De ahí el éxito de la masonería, que falsamente ofrecía a los varones hispanoamericanos una respuesta ante la feminización de la religión y la conducta cada vez más elitista e intelectual del clero.

El papel que este jansenismo cultural tuvo en el marco del profundo descontento que existía en los sacerdotes de los pueblos y las clases populares en los albores de las Guerras de Independencia en Hispanoamérica, rara vez se menciona. Esto es perfectamente lógico desde el punto de vista de la izquierda, que se enfoca preferentemente en un análisis económico o clasista. Sin embargo, el hecho de que en el campo de la derecha católica este tema se toque en muy raras ocasiones, se debe a que, si bien el jansenismo se extinguió como doctrina al haber sido condenado por la Iglesia oficial, sus dimensiones político-filosóficas siguieron siendo hegemónicas en las élites católicas ilustradas.

Al igual que el protestantismo inicial, el jansenismo defendía un fuerte rigorismo moral, una obsesión morbosa con el infierno y una actitud puritana con respecto a la sexualidad. Sin embargo, esto también se combinaba con un fuerte ánimo elitista y de sofisticación por parte del clero. En los dominios españoles, el triunfo del jansenismo propició que las cofradías, las mayordomías y la liturgia doméstica tan importante en las familias extendidas, los barrios y las comunidades fuesen expulsadas de la esfera religiosa y arrojadas al ámbito de lo "popular". En Nuevo México, en vez de condenar y desconocer la conquista de esa provincia por parte de los protestantes estadounidenses en 1847, el Vaticano nombró como obispo a Jean Baptiste Lamie, un francés jansenista enviado a esas tierras con el propósito de desmexicanizar a la población y a amalgamarlos dentro de la cultura moderna de los Estados Unidos.

Eventualmente, la idea jansenista de conformar una élite de católicos ilustrados en oposición a una masa popular despreciada e inferiorizada, propició que con el paso del tiempo, las prácticas propias de la piedad popular fuesen expulsadas del ámbito litúrgico. Por consiguiente, estas comenzaron a desviarse de su propósito original para deformarse y trastocarse como sucedió con algunas prácticas del sincretismo en nuestras comunidades indígenas.

En vista de que las élites sofisticadas son universalistas e internacionalistas por excelencia, una de las dimensiones culturales más importantes del jansenismo es su oposición al nacionalismo. Además, el centro de este jansenismo cultural fue Francia, donde el sector más conservador del clero aún se sentía emocionalmente ligado a la vieja monarquía. Bajo ese contexto, el rigorismo moral jansenista permitió que el clero francés recuperara su orgullo como una colectividad separada y distinta al régimen político derivado de la revolución. No obstante, es importante mencionar que para Cornelius Jansen, por ejemplo, la política del cardenal Richelieu en Francia, era una afrenta contra la fe porque con el fin de limitar el poder de la Casa de Austria en Europa, la monarquía francesa se había aliado con algunos poderes protestantes en Holanda y Alemania. Para Jansen, los intereses de la religión debían estar totalmente por encima de cualquier reivindicación nacionalista y este jansenismo cultural a la postre resultaría nefasto no solo para Francia sino también para América e indirectamente, para España porque paradójicamente, con el pretexto de defender a la cristiandad universal por encima de las reivindicaciones nacionales, el movimiento jansenista sentó las bases para la caída del único grupo de misioneros que pudo enfrentarse a la ilustración y conservar la cosmovisión tradicional indígena: los jesuitas.

En México, la postura vacilante del alto clero en tiempos de Iturbide, las simpatías de los ilustrados por la Constitución de Cádiz y el amor de estos por la Europa moderna, eran una clara señal de que culturalmente, la religión no estuvo a la altura de las circunstancias. Cuando Estados Unidos invadió nuestro país en 1847, un sector del alto clero igualmente estaba mucho más preocupado por su propia situación como grupo y como élite, que por la supervivencia de la nación, situación que contrastaba con el intenso patriotismo de muchos sacerdotes que combatieron vehementemente al invasor. Uno de ellos, el Padre Celedonio Jarauta (1814-1848), que peleó en la Primera Guerra Carlista en España, vino a México en tiempos de la Intervención Estadounidense, desconoció los Tratados de Guadalupo Hidalgo, se pronunció contra el gobierno traidor de Manuel de la Peña y Peña y combatió a los yanquis hasta su captura y fusilamiento en 1848.

En tiempos del Segundo Imperio Mexicano, el alto clero, tanto en México como en Roma igualmente se negó a apoyar de manera firme y decidida al Emperador Maximiliano por esos mismos motivos y eventualmente, las aspiraciones universalistas del Vaticano, mucho más interesado en la futura conversión de los yanquis que en la defensa de Iberoamérica, también tuvieron mucho que ver con la traición a los cristeros.

En la Europa del Siglo XX, el fuerte conservadurismo moral del clero francés no atemperó su desconfianza en el nacionalismo. De ahí que éste se posicionara en contra de la Action Française, impidiendo el surgimiento de un verdadero movimiento nacionalista en Francia. Durante la ocupación alemana, el clero francés prefirió apoyar opciones moderadas y sentimentalistas como la de Maritain y Mournier en vez de respaldar al nacionalsocialista Jacques Doriot. En Italia y en Alemania, el clero católico no fue receptivo ante el fascismo o el nacionalsocialismo y a falta de un centro equilibrante, el desbordamiento de sus alas neopaganas o neoprotestantes desdibujó sus verdaderos objetivos. En España, una forma mojigata de clericalismo, apoyado por las élites aburguesadas, impidió que el falangismo y después el franquismo, se transformaran en un verdadero movimiento de liberación nacional.

Con la derrota del Sinarquismo, víctima de una nueva traición con mano gringa en los años de la Segunda Guerra Mundial, el catolicismo político renunció a su anterior intención de arrebatarle al oficialismo la carta del nacionalismo y se refugió en un conservadurismo moral elitista. Tras el Concilio Vaticano II, el tradicionalismo católico fue liderado internacionalmente por la Fraternidad San Pío X, lo cual permitió que el ala nacionalista y anticapitalista del tradicionalismo francés ocupara un espacio destacado en el mundo de la religión. Sin embargo, esta tuvo que compartir espacios con la corriente más convencional, hegemónica en las décadas anteriores al Concilio Vaticano II. De modo que ante un escenario donde el discurso nacionalista ha sido usurpado de forma ilegítima por la izquierda, cierta forma de cosmopolitismo europeísta y anti-nacionalista ha cobrado fuerza entre los laicos afines al tradicionalismo católico.

Particularmente en México, el enemigo se está valiendo de esta corriente para desviar a un grupo de jóvenes muy activos, que se han contagiado totalmente del espíritu cultural del jansenismo. Ajenos a las mayorías del país y de la Iglesia a la que dicen pertenecer, ellos se consideran como una élite sofisticada, que alardea constantemente de su superioridad moral. La forma despectiva y clasista que utilizan para criticar o denigrar a otras corrientes del cristianismo católico como los carismáticos, al Papa Francisco, a los indígenas o las personas que alzan las manos durante el Padre nuestro son un clare ejemplo de ello. Además, se les ha enseñado a despreciar a su raza y a su verdadera cultura, tal como si solo lo europeo fuese verdaderamente valioso.

Del mismo modo en que muchos indigenistas posmodernos no quieren entender que el Imperio de Iturbide era la continuidad de nuestra grandeza precolombina, estos burgueses católicos tampoco quieren comprender que el Imperio de Iturbide era el verdadero sucesor de la romanidad que la monarquía borbónica, liberal y cosmopolita, había usurpado. Estos burgueses católicos han sido aleccionados contra el nacionalismo e instrumentalizados por quienes se escudan en la hispanidad para promover una forma renovada de borbonismo cosmopolita, liberal y universalista. En vez de un nacionalismo mexicano, imperial y autosuficiente, ellos quisieran someter a nuestra patria a la monarquía española de nueva cuenta. Se trata propiamente, del cosmopolitismo propio de las señoritas mojigatas que se espantan con la mitología azteca y ven al diablo en todos lados menos en los sistemas políticos y económicos que padecemos. Sin embargo, su segregacionismo moralista solo contribuye a aislar a un sector valioso e íntegro de nuestra sociedad, colocándolo al margen de toda obra política o social trascendente, entregando a las mayorías del país a falsos pastores izquierdistas.

Como buenos jansenistas y al igual que los protestantes, estos individuos ostentan posturas fideístas, pues al igual que Kant, Ockgham, Bradwardine y los que lo antecedieron, piensan que es necesario "negar el conocimiento para dejar lugar a la fe". De ahi su puritanismo practico y que nuestra cosmovision nacionalista les parezca totalmente extraña pues en el fondo, ellos son personas modernas, con una noción lineal sobre el tiempo.

Como veremos, la huella del jansenismo no solo se encuentra en las élites sino también, en el pensamiento moderno en sí mismo. Con Descartes, la separación absoluta entre el orden de la naturaleza y lo divino presente en el protestantismo y sus derivados, se volvió letal, porque si en el pasado, el criterio fundamental de la racionalidad era la conformidad con el bien, lo cual implica la posibilidad de que la disposición de las cosas pueda constituir una medida de la racionalidad, se vio neutralizada, pues esta ya no se vinculaba al orden del ser sino a los parámetros en que nos basamos para ordenar la ciencia y la vida. A lo que voy, es que el aspecto doctrinal de la herejía jansenista en sus implicaciones religiosas no es el punto aquí. De hecho, acusar al oponente de "jansenista" en aquella época era tan común como acusar a alguien de "populista" en la actualidad. Por ende, nadie en esta ecuación es verdaderamente jansenista, más allá de un espíritu propio de la época, presente no solo en el jansenismo sino también en sus detractores, que al final también serían acusados de "jansenismo". Por ende, solo podemos hablar de un jansenismo cultural y esto es a lo que me refiero en este apartado.

Para Pierre Bayle (1647-1706), autor francés que fue protestante, después católico y que finalmente volvió al protestantismo, la separación radical entre lo natural y lo sobrenatural propia del modernismo cristiano, reducía la moralidad cristiana a la observancia servil de un conjunto de normas instituidas por decreto divino. Con la secularización, la posibilidad de que estos intentaran imitar el poder "arbitrario" de Dios se convirtió en una tristísima realidad, pues con el paso del tiempo, la legislación positivista europea se fue alejando cada vez más del orden natural real. Además, si el todavía "católico" Descartes abrió la caja de Pandora, este proceso se consolidó definitivamente con Newton, pues su concepto de un universo totalmente mecánico, donde ni lo sobrenatural ni lo divino tienen relación alguna con las leyes de la física, alejó aun mas a Dios de la vida de los seres humanos.

Conforme al análisis del autor británico Hillaire Belloc, la secularizacion es una consecuencia de la toxicidad intrinseca del sistema doctrinal protestante porque por un lado, este había sacralizado al texto mismo de la Biblia como la ley inefable e infalible dada por Dios. Sin embargo, los conflictos entre la multiplicidad de sectas que se contradecían la una a la otra alegando su derecho a la "libre interpretación" gradualmente fue llevando a los protestantes a centrarse en una comprensión materialista y por ende, menos "polémica" de la Biblia. Con el paso del tiempo, el mundo protestante empezó a desestimar los milagros de Cristo y a descartar las dimensiones proféticas de las escrituras, catalogándolas como "agregaciones posteriores". Conforme el mundo católico fue amalgamándose políticamente al de las potencias protestantes, las altas esferas del poder en ambos entornos empezaron a confluir hasta convertirse en las plutocracias parlamentarias liberales de ahora.

Este proceso de secularización es fácilmente identificable a través del discurso de las élites, pues si los poderosos del mundo justificaban las conquistas del Siglo XVI en nombre de "la verdadera fe", las del Siglo XVIII en nombre de "la libertad", las del Siglo XIX en nombre del progreso y las del Siglo XX en nombre de la "democracia", las de ahora se defienden en nombre de los derechos humanos. Sin embargo, esto no solo afectó a las élites "derechistas" del sistema sino también a sus vertientes "humanitaristas" pues del mismo modo en que los misioneros acompañaban a los capitanes de arcabuz y armadura, las ONG's acompañan ahora a las grandes corporaciones, con la salvedad de que a diferencia de lo que pasaba en un pasado lejano, los aspirantes a "sanfranciscos" de la época actual se encuentran totalmente desconectados del centro doctrinal de donde provenían.

Pese a los reclamos de algunos "tradicionalistas" el Papa Francisco no estaba muy alejado de la realidad cuando sugería que los izquierdistas actuales son en realidad, "cristianos en el clóset". El progre es en este sentido, el producto de una herejía religiosa. Después de todo, muchos "progres" son personas de espíritu atormentado, cuya obsesión con la bondad y la justicia les ha llevado a considerar a las prostitutas, los travestis y otros elementos socialmente transgresores y parias, convencionalmente excluídos de las sociedades en el pasado, como "Cristos rotos" a quienes se debe proteger, cuidar, amar, visibilizar, etc. Este es precisamente, el tipo de cristianismo que rechazaba Friedrich Nietzsche, por ejemplo.

El "progre" es además una especie de "conservador a la inversa", pues sí hace 70 años eran los cristianos conservadores los que se tapaban los ojos cuando un grupo de hippies se besuqueaba en la calle o se desnudaba para transgredir las normas morales imperantes, ahora son los "progres" quienes lloran o se dan golpes de pecho cuando un estudiante se atreve a "transgredir" su moralina buenista al hablar mal de la ideología de género en su graduación universitaria.

Como bien dice Ernst Nolte, en un mundo que ha aprendido a desconfiar de la idea de un bien absoluto, pero que sigue sintiendo más necesidad que nunca de un mal absoluto, la fobia al fascismo se ha convertido en el nuevo sustituto de la religión. Irónicamente, es esta misma moralina pseudoredigiosa, totalmente trastocada y degradada, la que incita a una mujer feminista a "condenar" a sus ex amantes por "cosificarla" o colocarla dentro de la "sex zone" tal como si estos estuviesen obligados a procurarle amor, fidelidad, boda y compromiso público a cambio de algo que ella les dió a todos los demás por puro gusto, más aún cuando esa misma mujer está a favor del aborto y del sexo libre. En realidad, los "progres" son profundamente mojigatos. Otro ejemplo muy claro es el de la psicología actual, que atribuye todo mal comportamiento del ser humano a traumas o enfermedades emocionales, exculpando a las personas por sus comportamientos antisociales, convirtiendo automáticamente a todo criminal en una "víctima" de la sociedad, del bullying o del patriarcado.

Para el escritor británico Hillaire Belloc, las herejías religiosas han tenido efectos culturales profundos en las sociedades cristianas. En su obra acerca del tema, Belloc narra la forma en que el maniqueísmo, una doctrina dualista importada desde Persia, dejó como resultado un profundo desprecio hacia el cuerpo, hacia la sexualidad y hacia la materia en general, que paradójicamente tuvo como respuesta a otro error, que diviniza la materia y niega lo espiritual. De ahí que entre los cátaros y los gnósticos surgiera un puritanismo extremo, que fomentaba el castigo del cuerpo y un profundo desprecio por la naturaleza, el sexo y la reproducción, pero también, otra tendencia que fomentaba la práctica "ritual" de orgías y toda clase de extravagancias. Pese a que estas idea fueron condenadas, reprimidas y eliminadas de la institución eclesiástica oficial, Belloc recalca que incluso en los escritos de algunos santos medievales, es posible encontrar algunos resabios de este dualismo.

Aunque el protestantismo crece en Brasil, Guatemala o algunos países africanos, en la mayoría de los casos se trata de confesiones pentecostales cuyo atractivo consiste elementos taumatúrgicos (sanación, milagros, exorcismos, etc.) que resultan altamente atractivos para la población local, que se ha desencantado del cristianismo católico una vez que este se ha amalgamado con la atmósfera intelectual racionalista y tecnocrática. Sin embargo, los ambientes pentecostales de estos países siguen siendo culturalmente indoamericanos. En los países propiamente calvinistas como Estados Unidos, la situación es muy diferente porque en las próximas décadas, el catolicismo romano probablemente será la denominación mayoritaria entre los blancos anglosajones. Allá sí, la religión calvinista se encuentra en un lento pero progresivo proceso de extinción. Sin embargo, la idea del pueblo elegido, la ética de trabajo protestante y el espíritu práctico estadounidense, que provienen del calvinismo, son aspectos fundamentales de la cultura de ese país. En efecto, muchos católicos que se oponen a la intervención del estado en la educación y que consideran al padre de familia como un soberano absoluto del hogar, con potestad absoluta sobre sus hijos, en realidad ignoran que sus influencers se inspiran predominantemente en el pensamiento protestante anglosajón de John Locke, y que el "libertarianismo" individualista que ahora están abrazando, no tiene nada que ver con el cristianismo católico tradicional al que supuestamente defienden.

Tomando como base al análisis de Belloc, tanto la herejía gnóstica como la de los cátaros pudo superarse casi en su totalidad porque aunque había sido abrazada por un sector importante de la sociedad, tanto los poderes religiosos como la autoridad del estado y de la institucionalidad de entonces, estaba en manos del cristianismo tradicional, que pudo absorber aquellos aspectos de la herejía que podían ser rectificados para reintegrar a sus seguidores dentro de la institución eclesiástica oficial. Estamos hablando aquí de la Antigüedad Tardía y de la Edad Media, cuando el cristianismo tradicional era la religión imperial, profesada tanto por la iglesia como por el estado y las instituciones.

En el caso del calvinismo y del protestantismo en general, la superación de la herejía solo se pudo dar de manera parcial porque si bien, muchos protestantes ingleses, estadounidenses y de otras nacionalidades eventualmente se reintegraron al cristianismo tradicional, las élites y los poderes públicos ya eran protestantes y la esfera de influencia del cristianismo antiguo se restringía única y exclusivamente al contexto de la institución eclesiástica y la privacidad de la vida familiar.

Ciertamente, Belloc no vivió para analizarlo pero en gran medida, el actual fenómeno "progre" es más una forma secularizada tanto del *social gospel* estadounidense como de la teología de la liberación que un heredero del marxismo. Estamos hablando en ambos casos de expresiones heterodoxas del cristianismo, propias del protestantismo estadounidense y del catolicismo iberoamericano respectivamente y que se dieron en contextos sociales muy específicos como la Guerra Fría, la lucha anticolonial, etc.

Al igual que el gnosticismo o el protestantismo propiamente, estos movimientos, cuyo contenido era originalmente religioso y se gestó dentro del cristianismo normativo, eventualmente se apagaron. Sin embargo, a diferencia de lo que sucedió con otras herejías, ni el evangelio social ni la teología de la liberación pudieron ser reintegrados dentro del cristianismo tradicional porque la sociedad actual se ha vuelto tan antirreligiosa, que las ideas religiosas ya no pueden expresarse en un contexto de la religión con el que casi nadie quiere relacionarse. De ahí que estas se estén sublimando por otras vías. A lo que voy es que si todavía en los noventas, tanto el movimiento new age como ciertas formas comercializadas del budismo, el chamanismo o el hinduismo sirvieron como válvula de escape, la campaña antirreligiosa de los gobiernos, los medios de comunicación y la sociedad civil ya no sólo se dirige contra las confesiones cristianas sino también, contra el resto de las religiones. De ahí que el misticismo haya abandonado los ashrams para refugiarse en la "magia del caos" que algunas mujeres practican de forma individualista en sus casas, o que el deseo de experimentar una "conversión personal" se exprese a través de las sectas de coaching y psicoterapias, sacando de la jugada a las iglesias evangélicas en muchos lugares. De manera complementaria, el humanitarismo y la convicción justiciera de muchos cristianos, que antes se proyectaba en el trabajo misionero o en movimientos controvertidos como la teología de la liberación, ahora se sublima en el activismo woke, el ecologismo o el Foro de Sao Paulo.

Los efectos de la abolición de la religión en las sociedades actuales han sido desastrosos. Sin embargo, estos no se restringen exclusivamente al ámbito de la izquierda, pues como consecuencia de la integración de la Iglesia convencional al sistema racionalista occidental, el cristianismo tradicional también ha sido arrojado a los márgenes y se encuentra desperdigado en diversos grupos sedevacantistas, lefebvristas, ortodoxos tradicionales, anglicanos tradicionalistas o hasta en el ámbito de algunas hermandades esotéricas y caballerezcas. Irónicamente, el espíritu elitista y separatista común a todos estos grupos les impide reconocer que las mayorías de la población son maleables y todavía pueden ser ganadas. Por tanto, si el poder político es predominantemente cultural y este rige a través de la sociedad civil y del estado, la lucha que se debe desarrollar bien puede ser religiosa hacia dentro pero obligatoriamente tendrá que ser política hacia afuera. Si cada una de estas corrientes, por separado, se aferran a sus doctrinas religiosas particulares y desconfían del ecumenismo, tienen todo el derecho a hacerlo. Sin embargo, el apego de un individuo a su verdad religiosa o a su propia salvacion personal no puede servir como pretexto para dejar a las mayorias de la poblacion en manos de los enemigos de la humanidad. Mientras estas se encuentren a merced de la dictadura woke, de la ideología de género, del "marxismo cultural" y estén reducidas a la ignorancia por los que nos explotan, la posibilidad de que acepten la verdad religiosa es simplemente nula. De nada sirven las élites intelectuales aisladas. De entrada, se debe trabajar sobre un programa mínimo en el sentido de los valores, no desde una perspectiva ecuménica-religiosa sino desde lo político. Lo que se necesita no es entonces un nuevo San Pío V sino más bien, un nuevo Constantino, que reconstruya al cristianismo imperial, tradicional y respetuoso de los particularismos étnicos y culturales. Dicho sea de paso, esto depende esencialmente de la lucha política y metapolítica, que solo puede ser expresa y decididamente antiliberal y antimoderna.

Desgraciadamente, la "religión" del antifascismo también se encuentra fuertemente arraigada en una derecha que confunde a la aristocracia del espíritu con la pseudoaristocracia derivada de los negocios y el capitalismo industrial.

El 20 de julio de 1944, un grupo de militares encabezados por Klaus Von Stauffenberg, descontentos con el curso de la guerra, detonaron un explosivo con el fin de asesinar a Hitler y dar un golpe de estado a favor del ejército. Si bien es común que la propaganda de los medios catalogue al complot, también conocido como "Operación Valquiria" como la obra de un grupo de personas idealistas que luchaba por la democracia, la igualdad y los derechos humanos, la realidad es que los perpetradores del golpe fueron militares ultraconservadores, ligados al integrismo católico, a un sector de la Casa Hohenzollern-Siegmaringen y a un grupo de industriales que creían necesario frenar la guerra y negociar con los aliados. Años atrás, estas mismas personas habían aceptado a regañadientes al gobierno nacionalsocialista porque era su último recurso para evitar una revolución comunista que les arrebatara sus privilegios. Sin embargo, siempre se opusieron el movimiento nacionalsocialista por considerar a sus líderes como "plebeyos" y a sus seguidores como gente vulgar. En la práctica, el complot de la derecha ultraconservadora era más bien oportunista, pues creían que era posible convencer a los aliados de que el comunismo representaba una amenaza más grave para Occidente que Alemania y que estos les permitirían conservar las ganancias territoriales obtenidas por Hitler a cambio de mantener alejados a los rusos. De manera análoga, los golpistas esperaban que al convertirse en gendarmes a su servicio, los aliados absolvieran de toda culpa a la oficialía aristocrática del ejército, atribuyendo a las SS, las SA y otras unidades paramilitares nacionalsocialistas la responsabilidad por las atrocidades, verdaderas o fabricadas, que pudiesen salir a la luz.

Aunque el complot fracaso y la guerra continuó, tanto Hermann Göring como Heinrich Himmler, ambos ligados a las clases altas y a los intereses de los industriales, también intentaron negociar de forma traicionera con los aliados, usando los mismos argumentos que los complotistas de 1944. Incluso en el entorno "moderado" de donde provino el político democristiano Conrad Adenauer, que tras la derrota del Tercer Reich habría de encabezar el gobierno títere de la ocupación estadounidense, se decía que los dirigentes nacionalsocialistas, muchos de ellos bávaros, austriacos o provenientes de las periferias del Imperio Alemán, eran en realidad eslavos germanizados y por lo tanto, falsos alemanes.

En el campo netamente religioso, el ala cristiano-humanitarista que se opuso al gobierno nacionalsocialista y tuvo como sus máximas figuras a los pastores protestantes Martin Niemoeller y Dietrich Bonhöffer, se hizo claramente izquierdista, feminista y pro-queer a partir de los años sesentas pero no era así en un principio. Inicialmente, tanto ellos como Adenauer fueron cristianos conservadores que en su momento se opusieron, de manera legítima, a algunas injerencias inaceptables del gobierno nacionalsocialista en la vida de las confesiones cristianas y a algunos excesos racistas igualmente condenables sin que esto fuese una denuncia absoluta contra el nacionalsocialismo. Sin embargo, en la Alemania de la postguerra, estos grupos articularon su propio "antifascismo" de derecha, que muy a tono con la tutela establecida por Estados Unidos y la OTAN, asociaba a la democracia parlamentaria liberal y las libertades capitalistas con la civilización cristiana.

En el periodo inmediatamente posterior a la Segunda

Guerra Mundial, este "antifascismo de derecha" permitió a algunas vertientes ultraconservadoras salvar a muchos empresarios, políticos o ex combatientes de las "campañas de desnazificación", pues de entrada, los estadounidenses necesitaban de estos grupos para rehacer el tejido social y evitar la expansión del comunismo soviético. No obstante, con la "normalización" de las relaciones entre ambas Alemanias a inicios de los setentas y la consolidación de la socialdemocracia en Europa, el antifascismo de derecha se amalgamó con el de la izquierda. Con el paso del tiempo, la democracia cristiana posterior a Adenauer, con gobiernos como el de Kohl o Maerkel, fue abrazando de lleno el multiculturalismo sexodiverso, propio de la izqierda socialdemócrata y del eurocomunismo. En la actualidad, este "genuino" antifascismo de derecha se ha reconstutuído parcialmente en organizaciones aparentemente "antisistema" como PEGIDA (Patriotas Europeos contra la Islamización de Occidente) o la AfD (Alternativa para Alemania). El hecho de que estas organizaciones atraigan a cripto-nacionalistas, que ante la prohibición del nacionalsocialismo en Alemania, no tienen manera de expresarse políticamente, no altera la realidad, pues por más propaganda buenista que la izquierda pueda hacer en su contra, estas agrupaciones son ideológicamente antifascistas. Para ellos, la migración ilegal musulmana es nociva porque sus costumbres atentan contra la libertad sexual, los "derechos" de las mujeres y los "valores democráticos" capitalistas. A menos que un nuevo liderazgo se atreva a rehabilitar al nacionalismo en toda su extensión, manteniendo la prohibición del racismo, el antifascismo de derecha esta condenado a reabsorberse dentro del sistema. No obstante, a diferencia del antifascismo de derecha en la posguerra, que fue "tragado" por la socialdemocracia, el de la actualidad probablemente transitará hacia alguna forma de liberalismo europeo regenerado.

Lo que sucedió con la democracia cristiana de Adenauer no es una casualidad, pues mientras el antifascismo de la derecha fue el producto de una coyuntura, el de la izquierda se había acuñado a lo largo de varias décadas. De ahí su vitalidad y raigambre político. El antifascismo, por más cristiano y conservador que pueda ser, es un patrimonio político de la izquierda y la izquierda ejerce un polo gravitacional sobre todos los antifascismos.

A lo que voy es que mucho antes de la Segunda Guerra Mundial, el cabildeo soviético en los países occidentales se había desarrollado de manera sistemática durante al menos dos décadas, en parte gracias a la labor propagandística de Willi Münzenberg, un activista alemán que conoció a Lenin desde que este estaba exiliado en Suiza, antes de la revolución de octubre. El hecho de que este hombre hubiese podido desempeñar algún papel como parte del gobierno alemán de entonces, que buscaba sacar a Rusia de la Primera Guerra Mundial, lo cual se concretó tras la revolución, es una gran posibilidad. Sin embargo, se le conoce por su tarea en la recaudación de alimentos y dinero para salvar al régimen de Lenin durante la hambruna de 1921. Justo en aquellos momentos de crisis, Münzenberg desarrolló también una campaña propagandística para presentar a la Unión Soviética como un estado liberal y progresista, que se estaba convirtiendo en un estado-nación cualquiera, y por ende, inofensivo. La idea era traer empresas que operaran como fideicomisos, permitiendo el comercio privado y estimulando el regreso de los exiliados para que la economía se recuperara y se obtuvieran los reconocimientos diplomáticos necesarios. Aunque la red era política, la labor de este activista también incursionó en editoriales, medios, producciones de teatro e incluso en el cine. Nuevamente, la idea era difundir la imagen de la URSS como un país que se modernizaba y que continuaba la revolución liberal de la ilustración europea. De modo que ser genuinamente liberal y progresista implicaba, por lo menos, tener una actitud abierta frente al comunismo.

De ahí que la lucha antifascista de la Segunda Guerra Mundial fuese promovida en los países occidentales como una cruzada liberal-progresista con inclinación a la izquierda, lo cual también se veía reforzado desde Estados Unidos, donde gobernaba el "progresista"Roosevelt.

No obstante, es importante señalar que esta red fue creada inicialmente por europeos afines al régimen soviético para defender la imagen de este. Al término de la Segunda Guerra Mundial y en la década subsecuente, el despotismo y las ambiciones geopolíticas agresivas de Stalin sobre Asia y Europa, derivaron en una momentánea derechización de la política en el hemisferio, que se enmarca también en la ruptura de la socialdemocracia europea con los comunistas.

Ya hemos dicho que en los países de Europa occidental, la izquierda era mayoritariamente socialdemócrata y que ésta antecede a la creación de los partidos comunistas. Al principio, los socialdemócratas apoyaron la revolución rusa. Sin embargo, conforme el estado soviético se fue consolidando, los comunistas empezaron a ver a la socialdemocracia como un estorbo y empezaron a combatirla en los sindicatos y en las calles. Para Stalin, la socialdemocracia era "socialfascista" porque mantenía la propiedad privada y proponía cambios graduales. Sin embargo, la confrontación entre la URSS y Alemania en 1941 forzó a los comunistas a cambiar de opinión y apostar por la construcción de un frente antifascista, en unión con los socialdemócratas y otras fuerzas de izquierda hasta el final de la guerra, cuando Stalin cambió de opinión otra vez. En efecto, una vez que los soviéticos habían logrado imponer su influencia sobre Bulgaria, Rumanía, Polonia o Alemania oriental, los partidos socialdemócratas fueron obligados a fusionarse con los comunistas, lo cual provocó el encarcelamiento de aquellos líderes que no estuvieron de acuerdo.

En la Europa bajo control estadounidense, los

socialdemócratas se vieron presionados, pues por un lado, sentían cierta afinidad por sus "primos" socialistas soviéticos pero querían mantener las estructuras de una democracia liberal de tipo parlamentario y no una dictadura vertical y centralizada como la que se había establecido en el Este. Para los ocupantes estadounidenses, obtener la colaboración de la derecha había sido relativamente fácil porque los católicos y protestantes conservadores estaban dispuestos a cualquier cosa con tal de no perder sus privilegios económicos. Años atrás, muchos habían apoyado hipócritamente al nacionalsocialismo con ese mismo propósito. De ahí que sus figuras hayan sido particularmente vulnerables al chantaje durante las campañas de "desnazificación" y que estas colaboraran abiertamente con el proyecto geopolítico de los Estados Unidos en Europa a cambio de inmunidad. En respuesta a la beligerancia de Stalin, los estadounidenses fundaron la OTAN en 1949 y el presidente Truman emprendió una "caza" de izquierdistas dentro de su país. El ambiente que imperaba era fuertemente anticomunista. Sin embargo, mantener a la izquierda fuera de la política era inviable y la mala reputación de los comunistas por su cercanía con el dictador georgiano era una oportunidad para establecer democracias liberales funcionales, con una izquierda colaboracionista que les diera sentido. La nueva ruptura entre la socialdemocracia y el comunismo era entonces un escenario aprovechable. Sin embargo, los socialdemócratas siempre se consideraron como gente de izquierda y los estadounidenses estaban perfectamente conscientes de la imposibilidad de convencerlos a través de consignas antimarxistas. De ahí que la propaganda dirigida hacia la socialdemocracia, que agrupaba a buena parte de los trabajadores organizados y las clases medias, tuviese que adoptar una forma distinta.

Fue así como en 1952, el connotado publicista Kurt Zentner, conocido por su material conmemorativo para la Olimpiada de Berlín (1936) y por su labor en la división de propaganda de la Wehrmacht, publicó un libro satírico cuya ilustración de portada desplegaba un dibujo de Stalin con el atuendo de Hitler, que a partir de ese momento se convertiría en el "villano" político por excelencia o en el ícono psicológico del "totalitarismo", conforme a la teoría acuñada por Hannah Arendt un año atrás. Si leemos entre líneas, el mensaje hacia la población buscaba presentar al nacionalsocialismo y al estalinismo como formas "bárbaras" de gobierno, ajenas al espíritu "ilustrado" de la civilización europea. Sin embargo, la trayectoria de Zentner, que originalmente había sido socialdemócrata, sugiere que su intención original era presentar una analogía entre la disolución del Partido Socialdemócrata Alemán por parte de Hitler, cuando sus parlamentarios se negaron a aprobar la Ley Habilitante de 1933, y la fusión forzosa de los socialdemócratas alemanes con los comunistas, impuesta por Stalin en 1949.

En efecto, la construcción de una democracia liberal antisoviética en Europa occidental ante la mala reputación de los comunistas en el Este, fue un éxito de la geopolítica estadounidense pero esto no quiere decir que la red de intelectuales y artistas creada por Münzenberg se hubiese extinguido. Aunque en las apariencias lo que se buscaba era crear un bloque anticomunista occidental, lo que realmente se estaba creando era un bloque "antiestalinista" pues la postura antisoviética de las socialdemocracias no necesariamente representaba una oposición por parte de estos, a los objetivos generales del marxismo. Además, otro punto que influyó es el origen étnico de muchos de estos propagandistas, dueños de medios, periodistas e intelectuales, entre los cuales había muchos judíos. en este sentido, la creación del Estado de Israel y la defensa de su legitimidad permitió a muchas de estas figuras navegar con algo de neutralidad y esperar a que los ánimos se calmaran. Después de todo, ellos sabían que Stalin no era eterno y que a la larga, la transición soviética sería de interés para los países occidentales.

Con el paso del tiempo, muchos comunistas empezaron a infiltrarse dentro de los partidos socialdemócratas "antisoviéticos" y otros empezaron a curarse en salud "denunciando" las atrocidades de Stalin, a quien se culpaba de todos los males posibles en la URSS, absolviendo de éste modo a la ideología marxista de cualquier responsabilidad. Paralelamente, los reportes sobre el supuesto "antisemitismo" de Stalin, que contrastaban con la versión anterior de Hannah Arendt, que en su momento aplaudió a la URSS por su inclusión hacia la comunidad judía, igualmente sirvió para fortalecer la narrativa de los "dos totalitarismos". A través de estos argumentos, la izquierda europea adoptó una postura comodina, que censuraba al estalinismo como una desviación "fascista" que no tenía nada que ver con el "verdadero" comunismo y que de hecho, era el resultado de una "psicología" colectiva autoritaria o patriarcal en la sociedad.

Con la publicación del Discurso Secreto de Khruschev contra Stalin, que más bien era una fabricación dirigida hacia los países occidentales, el régimen soviético pudo reconstituirse y recuperar cierta simpatía en Europa bajo la creencia de que el nuevo liderazgo comunista se estaba alejando del "despotismo asiático" y se acercaba de nueva cuenta a los ideales modernos y futuristas del marxismo. En los años setentas, esta misma táctica de "deslindarse" de la URSS también sirvió para que otro grupo de marxistas, algo más radicales que los socialdemócratas, se hiciera de posiciones de poder en las democracias liberales europeas bajo la forma del eurocomunismo. Y eventualmente, la izquierda marxista logró apropiarse del argumento de Hannah Arendt, que equiparaba al fascismo con el militarismo autoritario, permitiendo que el calificativo de "fascista" fuese usado durante gran parte de la segunda mitad del Siglo XX para desacreditar gobiernos anticomunistas como el de Park Chung Hee en Corea del Sur, el de Pinochet en Chile o el de Suharto en Indonesia. Hoy, habiendo transcurrido más de 30 años desde la caída de la Unión Soviética, la izquierda de todas las vertientes sigue recurriendo a ese viejo argumento, acusando de fascista a cualquiera que se oponga a la izquierda. Para Chávez, Aznar era un fascista del mismo modo en que Trump lo es para Maduro.

En opinión de Pablo Muñoz Iturieta, un exponente de la derecha antiprogresista argentina, el hecho de que la izquierda califique de nazi o fascista a todo aquello que le disgusta, es una clara manifestación de la pobreza intelectual de la izquierda. Sin embargo, es importante mencionar que un sector del conservadurismo religioso también ha incurrido en este reduccionismo. Podríamos decir que al igual que en tiempos de Stalin, la "derecha" proestadounidense está intentando "jalar" a la socialdemocracia y a otros sectores "ilustrados" o moderadamente progresistas, hacia un supuesto "centro" político cuyo propósito es defender las instituciones republicanas, la separación de poderes y las libertades individuales de su posible desmantelamiento a cargo de las fuerzas más radicales y "duras" del neocomunismo. Por tanto, no es casualidad que Margarita Zavala o personas ligadas al gobierno de Vicente Fox o de Peña Nieto se atrevan a sugerir públicamente que López Obrador tiene "tendencias fascistas" o algún disparate de esa calaña, para impulsar campañas antiautoritarias que, sin ser ese su verdadero propósito, irremediablemente favorecerán a la izquierda. Al igual que en tiempos del estalinismo, esta estrategia resultará contraproducente porque a la larga, un sector del neocomunismo se infiltrará en la "derecha" del sistema para combatir el "autoritarismo" y reconstituírse desde una nueva trinchera. Dicho sea de paso, el uso de términos como "feminazis" para referirse a los colectivos de pandilleras que vandalizan monumentos históricos el 8 de marzo a cargo de algunos influencers de la causa provida, no hace sino legitimar al neocomunismo pacifista al hacerle creer a la gente que el enemigo es el fascismo cuando esto no es así. Para colmo de males, hasta el propio Pablo Muñoz Iturieta, que antes criticaba estas cosas, ahora suele comparar a la nueva izquierda con el nacionalsocialismo cuando toca temas como la eugenesia, contribuyendo de este modo a una probable reconstitución del neocomunismo desde otra trinchera.

Sobra decir, que esta visión estereotipada acerca del fascismo o de la Tercera Posición ha prevalecido hasta nuestros días y es el resultado de una campaña casi centenaria, sistemática, de propaganda izquierdista que ha sido adoptada por todo el espectro político. Sin embargo, no todo es propaganda o coyunturas, ya que existe un motivo filosófico poderoso detrás de la conducta y de las posturas antifascistas. Nuevamente es necesario recordar al lector, que en la Segunda Guerra Mundial, la Unión Soviética se une a Inglaterra y a los Estados Unidos para combatir a Hitler. En aquella conflagración mundial, tanto el capitalismo liberal como las fuerzas del marxismo internacional terminaron aliándose y eso es porque a pesar de que el fascismo y el nacionalsocialismo tenían componentes modernos, cientificistas y futuristas, éstos eran los menos modernos a comparación del liberalismo o el marxismo. Aunque en determinados momentos, las huestes del Tercer Reich se justificaban a sí mismas bajo la premisa de que luchaban por los valores de "Occidente" los acontecimientos subsecuentes demostraron que este no era el caso y las circunstancias posicionaron definitivamente al Tercer Reich en el campo de la lucha contra la modernidad.

Por ende, lo que el sistema en cualquiera de sus vertientes quiere decirnos es que el fascismo es todo aquello que se opone a la modernidad. Si Pinochet no hubiese sido moralmente conservador y hubiese sido un dictador civil y no un militar, este difícilmente habría sido categorizado como "fascista". De manera análoga, si Nicolás Maduro estuviera a favor de la diversidad sexual o del feminismo, quienes se le oponen difícilmente podrían usar contra él la palabra "fascista". Para uno que otro libertario, catalogar a López Obrador de "fascista" por el tema de la "militarización" o el acaparamiento de poder político para su partido, habría sido natural pero no así en el caso de Claudia Sheinbaum, que al ser judía y feminista, no podría ser "etiquetada" con ese término. El propio Bush, por ejemplo, llamó "islamo-fascistas" a los talibanes o a los chiítas de Irán pero no tenia ningun problema con los musulmanes que aceptaban el capitalismo y el libre mercado como en el caso de los jeques petroleros.

Para Hannah Arendt, cuando los europeos critican la superficialidad y el comercialismo insípido de los Estados Unidos, lo que en realidad estaban temiendo era "el advenimiento del mundo moderno con todas sus perplejidades e implicaciones" y esto tiene mucho sentido. De ahí la futilidad de sustituír el yugo atlantista de los Estados Unidos con el de un Confederacionismo controlado desde España, si este será europeísta, pues no estamos aquí ante un problema étnico. Los estadounidenses anglosajones como colectividad étnica no son enemigos nuestros como tampoco lo son los chinos o los africanos. El problema es civilizacional. Es una lucha entre la modernidad globalista que es artificial y quienes defendemos la pluralidad étnica, nacional y cultural de la especie humana, que es lo natural y lo justo.

En México, la consigna "militarismo igual a fascismo", que se ha convertido en un recurso retórico común en manos de la oposición liberal o incluso de aquellos sectores "conservadores" que apoyaron a Xóchitl Gálvez e hicieron campaña contra Eduardo Verástegui, no ha servido sino para fortalecer la hegemonía de la izquierda en nuestras sociedades, pues con el pretexto del "rechazo a la militarización", se abre el camino a aquellas fuerzas globalistas o antinacionales que en un futuro podrían sugerir la abolición del ejército o el paso libre de centroamericanos por la frontera sur, del mismo modo en que la falsa categorización del gobierno de Gustavo Díaz

Ordaz como "de derecha" y del papel del ejército en la represión del movimiento estudiantil de 1968 se ha transformado en una camisa de fuerza, que hace imposible la intervención de la autoridad para combatir el vandalismo insurreccional de la izquierda, que ya desde entonces, era un ala más del régimen.

Como también señala Peña Esclusa, el "fantasma" de Pinochet ha obrado también en detrimento de los intereses del pueblo venezolano, pues la mayoría de los dirigentes opositores continúa sosteniendo que el sector castrense no debe "intervenir" para derrocar a Maduro y que la salida debe ser única y exclusivamente por la vía electoral, a través de ellos. Eventualmente, en el hipotético escenario de una probable "caída" de Maduro, no es descabellado que un probable gobierno de la MUD con María Corina Machado a la cabeza, inicie su mandato legalizando el aborto, autorizando la "autonomía territorial" indígena, avalatdo el matrimonio igualitario, imponiendo políticas feministas y aceptando todas las agendas de este tipo, que ni el propio Maduro se ha atrevido a promulgar en su país.

Otro caso ilustrativo es el de la Guerra de las Malvinas en 1982, cuando los ejércitos de Argentina e Inglaterra se enfrentaron en una guerra donde ambos decían representar a la civilización occidental. Contrario a lo que se piensa, la derrota de Argentina, y por consiguiente, de todos los iberoamericanos, no se dio con la captura de Puerto Argentino a manos de los ingleses sino después, porque a pesar de esta importante lección de la historia, ni los argentinos ni el resto de los iberoamericanos hemos sido capaces de entendernos a nosotros mismos. A lo que voy, es que si entendemos a la civilización occidental como aquella que se basa en el individualismo, la propiedad privada, el libre mercado y la democracia liberal, nosotros somos los menos indicados para defenderla, pues no pertenecemos a ella y esta es de hecho, el gran enemigo de nuestra civilización indohispánica.

En la medida en que los intelectuales de la "resistencia" continúen empeñados en canalizar el espíritu antiglobalista de los iberoamericanos hacia las ideologías de la modernidad, ya sea en su vertiente liberal-anglosajona o en su variante marxista-evolucionista, seguiremos atrapados dentro de este mismo barril sin fondo. Por tanto, más vale decir las cosas de una buena vez, pues solamente un retorno de los valores eternos propios del mundo mítico y de la civilización tradicional, podrá restaurar a la humanidad dentro de su sano equilibrio. De ahí la necesidad de reconstituir a las fuerzas del nacionalismo, depurando de él todos aquellos remanentes del espíritu moderno que lo llevaron a la derrota en 1945, cómo es el caso de las teorías raciales pseudocientíficas y otros, que en realidad no coincidían con el verdadero espíritu del nacionalismo.

Hay que decir también, que además de una identificación errónea con respecto a nuestra verdadera identidad y a la identidad del enemigo, otro error común en el campo de la derecha antiglobalista en Iberoamérica es que se ha dedicado a asumir posturas meramente reactivas. En este sentido, la negación sistemática y acrítica de los argumentos de la izquierda, que ciertamente fue muy útil para frenar temporalmente al kirchnerismo en Argentina, difícilmente funcionará en naciones como México, Perú, Ecuador o los países de Centroamérica, donde todavía subsisten importantes reductos de la sociedad tradicional, que al no poder ser absorbidos por una resistencia que se orientará al hispanismo blanco, se verán compelidos a seguir respaldando opciones de corte izquierdista, neoindigenista y posmoderno. Esto sin mencionar que existe una preocupante tendencia entre los influencers de la derecha antiprogresista sudamericana, lo cual incluye a algunos sacerdotes, a asumir posturas análogas al calvinismo puritano, que los llevan a enfocarse en cuestiones relativas a la piedad individual o a la pequeña moral, en vez de religarse con la memoria de nuestro cristianismo barroco que es totalmente litúrgico, comunitario y aunque les pese, folclórico.

En dado caso, la conducta frente a la modernidad debería ser la prueba de fuego para cualquier influencer o líder de opinión que se presente como un constructor de la nueva derecha. Además, habría que plantearnos si debemos conformarnos con ser "parte" de una civilización occidental donde tendremos un papel meramente secundario, o si más bien, el Occidente Indohispánico debe convertirse en la verdadera civilización occidental.

¿PODEMOS CONFIAR EN RUSIA?

Ocasionalmente nos topamos con personas que consideran al gobierno de Vladimir Putin como un estándar de lo que es correcto. Después de todo, es un líder pragmático que ha sabido reconciliar a los rusos con su historia, bajo la premisa de que tanto el imperio de los zares como la Unión Soviética fueron proyecciones del espíritu nacional ruso. En Rusia están prohibidas muchas de las agendas destructivas que caracterizan a las sociedades occidentales. Sin embargo, Rusia continúa padeciendo la contradicción que también se vive en Iberoamérica, donde los elementos europeo-moderno y nativo-tradicional presentes en nuestra sangre y nuestra cultura, coexisten de forma tensa.

En Rusia, tanto la perestroika de Gorbachov como la república independiente de Yeltzin tenían un claro sabor "occidentalizador" y moderno. Sin embargo, por más intentos que hicieron los rusos por parecerse a los europeos y los estadounidenses, estos solo estaban dispuestos a otorgarle a Rusia un papel subordinado en el marco de las naciones occidentales, semejante al que se le da a iberoamérica, como un actor secundario. En la práctica, tanto la historia moderna de Rusia como la de Iberoamérica, se ha caracterizado precisamente por toda una serie de esfuerzos infructuosos a cargo de la clase política, por insertar a nuestros pueblos en la modernidad "blanca" lo cual no ha sido posible porque tanto los rusos como los iberoamericanos, lo cual también incluye a los españoles, somos pueblos híbridos. Ciertamente, los eslavos son europeos pero no son occidentales. Los iberoamericanos somos occidentales pero no somos europeos. Con Yeltzin, la Rusia que quiere occidentalizarse termina siendo rechazada por Estados Unidos y Europa. De ahí que está retorne a lo propio tras la llegada al poder de Vladimir Putin. En Iberoamérica, la falsa promesa de integrarnos al primer mundo también generó falsas expectativas, que con las crisis mexicana y argentina se convirtieron en sueños rotos y en un caldo de cultivo para el retorno de las viejas reivindicaciones tercermundistas, que la izquierda ha sabido explotar.

Hoy, la Rusia que se resiste al modelo de la globalización impuesto por Estados Unidos, se perfila como un probable líder para todos los pueblos no occidentales y no europeos, que se resisten a ser absorbidos dentro de la globalización unipolar anglosajona. Sin embargo, es aquí donde entra el otro elemento de tensión propio de la geopolítica rusa, al que también hemos hecho referencia, pues por un lado existe la misión histórica del imperio de los zares pero también el resabio del comunismo universalista. La idea de que Rusia es una nación totalmente cristiana y tradicional, o que esta está totalmente resuelta a combatir contra las fuerzas de la subversión comunista en cualquiera de sus formas, no es una verdad absoluta.

En su libro sobre la perestroika, el ex agente de la KGB Anatoliy Golitsyn advirtió a la gente del hemisferio occidental acerca de la táctica engañosa de los marxistas soviéticos. Lo que dice Golitsyn, es que el comunismo internacional ha recurrido a la antes mencionada táctica de la tijera, donde una primera ala se presenta como un comunismo moderado, amigable con occidente y amistoso con la propiedad privada, mientras que una segunda se presenta como radical, extremista, expropiadora y beligerante en grado extremo. En su relato, el ex agente soviético menciona cómo los chinos y los rusos en determinadas épocas de la historia se pusieron de acuerdo para interpretar uno u otro papel, simulando un cisma con el fin de presentar ante los occidentales la idea de un mundo comunista fragmentado y dividido. Golitsyn señaló que la disolución de la Unión Soviética solo era una retirada táctica y que la idea de la revolución mundial seguía vigente en la clase política rusa, que había colocado a operadores de la KGB en la presidencia de las nuevas repúblicas independientes. Si tomáramos como correcta a esta interpretación, Putin y compañía no serían sino unos mentirosos, que han fingido cambiar cuando su propósito sigue siendo la dominación mundial para el comunismo, a través del debilitamiento de Occidente por medio de las drogas, el libertinaje sexual y el feminismo. La aportación de este autor es muy importante. Sin embargo, creo que deja pasar por alto el hecho de que la Unión Soviética no se construyó únicamente como un instrumento para la revolución mundial sino sobre la base de un imperio eslavo ortodoxo tradicional, cuyos intereses nacionales también tenían verdadero peso. Si matizamos las cosas, deberíamos considerar como falsa la idea de que la clase política rusa sigue siendo totalmente marxista, pues hay entre los rusos muchos nacionalistas genuinos, que coexisten con otras corrientes que desean ligar a Rusia con Asia, o incluso con Europa occidental. Por ende, el problema aquí es entender en qué momentos, la Rusia de Putin actúa en nombre de sus intereses nacionales, y en qué otros momentos, lo hace en nombre de la Revolución Comunista, si esta influencia aún sigue siendo importante en esos ámbitos.

El hecho de que Rusia mantenga una relación profunda con el régimen de Maduro, pero que también, algunas izquierdas feministas y posmodernas del hemisferio occidental reciban respaldo ruso y que éstas lo retribuyan absteniéndose de criticar al "conservador" u "homofóbico" Putin, sugiere que el apego a la ideología comunista sigue teniendo cierta relevancia en la geopolítica rusa. Algo que me parece sumamente decepcionante es que los rusos, tanto en su territorio como en los mensajes de propaganda que sus medios envían a los continentes asiático y africano, desplieguen toda una serie de mensajes dedicados a promover los valores tradicionales, el cristianismo ortodoxo y la disciplina en el trabajo, cuando esos mismos medios rusos se dedican a promover basura feminista ante el público de lengua española en Iberoamérica. Es sumamente decepcionante porque denota que ciertamente, la geopolítica rusa pretende debilitar a Occidente a través de esas agendas, y que a los ojos de esta, los pueblos de Iberoamérica ni siquiera podemos aspirar a convertirnos en un aliado contra el unipolarismo estadounidense. Todo parece indicar que para ellos no somos sino un territorio colonizado , un traspatio de Estados Unidos o un simple "caso perdido". El apoyo de Rusia a personas como Maduro o Irene Montero hace complicado que se dé una convergencia entre la resistencia antiglobalista indoamericana y la Rusia de Putin. Pero también, es importante decir que existen obstáculos qué hacen difícil que los rusos cambien de opinión en cuanto a su política de alianzas en iberoamérica. La posibilidad de que Rusia apoye a sectores conservadores en nuestro continente y no a la izquierda globalista, se dificulta porque la derecha en nuestro continente no es nacionalista sino todo lo contrario.

Desgraciadamente, la derecha normativa en Iberoamérica se asocia claramente al liberalismo, a la cercanía con los Estados Unidos y al cosmopolitismo de los burgueses globalizados. De modo que todo lo que hay en oposición a lo anterior, se encuentra desperdigado en las distintas fuerzas de izquierda, que han sido hegemonizadas por feministas y posmodernos, como en el caso del partido MORENA. Claro está, que en determinado caso, el liderazgo de Trump podría desembocar en una nueva multipolaridad, que otorgue a Iberoamérica un papel mucho más digno. Pero eso aún está por verse. De cualquier manera, es importante señalar que la izquierda marxista iberoamericana, por más que en su momento haya coqueteado con las reivindicaciones nacionalistas y tercermundistas, o que ahora se abstenga de criticar a Rusia, siempre fue permeable a los desenfrenos sexuales y los postulados de la deconstrucción antitradicional. Esto se debe en parte al hecho de que muchos exiliados izquierdistas de las dictaduras militares del cono sur, alternaban su exilio entre México y Francia. De ahí que las tendencias disolventes del Mayo francés y del eurocomunismo se hicieran presentes en los ámbitos intelectuales mexicanos de izquierda.

MÉXICO Y EL FORO DE SAO PAULO

Se le llamó eurocomunismo a la tendencia de los partidos comunistas de los países occidentales, para presentarse como fuerzas con vida propia e independientes de Moscú en los setentas. Siendo una especie de síntesis entre el marxismo-leninismo, la socialdemocracia y la nueva izquierda, el eurocomunismo trataba de conciliar las aspiraciones del marxismo con la democracia liberal, el sistema parlamentario y el legado de la ilustración europea. La idea era en parte captar apoyo electoral para los partidos comunistas entre los estudiantes, las mujeres o los desempleados ante el poco "ímpetu revolucionario" de una clase obrera que gozaba de un excelente estándar de vida. Sin embargo, había una razón de índole nacional también, pues muchos simpatizantes potenciales de la izquierda se abstenían de votar por los partidos comunistas de España, Francia o Italia porque tales agrupaciones eran percibidas como títeres de Moscú, y por consiguiente, como agentes de una potencia oriental extranjera. Por ende, el eurocomunismo buscaba deslindarse de las políticas "autoritarias" y "conservadoras" del bloque oriental, a la vez que se acercaba a la socialdemocracia. A principios de los noventa, los eurocomunistas sepultaron a sus antiguas agrupaciones y se integraron dentro de la socialdemocracia. Tal es el caso de los eurocomunistas de Santiago Carrillo, que tras haber hundido a su propio partido, integró a sus seguidores, que ya habían adoptado la ideología deconstruccionista, al PSOE de Felipe González. En Italia, el comunista Giorgio Napolitano, llegaría a la Presidencia de la República con un programa enteramente liberal, etc. En países como México, Argentina o Chile, la adopción de cierta forma de eurocomunismo en la oposición de izquierda no deriva propiamente de una desconfianza hacia el imperialismo soviético, si no de un rechazo al "autoritarismo" o a las violaciones contra los derechos humanos, que ciertamente estaban presentes en la Argentina de Videla pero también en la Cuba castrista o en los países sometidos a la cortina de hierro. En el caso concreto de México, el hecho de que el marxismo oficial y el apoyo soviético estuviese con el régimen del PRI y no con los pequeños grupos de intelectuales de izquierda o las organizaciones estudiantiles, también orillaba a la izquierda a construirse desde una perspectiva totalmente distinta. De ahí que los liderazgos de la izquierda propiamente marxista, y opuesta tanto a la derecha capitalista como a los socialismos tercermundistas, se vieran compelidos a abrazar causas como los "derechos sexuales", la "igualdad sustantiva" o la lucha contra la corrupción.

En el libro "Las dos izquierdas" de Jorge Castañeda Gutman, podemos encontrar una reseña bastante detallada acerca de las diferencias entre la izquierda de la Revolución Mexicana ligada al PRI y la izquierda independiente ligada a grupos estudiantiles e intelectuales afines a un marxismo más internacionalista y menos tercermundista. Se trata de una historia de desencuentros, alianzas, represiones y traiciones que inician desde tiempos del Maximato con Plutarco Elías Calles hasta la fundación de MORENA con Andrés Manuel López Obrador. Sin embargo, para no extendernos demasiado, lo importante es señalar que a finales de los setentas, ambas corrientes estaban más o menos separadas, con la izquierda independiente ocupando un espacio más bien marginal, aunque con cierta apertura a las tendencias internacionales que la izquierda oficialista no aceptaba. Para ese entonces, un importante sector del marxismo intelectual ya había roto "definitivamente" con la ideología de la Revolución Mexicana y el patriotismo mexicano de izquierda para abrazar temas netamente postmodernos como la diversidad sexual, o reivindicaciones de corte "pluralista", que situaban a esa izquierda más cerca del PAN que del PRI. Sin embargo, fue la coyuntura de las elecciones de 1988 lo que propició que este proceso de ruptura se revirtiera de manera súbita e inesperada, cuando Heberto Castillo, representante de esta izquierda independiente, decidió declinar su candidatura a favor de Cuauhtémoc Cárdenas, que venía de la izquierda oficialista.

Después de 1988, la izquierda marxista y el socialismo tercermundista que se había desgajado del viejo priismo para fundar el PRD, volvieron a marchar juntos. Sin embargo, la declinación de Castillo a favor de Cárdenas fue una operación-supervivencia, pues la izquierda intelectual marxista siempre careció de apoyo popular, y si no hubiese declinado, el partido de Castillo habría desaparecido, tal como le pasó al pequeño partido trotskista PRT. Ya desde entonces, este grupo era totalmente posmoderno, feminista y sexodiverso. Sin embargo, a diferencia del partido de Castillo, el PRT se negó a declinar a favor de Cárdenas, al que rechazaban por ser priísta, machista y "conservador". Esa decisión condenó al PRT a la desaparición mientras que el partido de Castillo no solo logró sobrevivir sino que también, conservaría preponderancia al ceder su registro a Cuauhtémoc Cárdenas, para fundar el PRD.

Hasta cierto punto, podría decirse que el PRD logra unificar a todas las izquierdas y a todos los socialismos en un solo proyecto político. Sin embargo, esto no puede considerarse en modo alguno como una victoria porque lo que verdaderamente sucedió, es que la izquierda tercermundista había sido desalojada del poder por el sector reformista de Salinas, y había quedado relegada a la oposición.

En dado caso, la izquierda intelectual de orígen trotskista o marxista propiamente, nunca se identificó del todo con el proyecto cardenista y en el PRD siempre existió esa "tensión" entre el sector venido del PRI, encabezado por Cárdenas, López Obrador y Muñoz Ledo, y el grupo que provenía de la izquierda marxista, encabezado por Jesús Ortega y los chuchos pero también, por Carlos Imaz y Claudia Sheinbaum, mucho más afines a la deconstrucción feminista que al patriotismo de izquierda.

Para colmo de males, el evidente éxito de la política social de Salinas desactivó la efervescencia popular que el cardenismo generó en 1988. A mediados de los noventa, tanto Carlos Salinas de Gortari como Carlos Saúl Menem en Argentina, gozaban de una altísima popularidad. Además, las expectativas de inserción al primer mundo aún no se resquebrajaban y el patriotismo socialista de la izquierda carecía de margen de acción, pues tanto Salinas como Menem habían usado el nacionalismo cultural para atraer apoyo a sus gobiernos.

Ante la evidente popularidad de Salinas, la izquierda mexicana de los noventas tuvo que moderar su discurso "antineoliberal" basado en reivindicaciones económicas porque este la llevó a un rotundo fracaso en 1991. Poco a poco, el PRD se fue presentando cómo un ala "más genuina" de un liberalismo patriota al que había que defender de las ambiciones de la Iglesia, que recientemente había recuperado su personalidad jurídica, o como un movimiento contra la corrupción. La izquierda de entonces tenía que actuar como una fuerza rectificadora pero no como una "opositora" a ultranza de un modelo de sociedad que aún despertaba "esperanzas" y que prácticamente rigió "sin oposición" auténtica por casi una década. Las principales movilizaciones del PRD en aquellos años, lejos de involucrarse en asuntos de socialismo o problemas económicos, se vinculaban a la legalidad de los procesos electorales o a protestas por crímenes políticos. Sin embargo, ni siquiera la reforma del artículo 27 constitucional que legalizaba la propiedad privada de la Tierra, enfrentó mayor oposición.

El Foro de Sao Paulo: un comando estratégico?

Para Eric Harris, un escritor argentino, simpatizante de Agustín Laje y Nicolás Márquez, que ha logrado condensar en pocas palabras las ideas básicas de la derecha anti progresista en Sudamérica, el Foro de Sao Paulo fue la plataforma que unifica a la izquierda contra la "civilización occidental y cristiana" en un proceso que el autor describe de este modo:

> *Fue así que, a partir de 1990, la resaca marxista de Latinoamérica (una runfla de corruptos constituida, entre tantos otros, por los Castro, Lula da Silva, Hugo Chávez, Evo Morales, Rafael Correa y los Kirchner) se aglutinó para reciclar las políticas de izquierda originales (lucha de clases, revoluciones sangrientas, guerrillas, terrorismo, tiranías, abolición completa de la propiedad privada, entre otras) y adaptarlas a la ya incipiente subversión cultural".* (Harris, 2021)

Para quienes no vivieron ni presenciaron la mutación de la izquierda en los años noventa, este proceso es difícil de comprender. En parte porque en la actualidad, hasta las izquierdas "light" y "arcoiris" se están reencontrando con el legado totalitario y violento de su herencia comunista. Todavía en el año 2012 por ejemplo, la sofisticada y posmodernista izquierda española "pintaba su raya" con respecto a la versión más cruda y arcaica del marxismo representada por Hugo Chávez. Todo parece indicar, que la táctica de la tijera ahora está cediendo paso a la del puño cerrado, pues ahora se está dando una convergencia entre la izquierda partidaria del feminismo y la ideología de género, con los grupos más arcaicos o "castristas". Sin embargo, el proceso que describe Harris, donde el marxismo se transmutó para dedicarse principalmente a una lucha cultural a finales de los noventas, nunca fue una simulación absoluta. Si bien la izquierda de entonces siempre fue invariable en su apego "nostálgico" respecto a la revolución cubana o a figuras como Lázaro Cárdenas o Salvador Allende, si renunció formalmente a las etiquetas de "marxismo-leninismo", dictadura del proletariado o lucha de clases. Aún así, esto no implicaba una adopción inmediata y generalizada de la ideología de género o del feminismo a cargo de la izquierda, pues ciertamente hubo un periodo intermedio, en el que las reivindicaciones económicas socialistas dieron paso a un reclamo a favor del pluralismo democrático y el asistencialismo.

En México, tanto el levantamiento del EZLN como la irrupción del EPR[44] hacían inoportuna la radicalización de la izquierda, que por consiguiente tenía que relegar aquellas influencias al estatus de "ideología de reserva" pero no de inspiración para las tareas de aquellos años. En el cono sur, se consideraba a los tupamaros o a los montoneros como parcialmente responsables de la toma del poder por parte de los militares. De ahí que la izquierda se concentrara principalmente en asuntos relacionados con los derechos humanos. En los años de apogeo del neoliberalismo, la izquierda ciertamente sobrevivió y conservó su voto duro, pero no se convirtió en una alternativa real para la toma del poder sino hasta los años de 1997-1998, cuando sus partidos dieron la "sorpresa", haciéndose del gobierno de las capitales iberoamericanas, con el apoyo de la clase media y con un discurso anticorrupción donde las reivindicaciones socialistas habían sido sublimadas.

En México, tanto las zonas rurales como los barrios obreros seguían votando masivamente a favor del PRI. Por ende, difícilmente podríamos atribuir el triunfo de Cuauhtémoc Cárdenas en las elecciones para la gubernatura de la Ciudad de México en 1997 a reivindicaciones populistas o anti empresariales. Lejos de eso, el discurso perredista fue exitoso porque logró equiparar al neoliberalismo con la corrupción de la familia Salinas, con los escándalos del FOBAPROA y los operativos fraudulentos del PRI en las elecciones. En dado caso, muchos de esos votantes nunca fueron personas de izquierda, sino gente cansada del régimen del PRI. De ahí que este mismo electorado votara masivamente por Vicente Fox en el año 2000, olvidando casi por completo, a Cuauhtémoc Cárdenas.

Sobra decir, que en aquellos años, cualquier político de izquierda que evocara a Fidel o al comunismo acabaría hundido en el ostracismo. Ni siquiera a Hugo Chávez se le habría ocurrido mencionarlos cuando llegó al poder en 1998. En cuanto a las agendas de género o las tendencias disolventes del posmodernismo, estas eran abrazadas por el sector más sofisticado de la izquierda, que las fue incrustando dentro de la legislación de manera silenciosa, con la complicidad del "centro" y la derecha partidista. Sin embargo, ninguna de estas cosas puede considerarse como una victoria geopolítica del castrismo, cuyo objetivo es la supervivencia de su régimen a través de la diplomacia, el comercio limitado y la intriga política hacia otras naciones.

Entendido como un proyecto geopolítico del castrismo, el Foro de Sao Paulo es el resultado de una política sistemática a cargo de Fidel para picar piedra en todas partes para buscar aliados y hacer realidad su plan continental de expansionismo. Sin embargo, Fidel se equivocó muchas veces en sus alianzas, apoyando al bando perdedor e incurriendo en errores, como veremos más adelante. El Foro de Sao Paulo fue en dado caso un proyecto curtido con base en incesantes ensayos y errores cuyo triunfo es el fruto de las muchas semillas sembradas a lo largo del camino.

En efecto, es positivo que en la actualidad muchos iberoamericanos se estén dando cuenta de la amenaza que el Foro de Sao Paulo representa para nuestra nacionalidad y el futuro económico de nuestros países. Sin embargo, la teoría conspirativa que se ha construido en torno al foro, se está volviendo contraproducente porque la "satanización" del foro, entendido como un proyecto continental del castrochavismo, se ha convertido en un subterfugio para la propia izquierda marxista, que ha encontrado una nueva forma de hegemonizar su discurso denunciando al Foro de Sao Paulo y presentándose como "contraria" al mismo.

Un claro ejemplo de ello es lo que sucede ahora en México, donde un sector de la socialdemocracia y del neocomunismo, partidario del feminismo y la ideología de género, ha logrado posicionarse ante la opinión pública como la única "oposición" viable frente al "autoritarismo" del Foro de Sao Paulo y su representante local, MORENA. A lo que voy, es que al presentarse como "adversarios" del Foro de Sao Paulo, los mismos neocomunistas que lo impulsaron y han exigido la cárcel contra quienes nos oponemos a sus dictatoriales agendas feministas, ahora tienen la desfachatez de presentan ante la ciudadanía como "demócratas" o "moderados" curándose en salud de la forma más inaudita. En las últimas elecciones, este sector minoritario de la izquierda posmoderna, encabezada por el PRD, ni siquiera pudo conservar el registro electoral pues no obtuvo ni el 3% de los votos. No obstante, la hegemonización de su pensamiento ha sido tan grande, que tanto el "centrista" PRI como el falsamente "conservador" PAN han sido anulados por las hábiles maniobras mediáticas de los "Chuchos" y su nuevo proyecto, que se expresa a través de la Marea Rosa o del "Frente Cívico Nacional".

El hecho de que López Obrador o Claudia Sheinbaum frecuentemente cataloguen a sus propios excompañeros de izquierda en el PRD, todos ellos partidarios de las agendas feministas como "la derecha" o los "conservadores" es una clara muestra de que la izquierda se ha hegemonizado de forma casi absoluta en México.

Ya desde las elecciones intermedias del 2021, cuando el empresario Claudio X. González lanzó una iniciativa para "unir" a los partidos PRI, PAN y PRD en torno a una agenda económicamente liberal pero totalmente cargada a la izquierda en cuestiones sociales y morales, el camino de la "opofucción" había sido trazado. Y en vista de que este empresario ostenta una ideología que unifica al deconstrucccionismo radical de los "Chuchos" y el ultraliberalismo de Gloria Álvarez, bien podemos darnos cuenta de lo que vendrá en los próximos años.

En efecto, una nueva fuerza de tipo ultraliberal y cuasi anarquista podría convertirse en un nuevo instrumento del neocomunismo para afianzar su hegemonía desde la "oposición". Eventualmente, un movimiento de este talante podría convertirse en una amenaza para Javier Milei en Argentina y en un revés para la iniciativa de la nueva derecha de Agustín Laje. Esto sin mencionar que el marxismo "hispanista" y "anti indigenista", que también ha hecho del Foro de Sao Paulo el blanco de todas sus críticas, también está infiltrándose activamente en los círculos culturales hispanistas y del tradicionalismo católico.

Tomando como base la narrativa de Nicolás Márquez, 1992 habría sido un año de inflexión porque en Bolivia se había dado una gigantesca protesta indigenista que catapultó a Evo Morales a la fama, lo cual coincidió con una gran marcha gay en Buenos Aires y una magna conferencia ecologista en Brasil, además del fallido golpe de estado de Hugo Chávez contra Carlos Andrés Pérez en Venezuela. Esta observación nos da a conocer que en aquellos años, se estaba registrando un movimiento de posiciones muy importante. Sin embargo, el hecho de que algunos grupos de religiosos histéricos o incluso, de algunos libertarios como la feminista ultraliberal Gloria Álvarez, vulgaricen los argumentos de los escritores argentinos para asimilarlos a una mera "teoría conspirativa" ha ocasionado que la gente políticamente activa, pero acostumbrada a participar a través de los partidos "centristas" convencionales, haya desestimado las advertencias.

Para este amplio espectro de ciudadanos, donde podemos encontrar a liberales promercado, a católicos o a socialdemócratas, todo estaría bien mientras "un populista radical" no llegara al poder. ¿Cuántas veces no escuchamos a Felipe Calderón decir que a los "populistas" había que "rebasarlos por la izquierda"? Año tras año, los partidos convencionales fueron adoptando los preceptos esenciales de la podredumbre izquierdista. Para los católicos por ejemplo, no había ningún problema en aceptar la paridad en los congresos o las leyes inquisitorias que convierten la más mínima crítica a una mujer en una sanción por violencia de "género", siempre y cuando sus representantes no votaran a favor del aborto. Para los tecnócratas, la gente de clase media alta y los liberales pro mercado, no había ningún problema en adoptar la ideología de género, el aborto o las leyes feministas siempre y cuando, no se aprobaran leyes expropiatorias. Para los defensores de la democracia electoral, tampoco había problema alguno en incorporar dentro de las legislaciones, las ayudas económicas a determinados segmentos de la sociedad si esto servía para que la "extrema izquierda" no llegara al poder. Sexenio tras sexenio, ellos seguían en su burbuja de color azul mientras agentes izquierdistas se instalaban dentro de la administración pública e incluso, dentro de los propios partidos de la "derecha". Después de todo, lo importante era ser "incluyentes" y mantener al país dentro del "mundo globalizado". Sin embargo, las condiciones estaban dadas para que todos estos infiltrados, ubicadas en posiciones estratégicas, finalmente se quitaran la máscara para desalojar de sus asientos a los pocos elementos "independientes" que aún permanecían en los liderazgos de sus partidos y en la administración pública. Finalmente, el golpe se había consumado y las predicciones de personas como Agustín Laje, se convirtieron en una tristísima realidad pero a pesar de esto, no podemos culpar del todo a la poca gente honesta que aún sobrevive dentro de la política oficial, pues desgraciadamente, el esfuerzo de este y otros escritores argentinos frecuentemente fue presentado como una teoría de la conspiración, que en su momento no era creíble. Y si digo que la idea de que una "mente maestra" estaba organizando todos los eventos mencionados por Márquez no era creíble, eso es porque en 1992, con excepción de algunos estalinistas que no aceptaron la evolución de la izquierda hacia la socialdemocracia o la nueva izquierda, las grandes corrientes de esta adscripción en nuestro continente estaban enfocadas en otras cosas.

Como ya dijimos, los países sudamericanos venían saliendo de regímenes militares. De ahí que la izquierda en naciones como Argentina o Chile, se concentrara preferentemente en la indemnización de las víctimas de la "guerra sucia". En México, la izquierda encabezada por Cuauhtémoc Cárdenas se enfocaba en la exigencia de elecciones limpias y libres. En Centroamérica, tanto el sandinismo como las guerrillas guatemalteca y salvadoreña, que se habían transformado en partidos políticos regulares, habían abrazado una retórica anticorrupción. Por ende, las reivindicaciones del "socialismo" latinoamericanista, el antiimperialismo de la revolución cubana y otras experiencias similares, se preservaron sólo como ideología de reserva o incluso, para resguardar la imagen o la "marca" de izquierda. En México, los dirigentes deconstruccionistas y posmodernos del PRD, se veían históricamente compelidos a secundar las proclamas de Fidel o a exigir el fin del embargo contra Cuba pero en privado, muchos sentían una profunda antipatía frente a los Castro, que al igual que la Unión Soviética, apoyaron la represión de Gustavo Díaz Ordaz contra los estudiantes izquierdistas del 68. A inicios de los 90s, cuando el PRI estaba virando hacia el liberalismo de mercado, Fidel afianzaba su alianza con Salinas de Gortari, a quien continuó respaldando, ofreciéndole refugio informal tras el conflicto que Salinas tuvo con su sucesor, Ernesto Zedillo.

Teodoro Petkoff, un histórico del comunismo venezolano y acérrimo opositor de Hugo Chávez, explica esta aparente contradicción en cuanto a que para la izquierda modernizada, recibir con honores a Fidel o a Chávez, permitirles hablar frente a las masas, pagar tributo a sus figuras o tratarlos como parte de la familia, es una forma de lealtad con la propia historia al afirmar que *"todos fuimos pro-soviéticos o fidelistas, y no somos ajenos al entrañable mito guevarista[45]"*.

Si algo podemos decir del castrismo es que toda su política, tanto interna como externa, tenía por objeto la preservación del poder a toda costa a través de alianzas y contactos con toda una gama de actores políticos y empresariales de riversa índole, que no siempre resultaron exitosos. Se puede admitir que los objetivos o metas de Fidel eran claros pero no podemos hablar de un plan fijo ni de una teoría de la conspiración. Insisto: la propia historia del Foro de Sao Paulo es una historia de simulacros y experimentos de ensayo y error.

En principio, cuando se lanzó la iniciativa, Fidel había declarado que esta era una oportunidad para "avanzar con propuestas de unidad de acción consensuadas en la lucha antiimperialista y popular[46]". Además, la plataforma serviría para responder a los retos de la globalización mediante "un nuevo concepto de unidad e integración continentales" como "contraposición a la integración bajo el dominio imperialista".

De entrada, muchos adherentes originales del Foro de Sao Paulo, se agregaron por nostalgia, por "deferencia" hacia Fidel o por "una obligación con la historia". Sin embargo, esto no quiere decir que estuviesen totalmente comprometidos con el proyecto. Después de todo, no olvidemos que la iniciativa original promovía un patriotismo de corte tercermundista, indigenista y latinoamericanista, que la intelectualidad marxista veía con recelo. Ya desde antes, los sectores más doctrinarios de la izquierda intelectual marxista en nuestro continente, llegaron a catalogar a Lázaro Cárdenas o a Juan Domingo Perón como "bonapartistas" o reaccionarios. Para rematar, sus herederos más "sofisticados" ya estaban virando hacia el feminismo, la deconstrucción o las políticas de género. De ahí que el Foro de Sao Paulo pasara más o menos "desapercibido" en sus primeros años. En su primera fundación, las organizaciones participantes eran grupusculares y mediocres en grado extremo.

Evidentemente, el ímpetu que se necesitaba para fortalecer un proyecto de ese talante, tenía que venir de la izquierda nacionalista, militarista o tercermundista. De ahí que el Foro de Sao Paulo no tuviese una verdadera relevancia sino hasta la irrupción del chavismo, que no provenía de la intelectualidad marxista sino del militarismo latinoamericano convencional. Evo Morales, el otro personaje que daría protagonismo al foro, tampoco provenía del marxismo sino de la derecha nacionalista en Bolivia. Kirchner, por su parte, provenía del peronismo y en tiempos de Menem, había apoyado la política neoliberal. En cuanto al PRD mexicano, este habría de convertirse en un actor protagónico del foro pero solo hasta mediados de los noventas, cuando las relaciones de Castro con el gobierno de Zedillo se habían fracturado. Antes de ese momento, es totalmente comprensible que el PRD no estuviera tan "comprometido" con el foro porque Fidel respaldaba fuertemente a Carlos Salinas de Gortari, que reprimía duramente a los perredistas.

Andrés Manuel López Obrador se convirtió en líder del PRD en 1996. Sin embargo, los cuadros que venían de la izquierda verdaderamente marxista no lo veían con muy buenos ojos. En su momento, se llegó a rumorear que su designación como dirigente se debía a la intervención del Presidente Ernesto Zedillo en su favor[47]. Dos años atrás, en 1994, López Obrador había competido contra Roberto Madrazo como candidato a Gobernador de Tabasco. En vista de que la elección terminó con un controvertido triunfo del priísta, gracias a un probable fraude electoral, López Obrador arengó a sus partidarios con la toma de pozos petroleros. Originalmente, Zedillo iba a sacrificar a Madrazo al PRD, del mismo modo en que había sacrificado al priista Ramón Aguirre al PAN cuando este "derrotó" a Fox en Guanajuato, también por medio de un supuesto fraude electoral. Sin embargo, Madrazo se negó a renunciar y se atrincheró en Villahermosa con apoyo del expresidente Salinas de Gortari[48]. Después de confusas negociaciones, Madrazo conservó la gubernatura tabasqueña pero la carrera de López Obrador, que en aquel momento era un político cualquiera de la provincia, ascendió estrepitosamente.

En los meses posteriores al "error de diciembre", mientras el país vivía una de las peores crisis económicas de su historia, algunos congresistas estadounidenses que discutían la aprobación de un programa de apoyo a México, se atrevieron a sugerir la renuncia de Ernesto Zedillo. En México, toda una gama de fuerzas sociales, donde había deudores bancarios pero también organizaciones religiosas y sindicatos anteriormente afines al PRI, se mantuvieron a la expectativa sin dejar de movilizarse. El PRD, qué era el partido mayoritario de la izquierda en aquel entonces, se pronunció en su momento a favor de la renuncia de Zedillo y respaldó acciones de resistencia civil contra la crisis a lo largo y ancho del país. Dos años después de la crisis, el dinero inyectado por Clinton contra la propia voluntad de sus congresistas, había logrado que la situación se estabilizara. No obstante, la reputación de Zedillo estaba por los suelos y nuevamente corrió el rumor de una probable dimisión (1996). Sorpresivamente, quien dio a conocer estos acontecimientos fue Andrés Manuel López Obrador, que discrepando de las posiciones anteriormente expresadas por su partido en contra de Zedillo, denunció la conspiración como un intento de golpe de estado, fraguado desde el extranjero por el entorno del expresidente Carlos Salinas de Gortari con el fin de entregar "el petróleo de los mexicanos".

Para Andrés Manuel, el quebrantamiento del orden institucional implicaba un retorno del salinismo y una pérdida sustancial de soberanía nacional. Sin embargo, el mensaje de apoyo a Zedillo provocó una fuerte indignación en la facción del PRD que venía de la vieja izquierda opositora marxista, encabezada por Heberto Castillo[49]. En un artículo fechado en junio de 1996, Castillo censuró a López Obrador, sugiriendo que su encumbramiento como líder del PRD era una imposición desde arriba. Por tanto, las relaciones entre López Obrador, venido del priismo histórico, y la burocracia posmoderna del PRD serían institucionales y fructíferas en las buenas épocas, aunque no muy amistosas ni sinceras. Ciertamente, la sucesión de triunfos electorales que tras el respaldo a Zedillo, le fueron reconocidos al PRD en varias gubernaturas, hicieron que aquel penoso incidente quedara en el olvido. Sin embargo, los perredistas que venían de la izquierda marxista y no del PRI, siempre estuvieron conscientes de las ambiciones de poder de Andrés Manuel. Con Cuauhtémoc Cárdenas ganando la gubernatura de la Ciudad de México en 1997, la izquierda coronó sus esfuerzos. En su momento, el PRI neoliberal si veía a Cárdenas como un contendiente del cual había que cuidarse para la presidencia en el año 2000, pero como Zedillo se había comprometido a no recurrir al fraude electoral, su gobierno optó por desacreditar a Cárdenas a través de los medios televisivos, que culpaban al michoacano por la inseguridad en la capital.

En junio de 1999, la cobertura mediática sobre el asesinato del conductor Paco Stanley hundió definitivamente a Cuauhtémoc Cárdenas en las preferencias electorales[50] y para las elecciones del año 2000, una importante facción perredista que provenía de la izquierda opositora marxista y no del PRI, encabezada por el hijo de Heberto Castillo, decidió abandonarlo para respaldar al candidato de la derecha liberal, Vicente Fox. Esto sin contar con que, ya desde la llegada de López Obrador a la Ciudad de México como dirigente del PRD, algunos huérfanos del marxismo ya se habían ido del partido porque no "congeniaban" con su forma de trabajar ni lo consideraban un exponente de la izquierda "moderna".[51]

En verdad, decir que López Obrador es el responsable de haber llevado al progrerío al poder es faltar a la verdad, puesto que originalmente, la gente que lo apoyaba venía del patriotismo de izquierda, al estilo del PRI antiguo. Inicialmente, este sector no se decantó por el feminismo o la ideología de género, como sí lo hicieron aquellos perredistas que venían de la antigua oposición de izquierda y que, de manera pública o velada, dieron la espalda al ingeniero Cárdenas para apoyar a Vicente Fox en el 2000. En aquellos años, casi nadie se imaginaba que la versión "arcaica" del socialismo tercermundista tenía futuro en México y la humillante derrota de Cárdenas parecía un epitafio para el PRD pero también para el PRI, que con Labastida había renegado, brevemente, del neoliberalismo.

En sí, fue la alianza entre este sector disidente, posmoderno y antipriista del PRD con Vicente Fox en el 2000, lo que permitió a las corrientes LGBTQ y feministas ganar espacios en las instituciones a nivel nacional. En los subsecuentes periodos presidenciales, figuras destacadas de la izquierda verdaderamente marxista, que en su momento habían sufrido la represión y la cárcel a manos del régimen del PRI, se siguieron negando a colaborar con el neopopulismo tercermundista de López Obrador, al que catalogaban como una restauración autoritaria del viejo priismo. Sin embargo, una vez que estos parásitos de la deconstrucción, infiltrados en las administraciones de centro-derecha, convirtieron la maltrecha institucionalidad neoliberal en un pudridero de neocomunismo, gracias a la permisividad de Peña Nieto, Calderón o Fox, las condiciones estaban dadas para sustituír a la tijera por el puño cerrado. A lo que voy, es que con el pretexto de la tolerancia y el pluralismo, estos gobiernos entregaron nuestras instituciones para que los agentes izquierdistas hicieran y deshicieran a su antojo en la cultura y la educación hasta que las larvas que ellos incubaron, finalmente devoraron al huésped.

Tras haber aniquilado políticamente al PRI y al PAN, un importante segmento de la izquierda neocomunista que operaba dentro de la política convencional finalmente saltó hacia MORENA, que ahora tendría plenos poderes para derribar la institucionalidad que sus congéneres izquierdistas se habían encargado de hundir en el desprestigio. Es decir, que de seguir la estrategia de la tijera, con un ala "sofisticada" que operaba desde el neoliberalismo y otra mucho más arcaica o "cardenista", operando desde el obradorismo, el movimiento político de izquierda mutó hacia la estrategia del puño cerrado. Una vez que MORENA se quedó con el "carro completo" y que los elementos no marxistas dentro de los otros partidos habían sido depurados por la infiltración izquierdista, las condiciones están lo suficientemente maduras para el establecimiento de una dictadura que combinará lo peor del priismo autoritario con lo peor del posmodernismo y la deconstrucción. Sin embargo, este proceso no se dio de manera inmediata. Las contradicciones y desavenencias entre el populismo tercermundista y el neomarxismo ultramoderno no son accidentales. De hecho, es muy probable que la facción patriota del obradorismo y la izquierda posmoderna, partidaria de la deconstrucción y el feminismo, encabezada por Claudia Sheinbaum, acaben "enfrentándose" a mediados de este sexenio. Es precisamente por eso que el análisis de lo ocurrido en los años noventas, cuando la izquierda posmoderna desconfiaba de las anticuadas propuestas latinoamericanistas de Fidel, nos da una pauta para comprender lo que puede pasar en los próximos años.

En vista de que en la actualidad, se ha reconocido

públicamente al Foro de Sao Paulo como una fuerza favorable al aborto, las políticas feministas y la implementación de la ideología del género, algunos influencers católicos como Juan Bosco Abascal, Jaime Duarte y Mario Gallardo Mendiolea han desarrollado una narrativa qué culpabiliza al votante cristiano de los triunfos electorales de la izquierda. Según esta corriente de pensamiento, México es un país "pagano" y ese es el motivo por el cual, la gente votó masivamente por la izquierda. No obstante, la realidad es que las legislaciones anticristianas en materia de aborto o feminismo, fueron promulgadas al amparo de gobiernos supuestamente de centro o de derecha. Como ya hemos dicho, las instituciones supuestamente "independientes" como el INE, la CONAPRED o la CNDH ya estaban en manos de feministas y "progres" desde los sexenios de Fox y Calderón. Además, es importante señalar que López Obrador nunca se pronunció públicamente a favor de la legalización del aborto. Sus ideas acerca de la opción preferencial por los pobres, la veneración de los ancianos y la "renovación moral" de la sociedad realmente estaban apelando a la sensibilidad de una población mayormente cristiana.

A lo que voy, es que a diferencia de López Obrador, los gobiernos tecnócratas de centro o de derecha, se ganaron públicamente una imagen de insensibilidad frente a la pobreza. Irónicamente, estos gobiernos fueron mucho más "laicos" que cualquier otro al haber abrazado el globalismo de forma mucho más pública que el obradorismo. Tanto Hugo Chávez como Nicolás Maduro, al igual que el propio López Obrador, aunque de una forma tendenciosa y degradada, frecuentemente aluden a Dios o al evangelio en sus discursos. Este no es el caso de Felipe Calderón, de Mauricio Macri o de ninguno de los políticos "anti izquierdistas" en nuestro continente, que en ocasiones fueron mucho más escrupulosos en su "laicismo" que la propia izquierda. En Venezuela, María Corina Machado se ha pronunciado públicamente a favor del aborto, y ella es la heroína de la "derecha". De ahí la importancia de reiterar lo dicho anteriormente: la propuesta original del foro era latinoamericanista, tercermundista y apelaba a las creencias de las mayorías populares.

Nuevamente sale a relucir la estrategia de la tijera y el puño. Pues por un lado, la facción globalista y chic de la izquierda operaba institucionalmente para imponer el feminismo desde las fuerzas "centristas" mientras la "otra" izquierda alentaba a la gente en torno a reivindicaciones patrióticas como parte de movimientos contestatarios y "antineoliberales" como MORENA. Después, la tijera se cierra y el puño aplasta a la mediocre institucionalidad republicana. En dado caso, ya era evidente, al menos en el caso de México, que MORENA estaba liderando la aprobación de todas las legislaciones tendientes a destruir la sociedad tradicional y aún así, la población seguía votando por ellos porque el líder no promovía públicamente esas agendas. En la práctica, López Obrador ha sido la figura menos "moderna" de la política nacional y es precisamente eso lo que atrajo a las mayorías porque estas no tenían otra opción. A lo que voy, es que los partidos de centro y de "derecha" ya estaban totalmente en manos de progres, de tecnócratas y de feministas. Encima de todo, las pocas figuras de estos partidos que defienden el derecho a la vida o los valores tradicionales, lo hacen como un simple pretexto para defender el liberalismo económico y los privilegios de unos cuantos. Tal es el caso de la parlamentaria panista América Rangel, que en una publicación de Twitter, celebraba que los ucranianos sustituyeran una estatua de Lenin con otra de un personaje de la "Guerra de las galaxias" y que esto era un buen ejemplo para todos, tal como si Ucrania o cualquier otro país no tuviese verdaderos héroes nacionales[52]. ¿Por qué glorificar de esta forma a la globalización estadounidense? El desprecio de muchos supuestos "conservadores" por las mayorías de nuestros pueblos y el legado histórico milenario de nuestras naciones, es precisamente lo que ha permitido que la izquierda haga mano de ese discurso para imponer agendas totalmente contrarias a los mismos.

Si bien el Foro de Sao Paulo efectivamente llegó a incluir, desde sus comienzos, reivindicaciones de minorías sexuales, estas no se presentaron públicamente desde el punto de vista de la ideología de género o de la deconstrucción postmoderna sino desde la perspectiva de los "derechos humanos", sobre todo a través de los movimientos sociales de Brasil, donde se denunciaba la violencia de la que eran víctimas los numerosos transexuales de ese país en los noventas. En dado caso, ni el castrismo ni el chavismo adoptaron de manera formal la ideología de género. Lejos de eso, estas supuestas minorías sexuales seguían siendo fuertemente reprimidas en Cuba. Además, ni la Nicaragua de Ortega o la Venezuela de Chávez, gobernadas por castas militares del tipo "tercermundista" eran amistosas con esos grupos.

En nuestro continente, los liderazgos de izquierda que promovían las ideas feministas en el sentido abortista o las agendas de la ideología de género, pertenecían a los sectores más modernizados, occidentalizados y "sofisticados", que principalmente venían del trotskismo o de organizaciones marxistas formadas por intelectuales y escritores, cuya relación con el cardenismo, el peronismo o el patriotismo tercermundista de izquierda no siempre fue buena. En México, ya dijimos que algunos de estos cuadros incluso habían abandonado al PRD para participar en los gobiernos del PRI y del PAN e integrarse a la institucionalidad neoliberal. Una mención especial es la que merece la corriente perredista conocida como "Los Chuchos" por el nombre de sus principales figuras, que son Jesús Ortega y Jesús Zambrano, con quienes estaban relacionados también los exgobernadores Graco Ramírez y Rosario Robles. Estás personas, siempre conservaron su coto de poder en la capital y nunca pudieron ser desplazadas por López Obrador. Venidos todos ellos de la izquierda posmoderna, los chuchos y sus allegados promovieron las políticas abortistas y de género desde que el PRD asumió la gubernatura de la Ciudad de México a través de Cuauhtémoc Cárdenas. No obstante, ellos siempre fueron personas cosmopolitas que no estaban muy a gusto con el patriotismo de izquierda que los perredistas venidos del PRI trataron de restaurar por medio de López Obrador. Por más que los chuchos hayan permanecido dentro del PRD, cardenistas y obradoristas los acusaron de haber apoyado veladamente a Vicente Fox en la elección del 2000, de haber bajado la guardia en la elección del 2006 cuando López Obrador reclamaba fraude, y de haber boicoteado al mismo Andres Manuel para favorecer a Peña Nieto en el 2012.

Si bien la mayor parte de la izquierda, ya fuese posmoderna o cardenista, saltó al carro de MORENA, tanto los chuchos como otros muchos elementos afines, encabezan ahora la oposición partidista a MORENA a través de la Marea Rosa o Futuro 21. Otra plataforma de ese tipo, aunque algo más discreta es Observatorio Ciudadano, fundado por el activista marxista Luis Antonio García, mejor conocido como "Frankie", qué hasta antes de su muerte había conservado su alianza con los sectores más cosmopolitas del PRI y del PAN, bajo la premisa de que MORENA no es lo suficientemente "feminista", por ejemplo.

Dentro de la propia MORENA, la diferenciación entre aquellos grupos que provienen del cardenismo o el patriotismo de izquierda, como el propio López Obrador, y aquellos que provienen de organizaciones posmodernas o ex trotskistas, aún se da, puesto que López Obrador se ha mostrado crítico con el feminismo y con la ideología de género, mientras que el grupo de Martí Batres o Jesusa Rodríguez, proveniente de la izquierda marxista, se abstiene de rebatir a Andrés Manuel pero promueve todas esas cosas. Sobra decir que esto no exime a López Obrador de su responsabilidad, pues es a todas luces inaceptable que un hombre que lleva escapularios y se ha atrevido a denunciar al feminismo como lo que es: una herramienta al servicio del neoliberalismo y el neocolonialismo de la globalización, permita que tales agendas prosperen. No obstante, por más que ambos grupos ahora converjan y que patriotismo de izquierda obradorista esté irremediablemente encaminado a ser tragado por la izquierda posmoderna de la ideología de género, es importante comprender que este proceso no se explica por una teoría de la conspiración sino por la teoría de la unidad del movimiento histórico de Olavo de Carvalho. A la par del movimiento histórico, otro concepto de gran importancia es el del proceso dialéctico, que la izquierda enaltece como el parámetro sistemático para su transformación del mundo.

Desde el punto de vista dialéctico, las cosas no solo cambian o se transforman en otras sino que estas llevan dentro de sí mismas, el germen de la contradicción que producirá esos cambios. Según la idea original, más o menos "inofensiva", de Kant o Hegel, podríamos poner un ejemplo donde una primera instancia o tesis, estaría representada por la noción de que los hijos deben obedecer a sus padres. Ésta después sería negada por una antítesis, que se traduce en una rebelión de los hijos frente a los padres, para después resolverse en una "síntesis" que instaura una relación de comprensión mutua y amor entre ambos.

En el marxismo, entendido como un materialismo dialéctico, esta noción ya no es inocua. Federico Engels pone como ejemplo el caso del grano de cebada, que normalmente sería útil para comerse (tesis) pero que al caer al suelo se convierte en una planta, la cual sería la negación del grano (antítesis). Aunque el marxismo se valga de una metáfora del mundo de la tradición para engañar a los incautos, su visión se contrapone totalmente a una concepción cíclica-tradicional, pues mientras aquella interpretaría lo anterior como una regeneración de la vida, Engels aduce que esto no es así, puesto que no se ha producido un solo grano sino muchos más y con cambios evolutivos en su interior[53]. Por ende, el marxismo no describe un movimiento circular sino un avance en línea ascensional, espiral y progresivo, de un viejo estado cualitativo inferior a uno superior. Desde el punto de vista del marxismo, lo importante aquí es comprender que tras el cambio, las cualidades del objeto se han transformado y ya no son las mismas.

LA FARSA DEL "CENTRISMO" POLÍTICO

Para el politólogo chileno Alexis López Tapia, los partidos que comúnmente solemos catalogar como de derecha o de centro-derecha sólo se diferencian de la izquierda en algunos aspectos económicos, porque en todo lo demás, estos actores han asimilado la propuesta general de la izquierda a tal grado, que ahora la entienden como propia y la han integrado a su propia personalidad. El hecho de que las propias campañas políticas del PAN en México o del macrismo en Argentina, se desarrollen en torno a la misma plataforma de la "no discriminación", la "diferencia", la "diversidad sexual" o la "liberación" de las mujeres es un claro ejemplo de ello. A lo mucho, los sectores más "conservadores" de estos partidos pueden moderar los alcances de estos cambios[54]. Sin embargo, la derecha del sistema no puede revertir su consolidación porque las nuevas leyes no han hecho sino legitimar una transformación que se ha vuelto dominante porque el neocomunismo logró insertar sus principios filosóficos en la política convencional, a través del neoliberalismo y del neoliberalismo progresista.

En el debate presidencial del año 2000, el ex asesor del supuestamente neoliberal Carlos Salinas de Gortari, Manuel Camacho Solís, habló sobre la necesidad de "recomponer al centro" como fuerza política. En aquellos años, Camacho

Solís comandaba junto con Marcelo Ebrard, un proyecto fallido denominado "Partido de Centro Democrático[55]". Desde los noventas, en internet se pueden encontrar decenas de artículos sobre el tema, entre los cuales podemos mencionar uno más reciente del chileno Andrés Velasco, que describe al centro político como una convergencia entre la socialdemocracia, la democracia cristiana, el liberalismo progresista o la "centro-derecha" que se corre hacia el centro[56]. Al final del artículo, este autor deja entrever que él se consideraría a sí mismo como un "liberal-progresista". Y eventualmente, prácticamente todos los artículos sobre el tema, llegan precisamente a esa conclusión. O sea, que el centro político defiende una institucionalidad republicana en el marco de una economía de mercado, y una amplia libertad en cuestiones relativas a la moral personal, lo cual implica la aprobación del aborto y el matrimonio igualitario. Dicho sea de paso, el hecho de que el ex candidato "centrista" Manuel Camacho Solís se haya convertido en uno de los principales asesores de Andrés Manuel López Obrador y que su principal colaborador Marcelo Ebrard, sea uno de los principales exponentes de la izquierda posmoderna en México, es más que suficiente como para darnos una idea de cuáles son las verdaderas coordenadas de este supuesto "centro".

Siguiendo con esta revisión del ensayo de Alexis López Tapia, en algunas páginas se han publicado "tests políticos" que supuestamente ubica las propias ideas en un plano de coordenadas políticas, con un eje horizontal que se desliza en torno al predominio del estatismo o del mercado, y otro vertical que se desliza entre el conservadurismo y el liberalismo. En otra versión, la dicotomía entre estado y mercado es sustituida por otra, que se debate entre el comunitarismo de las sociedades tradicionales y el contractualismo de la cultura contemporánea. Cabe decir que el fundamento ideológico de este diagrama es materialista porque contempla una dicotomía de tipo económico estadomercado y otra relacionado con las funciones en la sociedad. Otro diagrama muy conocido, creado por el politólogo libertario David Nolan, no es un plano cartesiano porque tiene como base a dos líneas que están en los costados. Para Nolan, la importancia del diagrama es tan grande que la gente que lo ve, experimenta un cambio irreversible en su forma de pensar porque sustituye la insuficiente distinción unidimensional entre izquierda y derecha por una de dos dimensiones. Sin embargo, el diagrama tiene como parámetros una línea de libertad personal y otra de libertad económica, que irremediablemente atan cualquier posible clasificación de las ideas políticas desde la perspectiva ideológica "libertaria" del que lo inventó.

Como ya hemos visto, la discusión entre los impulsores de uno u otro diagrama se centra esencialmente en lo que describen las líneas o ejes pero esto es engañoso, porque lo que debería de importar verdaderamente es la posición que el centro ocupa en el universo donde el diagrama se implanta. En todos estos diagramas y sus variantes, el centro es correctamente descrito como un liberal progresista. No obstante, la "preocupación" de tantos autores ante la necesidad de "reconstituir" o recomponer el centro político, sugiere también, que el centro serviría para definir una posición de comodidad. En este sentido, el centro aparece entonces como el núcleo donde se encuentran las neurosis y miedos de la filosofía liberal, que podemos encontrar en aportaciones como la de Karl Popper pero también de Hannah Arendt[57].

En su trabajo sobre los "orígenes del totalitarismo" la escritora alemana considera al hitlerismo y al estalinismo como dos variantes de un totalitarismo esencial que reduce la realidad a una relación entre el individuo y el "poder totalitario". Aunque no lo menciona de forma explícita, el foco oculto de los miedos expresados por esta autora se encuentra en el concepto mismo de autoridad. A la autora no le agrada la autoridad porque puede volverse "totalitaria" pero tampoco desea su desaparición, ya que de la anarquía puede surgir una autoridad más "autoritaria" que la anterior. El otro factor esencial de la filosofía antitotalitaria de Hannah Arendt es su defensa del derecho positivo. Es decir, las leyes de papel creadas para proteger un entramado artificial de estructuras republicanas y derechos "inalienables" del individuo entendido como un hombre abstracto o universal. Para la autora, el peor de los escenarios aparece cuando un colectivo de seres humanos decide sacudirse de encima toda esta ficción jurídica para construir un orden social que aspire a coincidir con la ley de la naturaleza, como en el nacionalsocialismo, o de la historia como en el estalinismo. En vista de que Hannah Arendt es la filósofa por excelencia de la política moderna en Europa, el centro sería algo así como un refugio frente al "totalitarismo".

En Estados Unidos, este mismo argumento se encuentra expresado en la obra "La sociedad abierta y sus enemigos" del politólogo austriaco Karl Popper. Sin embargo, mientras Hannah Arendt presenta al totalitarismo como una forma extrema de autoritarismo, Popper lo describe como una forma extrema de colectivismo. Para Popper, el fascismo y el comunismo son parecidos porque integran al individuo en una comunidad supraindividual. En las apariencias, el centro sería un blindaje de la sociedad civil contra cualquier tentativa autoritaria o que imponga algún tipo de conformidad entre los seres humanos. Sin embargo, su "centrismo" es engañoso porque en la práctica, Karl Popper no se opone a los objetivos expuestos en el "Manifiesto comunista". Lejos de eso, este autor austriaco señala con toda honestidad y exactitud, que las sociedades occidentales liberales han sido mucho más efectivas para hacer realidad los objetivos del marxismo que el propio comunismo. Si tomamos en cuenta que el capitalismo occidental ha logrado la universalización del sistema productivo, ha construido una cultura moderna que sirve como base para la globalización y ha logrado acabar con el sentimiento religioso en casi todas partes[58], lo único que podemos hacer es estar de acuerdo con el autor. Por ende, no es ninguna casualidad que la gran fundación del multimillonario neoliberal George Soros lleve precisamente el nombre de "Open Society" y que esta sea una de las principales promotoras del feminismo a escala mundial[59].

En este sentido, la convergencia del neocomunismo hacia el "centro" consiste en el compromiso de implantar su programa sin recurrir al autoritarismo mientras el neocapitalismo converge hacia el "centro" con el compromiso de que solo ejercerá el poder de la autoridad estatal para preservar las estructuras de la institucionalidad liberal. La disputa actual por la reforma del poder judicial en México es un claro ejemplo, pues para Norma Piña y el resto de los magistrados supuestamente "institucionales", MORENA no es en modo alguno "extremista" por aprobar el aborto, por imponer leyes que otorgan ventajas a las mujeres frente a los varones o coartar la libertad de expresión de quienes cuestionan la ideología de género, el feminismo o el multiculturalismo, pero sí lo es por "decretar" el cese de los jueces o alterar la forma de organización y administración del poder judicial. De igual manera, el tipo de cambio peso-dólar jamás se verá afectado por la implementación de más agendas feministas pero sí por los cambios que MORENA puede introducir en la forma de conformación de los poderes públicos o las instituciones, que sí disparan las "alertas bursátiles".

Habiendo dicho todo esto, habría que decir que si el centro es el punto en donde convergen las diversas fuerzas, la idea de que estas convergen hacia una "vía media" es falsa. Más bien, estas están convergiendo hacia una o varias posturas, que después son presentadas ante la opinión pública como "el centro". Como receta para calmar el miedo al "totalitarismo" el sistema abraza una noción hipócrita sobre la autoridad y el ejercicio del poder, que se convierte en un espacio "seguro" o "centro". Y como respuesta ante el miedo al "colectivismo" el sistema se ciñe a un concepto trastocado sobre la libertad, que igualmente se convierte en el espacio seguro o "centro". Sin embargo, es muy importante recordar que todo esto se suscita como consecuencia de la Segunda Guerra Mundial, que termina con el triunfo de las dos fuerzas, aparentemente antagónicas, del capitalismo y del comunismo, que en su forma más pura se convierten en los dos extremos, derecho e izquierdo, tras haber expulsado totalmente a su enemigo mutuo, el nacionalsocialismo-fascismo, del espectro político.

En la teoría, tanto Arendt como Popper consideran al hitlerismo y al estalinismo como dos formas del totalitarismo. Sin embargo, mientras que el nacionalismo ha sido completamente expulsado del mapa político como consecuencia de la derrota del Tercer Reich, el estalinismo sigue estando presente como una de las facciones victoriosas. En efecto, por más que el propio Stalin haya considerado al nacionalsocialismo como el extremo opuesto de su propia posición, este ha quedado totalmente expulsado. De ahí que la extrema derecha en el mundo democrático, posterior a la Segunda Guerra Mundial, sólo pueda ser "ultraconservadora", "ultraliberal" o "ultracapitalista".

En vista de que los nacionalistas somos anticomunistas pero también anticapitalistas, antiliberales y antiburgueses, nosotros ya no cabemos en ninguna parte del actual mapa político, pues este ha sido pensado única y expresamente para el capitalismo, el comunismo y sus variantes.

En efecto, la desaparición de la Unión Soviética liberó a los marxistas de sus cadenas al permitirles "reencontrarse" plenamente con su vocación ultra moderna y anti tradicional, que antes tenían que disfrazar con reivindicaciones patrióticas y tercermundistas. Por su parte, el liberalismo continúa llevando a la humanidad por el camino de la globalización capitalista, destruyendo a las culturas tradicionales a través de su poder financiero y mediático. En la práctica, ambos están hermanados por su obsesión con el progreso, su idea de un gobierno mundial y su interés por llevar a la humanidad a una nueva etapa de la "evolución". La Agenda 2030 es un claro ejemplo de ello. Sin embargo, mientras la dicotomía capitalismo-comunismo o liberalismo-marxismo siga dominando, la posibilidad de que surja una verdadera oposición al sistema se encuentra cancelada. Eso es precisamente lo que pasó con el "altermundismo" de los noventas o el movimiento del subcomandante Marcos en Chiapas, que pese a su potencial tradicional y antimoderno, terminó siendo absorbido por las izquierdas convencionales o por el neocomunismo. En lo futuro, el conglomerado de fuerzas conservadoras, católicas o patriotas de derecha articuladas por Agustín Laje podría correr la misma suerte porque sus líderes no están dispuestos a superar el último obstáculo de la corrección política: el antifascismo. Otro aspecto que agrava el problema es el perfil de muchos de sus seguidores "conservadores" que han hecho de la "batalla cultural" un último reducto para sus pequeños sueños individualistas: un buen sueldo, una esposa, una camioneta para cada uno, una buena casa y vacaciones en Disneyworld para los chamacos. En efecto, estas personas no se han dado cuenta de que nos estamos enfrentando a un enemigo revolucionario, dispuesto a destruir todo lo que ellos consideraban como socialmente "coherente" o normal, y que solo una fuerza igualmente fanática, intransigente y, aunque les pese, revolucionaria, podrá salvar a la patria y al mundo, de la inmisericorde dictadura global que se cierne sobre todos.

El hecho de que muchos de estos influencers estén dispuestos a aceptar que el estado eduque a los hijos de las mayorías "desinformadas" en un estilo de vida degenerado, a cambio de que los zurdos que han secuestrado al estado respeten su nostalgia religiosa, es una clara muestra de cómo este liberalismo, este individualismo, ha desembocado en una total y absoluta perversión del intelecto humano. El "pin parental" es indudablemente un legado de la basura liberal anglosajona del inglés protentante John Locke, que en su miseria individualista, decía que la educación de los hijos era un coto donde el Estado no tenía nada que hacer. De hecho, el liberal Jesús Reyes Heroles, en su libro "Ser liberal: una opción razonada" describe esta idea de Locke sobre la "jurisdicción paternal"como un rey dentro del hogar. Sin embargo, ante esta disyuntiva, yo creo que deberíamos ser mucho más congruentes. ¿No deberíamos luchar también por los niños de los padres negligentes o psicológicamente dañados por el progresismo? ¿No son ellos creados a imagen y semejanza de Dios? ¿No son ellos hijos de la misma nación como para que valga la pena conquistar el estado para bien de todos?

En este sentido, estos supuestos "conservadores" no son muy distintos de quienes creen que viviendo en un fraccionamiento con áreas verdes y "gente bonita" podrán resolver todos los problemas pero evidentemente, están en un error. ¿Si la ideología de género o el feminismo son malos para sus hijos pero pueden ser buenos para los demás, entonces qué tienen de malo? Todas estas cosas son manifestaciones propias de la "derechita cobarde" de la que muchos se quieren desmarcar o diferenciar sin que esto se concrete verdaderamente, pues a lo único que esta derecha puede aspirar es a llevarnos a una etapa anterior de la globalización, a una fase menos "consolidada" de la modernidad, cuando todavía había un poco más de "decencia". Bajo tales condiciones, la lucha del mundo burgués contra la debacle actual no solo es imposible sino también ridícula, pues este se rige por una concepción del mundo que es esencialmente la del materialismo evolucionista al que quisieran combatir.

Solo como dato anecdótico, reproduzco esta frase de la activista estadounidense Ellen Willis:

"El feminismo no es sólo un tema o una colección de temas, sino

la espada de una revolución dirigida contra los valores morales y culturales... El objetivo de toda reforma feminista, desde el aborto impune hasta los programas de cuidado infantil, es socavar los valores tradicionales de la familia [ver "The Nation", Nueva York, 14 de noviembre de 1984 , páginas 494/495].

De igual manera, el gran promotor y defensor del capitalismo Francis Fukuyama ya había advertido que "la familia realmente no funciona si se basa en principios liberales. A lo que voy, es que sin el nacionalismo como Tercera Posición, tanto el conservadurismo cristiano como el patriotismo antiglobalista terminarán naufragando en los manglares del neoliberalismo, del neocomunismo o cualquiera de sus "variantes". Al igual que en la Segunda Guerra Mundial, la única fuerza capaz de combatir al enemigo es el nacionalismo y si ellos no están dispuestos a dar ese paso, cualquier esfuerzo de su parte estará condenado al fracaso.

Ahora bien, si el antiautoritarismo y el anticolectivismo son aspectos típicamente liberales, el aspecto progresista que "une" al neocapitalismo y al neocomunismo es el de la deconstrucción, que se encumbra en los ambientes intelectuales de nuestro hemisferio a partir de los años sesentas. Desde ese momento, el marxismo es transformado por las revisiones modernas de la filosofía de Kant y Hegel, el estructuralismo de la "Escuela de Frankfurt" y las teorías contra-psicológicas francesas de Foucault, Guattari y Deleuze[60]. Todas estas tesis conforman el pensamiento de la nueva izquierda, que se proyecta en una rebelión contra lo real (o contra las ciencias establecidas), el neoprimitivismo (un retorno al "matriarcado" que falsamente atribuyen a las primeras comunidades humanas), el ecologismo radical y un neo-malthusianismo catastrofista (el aumento de la población hará imposible la vida en la tierra, etc.). En el campo del capitalismo, estas mismas ideas se combinan con el individualismo, el egoísmo sociobiológico y el relativismo moral que caracteriza al neoliberalismo.

Bien dice Agustín Laje que si Herbert Marcuse, que desarrolló sus teorías subversivas bajo la premisa de que estaba luchando contra el sistema, volviese a vivir en el siglo XXI, estaría sorprendido al ver que sus principales seguidores son precisamente los metacapitalistas del Foro Económico Mundial de Davos, Mark Zuckerberg o las Big Tech. En efecto, las pandilleras que vandalizan las calles y agreden a los transeúntes el 8 de marzo y que los medios presentan como el máximo ejemplo de la "belicosidad revolucionaria" no son sino formas radicalizadas de la sociedad liberal, cuyas premisas fundamentales ya están presentes en las legislaturas del Congreso de la Unión, las universidades incluso en los cursos de capacitación impartidos a los empleados de las grandes empresas, aún si sus dueños son supuestamente "conservadores". Ya hemos dicho que los principales opositores a López Obrador en México, son realmente de izquierda y que ellos llevan la voz cantante. Denisse Dresser, Jorge Castañeda Gutman, Guadalupe Acosta Naranjo, Joel Ortega, Patricia Mercado o Cecilia Soto siempre se han considerado de izquierda y nunca lo han ocultado. Por el contrario, otros líderes de opinión como Federico Reyes Heroles, Jesús Silva Herzog-Márquez, Beatriz Pagés o Carlos Elizondo Mayer, convencionalmente habían sido percibidos como analistas neutrales. El propio López Obrador incluso se refirió a Elizondo como un "comentarista conservador". No obstante, en sus escritos y comentarios más recientes, todos estos autores se han declarado en mayor o menor medida, partidarios del aborto y de la ideología de género a la vez que predican la "moderación" y condenan los excesos de la izquierda. Si el centro político es liberal-progresista, es natural que todos estos autores coincidan en lo que ya hemos enunciado como una característica propia del liberal-progresista, qué es la defensa de la institucionalidad republicana convencional, la economía de mercado y el apoyo al feminismo y la ideología de género.

Sin embargo, el razonamiento de Hannah Arendt es esencial porque demuestra que en realidad, el centrismo es la expresión política del miedo y concretamente, del miedo a la autoridad. El deconstruccionismo es mucho más extravagante y difícil de entender que la doctrina "antitotalitaria" de Arendt o de Popper. Sin embargo, también es una expresión de la evasión y las tres comparten una misma imagen mental sobre el gran "villano totalitario" que ellos relacionan directamente con el fascismo. En efecto, es a través del antifascismo y de la antiautoritarismo, como el pensamiento de la deconstrucción se transforma también, en una de las características esenciales del centro político y de la institucionalidad normativa del estado actual y del globalismo.

Si bien, los teóricos de la escuela de Frankfurt, fundada en 1923 gracias al financiamiento del millonario Félix Weil, eran marxistas, sus teorías fueron aceptadas en Estados Unidos porque el verdadero enemigo siempre fue el nacionalsocialismo. Para los estadounidenses, no solo era necesario vencer al nacionalsocialismo en las armas sino también, evitar que este pudiera regresar. En esto, tanto los comunistas como los liberales comparten una base común, pues todos son un producto de la ilustración europea. El propio Herbert Marcuse fue contratado por la CIA para ayudar a los estadounidenses a comprender el bagaje psicológico que había hecho posible el surgimiento del movimiento nacionalsocialista[61]. De manera análoga, los pensadores neomarxistas Max Horkheimer y Teodoro Adorno, se trasladaron a Hollywood para aplicar sus ideas en los grandes medios de comunicación y en el cine. En su libro sobre la personalidad autoritaria, este último autor plantea que la familia cristiana y el "patriarcado" heterosexual son los responsables del surgimiento del autoritarismo porque el padre predomina sobre los otros integrantes, situación que se reproduce generación tras generación hasta propiciar que las masas en general, sean obedientes. Estos tres autores también trasladaron al marxismo a la psicología, convirtiendo a los medios de comunicación masivos en una especie de "psicoterapia" masiva para curar la personalidad autoritaria.

Pero aunque una gran parte de los influencers de derecha prefieran culpar exclusivamente a la izquierda por haber "contaminado" al liberalismo, esto no es exacto porque la izquierda también ha sido influenciada por el neoliberalismo. La legalización del aborto por ejemplo, no es defendida por la izquierda desde una perspectiva "colectivista" sino desde un egoísmo sociobiológico típicamente neoliberal. No hace falta ser genios para entender que quienes ahora exigen la legalización del aborto rara vez suelen ser las víctimas de violación o mujeres de comunidades marginadas con muchos hijos y en situación de pobreza extrema. Lejos de eso, quienes desean la legalización del aborto y salen a la calle con el trapo verde, suelen ser jovencitas de la clase media urbana, que no iniciaron su vida sexual a raíz de un "matrimonio forzado" sino por puro gusto y que desean vivir de forma hedonista, sin responsabilidades ni ataduras porque el individuo debe "buscar su felicidad" a toda costa. Cuando la feminista abortista Denisse Dresser dice que "cuando una mujer controla su fertilidad controla su futuro" a lo que realmente se refiere es a que la mujer debería poder disfrutar del placer sexual sin restricciones[62]. Es decir, sin el "riesgo" de que una maternidad se interponga con su "proyecto de vida" o con su "realización" económica individual.

En el México de hoy, la actual pugna entre los neocomunistas estatistas de MORENA, los neocomunistas promercado de la "Marea Rosa" y los posmodernos marcusianos de Claudio X. González se circunscribe principalmente a la distribución de los recursos, al peso específico que debería tener cada instancia de gobierno o al papel del estado en lo que respecta a la administración del capital, pero en el campo filosófico no existe una gran diferencia. La derecha del sistema ciertamente existe y no está completamente muerta, pues ya en el pasado reciente, esta fue lo suficientemente "vigorosa" para impedir que López Obrador implementara su programa económico, frenando su llegada al poder por más de una década. Por ende, del mismo modo en que la derecha del sistema pudo complacer temporalmente a los sectores intelectuales y mediáticos dominantes de la "sociedad civil" con la aprobación del matrimonio entre personas del mismo sexo, la adopción homoparental, las cuotas de género, la "Ley Olimpia" etc. ésta todavía podría usar la misma estrategia para desalojar del poder a MORENA en el futuro, pero sin la menor posibilidad de revertir las "transformaciones" que ya se han impuesto como pensamiento dominante y formalizado a través de la ley.

El movimiento LGBTQ+, el multiculturalismo y las agendas feministas se encumbraron en nuestras sociedades gracias al neoliberalismo progresista, que la autora feminista Nancy Fraser identifica concretamente con los gobiernos de Clinton, Tony Blair, Barack Obama o las socialdemocracias europeas. Por ende, lo que hay es una "opoficción" pero no una oposición, pues para que esta exista, tendría que poseer valores doctrinarios y políticos capaces de oponer un contradiscurso o sugerir un contraproceso y esto no puede darse, más allá de una crítica hacia la "izquierda del pode" por "sus métodos" autoritarios o por no ser lo suficientemente "izquierdista".

Comprendo que este comentario podría ofender a muchos de los lectores acostumbrados a la idea de que el libre mercado es una parte fundamental del espíritu conservador en nuestro hemisferio. Sin embargo, habría que darle la razón a Gloria Álvarez cuando dice que es incongruente aceptar los preceptos liberales en materia económica pero no hacerlo en las cuestiones morales o sexuales. Tarde o temprano, la lógica misma del liberalismo terminará imponiéndose. De ahí que el feminismo, el sexo libre o el aborto sean fenómenos propios de las sociedades capitalistas desarrolladas y no una emanación de la cultura tibetana o de una tribu no contactada en el bosque amazónico. En la opinión de los acérrimos "oposiprogres" Carlos Alazraki, Pedro Ferriz de Con, Xochitl Gálvez, Kenia Rabadán, Denisse Dresser o Marco Levario, las feministas que vandalizan monumentos históricos y agreden transeúntes sólo expresan una "rabia justa" pero si lo hace la CNTE para exigir más prebendas sindicales, entonces se trata de "populismo". Para esta gente, el feminismo liberal, el anti-racismo liberal y el capitalismo verde son las únicas opciones válidas de crítica hacia cualquier cosa que pueda existir, pues todas estas cosas mantienen a los pueblos como prisioneros del capital a la vez que fomentan un discurso igualitario. Si el Frente Nacional por la Familia se moviliza masivamente contra el aborto o si López Obrador saca un escapulario, el neoliberalismo progresista alzará su voz contra los "retrógradas" y oscurantistas" pero ciertamente aplaudirá sus iniciativas para crear espacios veganos para los extranjeros avecinados en la Ciudad de México. Es decir, la búsqueda del "sueño americano" en el campo de la vida personal.

Si el centro es en este sentido el pusto donde confluyen los temores de la sociedad liberal, tal como los describen Hannah Arendt y Karl Popper, Francis Fukuyama confirma esta realidad cuando dice que los principales enemigos son las naciones y la religión porque los pueblos comparten visiones comunes sobre el bien y el mal, lo sacro y lo profano. En vez de una comunidad orgánica, Fukuyama señala la necesidad de aprender nuevos valores democráticos y a ser participativo, racional, secular, móvil y "empático". Esta es, señores, la convergencia hacia el centro.

Si el marxismo, una vez superado el simulacro soviético ahora abraza de manera casi unánime estas tendencias, esto se debe a que comparte una misma raíz filosófica con el liberalismo burgués, ilustrado y evolucionista, que cree en el progreso y en la "superación" del pasado. Por ende, está por demás decir que un retorno al "primer liberalismo" que otorgaba a los individuos cierta inmunidad frente a la colectividad, no es una verdadera solución, pues todo liberalismo irremediablemente nos llevará a donde ahora estamos. No es con más liberalismo como se puede derrotar al marxismo o al neocomunismo sino eliminando a la causa de este. Es decir, aboliendo a la sociedad moderna, liberal y capitalista con sus falsos dioses: el mercado, el individuo y el progreso.

LULA, FIDEL Y EL FORO DE SAO PAULO

Como señala el autor hispanófilo Marcelo Guido, el imperialismo portugués había sido, a lo largo de los siglos, algo así como un subimperialismo, con la Gran Bretaña como garante de la independencia portuguesa desde que este país saboteó la unificación de la península ibérica bajo la monarquía hispánica en 1640. De ahí que en Brasil, la disputa entre comunismo y capitalismo no se viviera conjuntamente con la dicotomía entre nacionalismo iberoamericano y vasallaje-sajonismo, como sí pasaba en Hispanoamérica. Entre los hispanohablantes, los movimientos de corte socialista tenían una fuerte carga de resentimiento antimoderno, como en el caso del peronismo, pero para los brasileños de todas las ideologías, la optimista idea de Brasil como el "país del futuro" gozaba de gran aceptación. En ese país, tanto el proyecto de la derecha nacionalista, el Estado Nuevo de Getulio Vargas, como el populismo izquierdista de Joao Goulart o la propia dictadura militar que lo derrocó, compartían ese mismo optimismo respecto al futuro. En Argentina, aquel proceso se vivió de manera traumática, con una experiencia guerrillera caracterizada por el nihilismo y una percepción generalizada de fatalidad, que tuvo su trágico corolario con los desaparecidos y el desastre de las Malvinas. Por el contrario, los sobresaltos de la política brasileña en el siglo XX, no alteraron la confianza de la gente en Brasil como futura potencia continental, que se construía sin prisa pero sin pausa.

En ese país, la influencia del guevarismo fue menor y los partidos comunistas generalmente se decantaron por la línea soviética de buscar alianzas con la burguesía antiimperialista sin caer en la tentación de un martirio "heroico". Además, el crecimiento de la población se acompañaba de una industrialización progresiva, que no carecía de válvulas de escape como en otras partes del continente. A lo que voy, es que la energía acumulada podía sublimarse hacia una expansión interna, que aún era posible dado el inmenso y vasto territorio con el que cuenta Brasil. Ya en la primera mitad del siglo XX, las propias oligarquías terratenientes impulsaron la construcción de nuevas ciudades para canalizar el empuje de la clase obrera profesionista, que empezaba a proliferar. Por ende, las condiciones estaban dadas para que en los años ochentas, un nuevo segmento de la población, conformado por millones de personas pertenecientes a una clase popular heterogénea y con empuje, alzaran la mano para exigir un ascenso social equiparable. El Movimiento De los Trabajadores Rurales Sin Tierra, que demandaba una política de colonización rural más orientada a las necesidades "inmediatas" de la población, es un claro ejemplo de ello, pero también había trabajadores del sector servicios, comerciantes y trabajadores autónomos, que por no pertenecer a la clase obrera oficial, no eran de interés para el Partido comunista y realizaban activismo a través de grupos parroquiales de la iglesia o comités populares. Estas personas tenían bastante claro que la izquierda más doctrinaria orientada hacia el sindicalismo, se había vuelto funcional a los intereses de la clase política convencional y su proyecto de modernización. De modo que estos grupos empezaron a tomar como modelo, no solo a las izquierdas disidentes de tipo trotskista o anarquista sino también a la lucha encabezada por Lech Walesa en Polonia.

El ecologismo, el agrarismo, el indigenismo o las luchas comunitarias ciertamente se convirtieron en las banderas principales del lulismo, pero nuevamente, lo que determinaba esta situación eran las propias circunstancias y el desarrollo histórico de Brasil, más que una pura "conspiración". De entrada, algunas de las banderas del lulismo se oponen directamente, no solo a los conceptos autoritarios y socialmente conservadores del marxismo soviético o castrista sino también a los objetivos deconstruccionistas del posmodernismo y del propio análisis de Antonio Gramsci, que fue un modernista radical y no un promotor de "comunitarismos arcaizantes" como los que buscaban implementar algunos sacerdotes en Brasil. Sin embargo, este aspecto también podía sublimarse al ligarse con el neo-primitivismo de los propios deconstruccionistas.

Habría que reconocer entonces que el eje ideológico propio de la izquierda sigue siendo la ideología marxista, en la medida en que uno u otro grupo de izquierda puede interpretar el marxismo en uno u otro sentido. Para los postmodernos, la lucha de clases se hace a través de la cultura para destruir las identidades y deconstruir a la sociedad. Para los doctrinarios, el marxismo quiere conquistar el estado para alcanzar la industrialización y llevar a la humanidad a una etapa más avanzada de la evolución. Para Lula o para los teólogos de la liberación, el marxismo es una herramienta de interpretación de la realidad para la "justicia social". Y el eje moral de la izquierda en nuestro continente sería en este caso la revolución cubana, que todas las izquierdas reconocen de uno u otro modo como un hito en la historia. El Foro de Sao Paulo es precisamente el producto de todo esto, pero por más que haya sido planeado maquiavélicamente por Fidel, su éxito deriva del martilleo o del constante intento de ensayos y errores. Hubo un plan, pero este se fue corrigiendo sobre la marcha. Además, el foro tuvo decisiones y vasos rotos. No es entonces una verdadera conspiración, como sí lo es el Nuevo Orden Mundial.

El Foro de Sao Paulo siempre tuvo y tendrá sus propias

fragilidades y talón de Aquiles. Por tanto, no es invencible y puede ser derrotado. En cambio, lo que hasta ahora no ha sido derrotado es el trasfondo que hace posible el nefasto giro del péndulo, con ciclos empobrecedores de privatización-expropiación-privatización, que siempre nos llevan al mismo lugar y condenan nuestro continente al vasallaje y al sometimiento. ¿Cómo pudo la izquierda acaparar al movimiento popular en un país que tuvo como ejemplo a Getulio Vargas y donde existe una fuerte conciencia nacional? No podría haberse aprovechado la beligerancia del catolicismo popular para crear un proyecto verdaderamente libertador, nacionalista y anticapitalista pero orientado a los valores tradicionales, identitarios e imperiales en vez de generar un movimiento como la teología de la liberación, que resultó funcional a los intereses de la izquierda más decadente? ¡Evidentemente sí! Siempre hubo otra alternativa pero desgraciadamente, el liberalismo ejerce un polo gravitacional sobre todas las demás ideologías y fuerzas sociales no izquierdistas, que las llevan a tomar posturas erróneas que perpetúan este círculo vicioso interminable.

Si a la postre, la izquierda terminó secuestrando las luchas de los trabajadores y los campesinos en Brasil, como ha sucedido en otras partes del mundo, la explicación también se encuentra en la propia pretensión totalizadora del marxismo, que se considera a sí mismo como la vanguardia del progreso para toda la humanidad. Pese a los eminentes errores del marxismo en cuanto a su noción sobre la vida y la naturaleza del ser humano, es innegable que este se acuñó en el marco del cientismo del siglo XIX, que aspiraba a crear métodos para todo. De ahí que por más contradictorias que hayan sido las subsecuentes interpretaciones de la ideología marxista, sus promotores al menos tuvieran la visión de integrar causas aparentemente inconexas para armar un rompecabezas necesario para la consecución de un objetivo, con una planeación que el anarquismo, por ejemplo, jamás habría podido producir.

Incluso en el campo católico, aún a pesar de que el Papa León XIII había sentado las bases para que otros pensadores cristianos, desarrollaran un nuevo sistema económico y político, la gran mayoría de los prelados y líderes religiosos no tomó en serio a la Encíclica Rerum Novarum. Hoy, hasta quienes se presentan como defensores de la misa en latín, son partidarios del liberalismo económico, que se ha enquistado en esos círculos por medio del conservadurismo católico en Estados Unidos, impulsado generalmente por "conversos" del protestantismo que ahora extienden el espíritu cultural del calvinismo por todo el orbe bajo el falso disfraz de una restauración católica. Ya desde el inicio del nuevo milenio, estos supremacistas usaron los círculos del tradicionalismo católico para emitir escritos panfletarios contra la iniciativa desarrollada por Chesterton y Belloc, que buscaba la creación de un nuevo orden económico distributista, basado en la doctrina social cristiana y el comunitarismo tradicional[63]. En esos escritos, estos farsantes acusaron a estos insignes pensadores de "comunistas", recurriendo a la típica táctica que une a los liberales de todo cuño, que falsamente intentan hacerle creer a la gente que el fascismo y el marxismo son dos caras de un mismo "colectivismo" y que toda iniciativa que no sea expresamente liberal es "comunismo".

Hoy, gente con estas ideas se ha apropiado de la causa provida, infiltrándola para difundir ideas librecambistas y anarcocapitalistas que a la postre nos llevan al mismo lugar de siempre y eventualmente, permiten que el bucle se repita una y otra vez, con ciclos de liberalismo e izquierdismo destruyendo a diestra y siniestra.

Sobre todo desde la pandemia, estos grupos han organizado toda una narrativa que mezcla a una verdad general con toda una serie de argumentos exagerados, pueriles y que de hecho le restan seriedad a la causa que defendemos. El caso del

Foro de Sao Paulo, donde el maquiavelismo de un Fidel Castro se mezcla con la deshonestidad de otros personajes y una combinación de decisiones acertadas y erróneas, es un claro ejemplo que iremos analizando poco a poco.

En principio, el principal convocante del Foro de Sao Paulo, además de Fidel, es el político brasileño Lula da Silva, que protagonizaba el surgimiento de una nueva ola de tercermundismo tardío, con sus propias reivindicaciones de corte ecologista y fuerte influencia de la teología de la liberación. De entrada, Lula buscaba la bendición de Fidel, esperando sucederlo como el máximo líder del socialismo latinoamericano. Fidel, por su parte, se sintió fuertemente entusiasmado ante la posibilidad de que Lula llegara al poder en un país como Brasil, que era una potencia económica y podría convertirse en una fuente de abastecimiento para una Cuba que resentía la ausencia del subsidio soviético y la ruina económica de su único aliado en el hemisferio occidental: México.

Sin embargo, es importante notar que por más respaldo que Fidel pudiera proporcionar a la izquierda brasileña, el castrismo se mantuvo firme en su autoritarismo, su negativa a toda forma de apertura política y su hostilidad hacia todo movimiento social independiente. Por su parte, Lula persistió en la construcción de su propio proyecto, bajo sus propias condiciones. A diferencia de Hugo Chávez, el líder brasileño sabía que su país era mucho más importante geopolíticamente y no estaba dispuesto a someterse plenamente a Fidel. De hecho, de los relatos de la neurocientífica Hilda Molina, ex confidente y amiga de Fidel Castro, cuyas entrevistas pueden encontrarse gratuitamente en internet, sale a relucir que la primera opción de Fidel siempre fue Lula da Silva, a quien nunca logró "dominar", y que al final optó por Hugo Chávez pese a los muchos defectos que le veía[64].

EL CHAVISMO Y SU BIZARRA HISTORIA

Es en los años sesenta del siglo XX cuando el castrismo fomenta focos guerrilleros en varios países caribeños, incluido Venezuela. Siguiendo el modelo "guevarista", un grupo de militantes del Partido Comunista de Venezuela, que tenía como su cara más visible a Douglas Bravo, funda la guerrilla de las "Fuerzas Armadas de Liberación Nacional" pero fracasa rotundamente. Decepcionado ante las indecisiones y la errática conducta de los dirigentes del Partido Comunista de Venezuela, Bravo empieza a mutar hacia un socialismo más bolivariano, latinoamericanista y menos "marxista".

En 1966, Bravo y sus compañeros fundan el Partido de la Revolución Venezolana, movimiento urbano violento y semiclandestino, que se identificaba con el bolivarianismo y exponía un "socialismo libertario" con conceptos tomados del anarquismo. Para Bravo, que en vez de emplear un abstracto análisis eurocéntrico-marxista, se basa en la verdadera historia de Venezuela, la vía más rápida hacia la toma de poder consiste, no en un enfrentamiento con el ejército sino en una alianza con este. En vez de combatir al ejército, Bravo planteaba una convergencia cívico-militar, concepto que algunos sectores de la izquierda impulsaron con éxito parcial en el Perú (1968) y de forma fallida en Uruguay (1973) y Argentina (1976). Si bien las fuentes oficiales señalan a Bravo como el responsable de "infiltrar" activistas en el ejército venezolano, ya había antecedentes.. En efecto, durante toda la primera parte del siglo XX, la historia del ejército venezolano es un relato de intrigas, cuartelazos y militancias políticas dentro de las filas castrenses, que se traducen en varios golpes e intentos de golpes de estado[65].

En toda esta trama, se puede apreciar que los conspiradores de varias ideologías estaban más o menos conscientes de sus pronunciamientos e intereses, incluso colaborando en varias ocasiones. Entre 1952 y 1958, Venezuela estuvo gobernada por el general Marcos Pérez Jiménez, un nacionalista pragmático, favorable a la inversión extranjera y a la iniciativa privada, aunque siempre considerando estos aspectos como un motor para la industrialización y el desarrollo. En su derrocamiento intervienen varias fuerzas entre las cuales están Acción Democrática (de tendencia socialista pero latinoamericanista), COPEI (la democracia cristiana), los comunistas e incluso algunos militares nacionalistas opuestos al aspecto "capitalista" del gobierno de Pérez Jiménez. Según relata Peñaloza, un militar que tuvo como compañeros a buena parte de las personas involucradas en los pronunciamientos, Venezuela tenía una gran importancia geopolítica para Fidel Castro por su proximidad geográfica, por la afinidad cultural y sobre todo, por el petróleo y los recursos naturales con los que cuenta el país sudamericano. De ahí que este personaje, en conjunto con oficiales mexicanos y conspiradores venezolanos, hubiese intentado penetrar políticamente en Venezuela. Aunque muchos militares y políticos venezolanos estaban totalmente en contra del comunismo, ellos simpatizaban con Fidel por su discurso sobre la unidad latinoamericana, que les recordaba al de Bolívar. Además, la puerta hacia el poder estaba prácticamente abierta como consecuencia de la inestabilidad del país y porque los militares conspiradores comparten un mismo pensamiento de corte patriótico y antiimperialista aunque no necesariamente comunista. Sin embargo, cuando la Revolución Cubana vira definitivamente hacia el comunismo y el país caribeño se transforma en un satélite soviético, esta posibilidad se ve truncada por las divisiones internas y la contradicción entre el proyecto personal de Fidel y la ideología comunista que él abraza.

Así como la Unión Soviética nace con una dualidad tensa, donde los intereses imperiales de la madre Rusia tienen que ser conciliados con la misión internacionalista de la ideología comunista, el proyecto castrista también tiene ese problema. Por un lado, está la aspiración hispanista y latinoamericanista, de unificar al continente e integrarlo, para crear un gran bloque en torno a la Patria Grande Iberoamericana. No obstante, la adhesión del castrismo a la ideología marxista internacionalista, que es universalista y globalista, limita esa posibilidad. Si a esto sumamos que la revolución mundial de entonces era comandada "oficialmente" por la Unión Soviética, los intereses geopolíticos de la potencia euroasiática se agregaron a la ecuación. Mientras más se acercaba Fidel a los rusos y al comunismo, más se alejaba de su vocación latinoamericanista, aunque esta de vez en cuando se viese reforzada con experiencias como la de Allende o la del Sandinismo. Como consecuencia de esta tensión, la idea original de una alianza interclasista con empresarios y militares patriotas en un gran bloque hispánico tuvo que ser parcialmente abandonada y sustituida por otra que requería el establecimiento de repúblicas comunistas, con instituciones totalmente diferentes y enteramente consagradas a la ideología marxista. Para Fidel, ambas alternativas pueden ser conciliadas y combinadas. Sin embargo, el bolivariano Douglas Bravo consideraba que el proyecto castrista se había cargado totalmente del lado del internacionalismo marxista. De ahí que este empezara a desarrollar su propio proyecto, que es precisamente un patriotismo de izquierda del tipo tercermundista, semejante al del PRI mexicano de las primeras décadas, donde los militares tienen un rol esencial y orientado a la integracionn latinoamericana. Según este planteamiento, esta Revolución sería una continuación de los ideales liberales e independentistas del siglo XIX, lo cual implica una conservación de la institucionalidad hispanoamericana convencional.

Cuba por ejemplo, es un estado comunista cuya estructura y forma de organización está enteramente basada en un modelo importado desde Europa. Fidel, por ejemplo, no era propiamente el Presidente de la República sino el Presidente del Consejo de Estado. Fidel nunca fue electo por voto popular sino elegido por la Asamblea Nacional, que ni siquiera es un verdadero parlamento, pues se reúne apenas unas pocas veces al año y está conformada por personas "célebres" (científicos, deportistas, sindicalistas, músicos, etc.) que solo platican sus experiencias personales y avalan simbólicamente los planes implementados desde el gobierno. Tanto Fidel como Raúl participaban simbólicamente como "diputados" de su demarcación para ser electos después en la demarcación de más arriba, y así sucesivamente. En este sistema, conocido como "centralismo democrático" no existe separación de poderes ni vida política real. Por el contrario, el modelo seguido tanto por los gobiernos de la Revolución Mexicana como por otros patriotismos de izquierda tercermundistas como el de Nasser en Egipto, contempla la preservación de una vida política republicana más o menos intensa, con separación de poderes, aunque en la práctica, sólo exista un único partido político con posibilidades de ganar. Para el patriotismo de izquierda, se deben preservar muchos aspectos idealistas de la identidad hispanoamericana, se debe preservar el ejército e incluso a ciertos aspectos "monárquicos" del estado, que en la Cuba comunista no se toleraron. Cuando dominaba la tendencia internacionalista marxista en el castrismo, los cubanos despreciaban los intentos de Bravo por establecer convergencias con los ejércitos y se decantaban por la infiltración de guerrillas y combatientes que establecieran repúblicas comunistas. Eventualmente, el análisis de Bravo sobre la revolución antiimperialista y popular con apoyo del ejército, era mucho más conveniente hasta para Fidel pero dada la alianza de este último con los rusos, este tuvo que seguir la otra estrategia. Aunque Bravo desarrolló su proyecto bolivariano por su cuenta dentro y fuera del ejército, la ruptura con Fidel nunca fue completa porque este siguió apoyándolo ocasionalmente. Nuevamente podemos ver aquí la política castrista de picar piedra, hacerse de aliados y conservar la amistad para mantenerlos en reserva hasta el momento en que puedan ser útiles.

En 1967, cuando ya se había dado una fuerte discrepancia entre el sector bolivariano (patriota de izquierda) y el sector totalmente marxista, un grupo de guerrilleros venezolanos desembarcó en Machurucuto con apoyo cubano[66], pero fue inmediatamente interceptado y derrotado. Cuando se hizo evidente que las guerrillas no tendrían éxito en Venezuela, el líder cubano optó por relacionarse con los dirigentes de Acción Democrática, vertiente venezolana del aprismo, que estableció un régimen sólido y duradero en ese país. Paralelamente, el Partido Comunista de Venezuela (prosoviético) se reconcilió con el gobierno oficial de Rafael Caldera en 1969. Este cambio de estrategia no solo se debe al fracaso de la guerrilla sino a las presiones de los soviéticos, que momentáneamente habían decidido que era mejor no apoyar rupturas institucionales dentro del continente.

Para ese entonces, el grupo de Douglas Bravo era el único que seguía protagonizando revueltas ocasionales. Sobra decir que en esas circunstancias, Bravo no podía contar con apoyo demasiado "decidido" de parte de Fidel, pues para 1974, el gobierno socialdemócrata de Carlos Andrés Pérez estaba pidiéndole la readmisión de Cuba en el sistema interamericano y las relaciones entre ambos gobiernos eran buenas. Por supuesto, el líder cubano siempre conservaba cierta amistad con sus aliados ocasionales, pues todos permanecían monitoreados para cuando volviesen a ser útiles en su juego político. Douglas Bravo era un hombre inteligente pero sin carisma. De ahí que otros terminaran "robándole" sus ideas.

Muchos años después, cuando Chávez trató de dar su fallido golpe de estado en 1992, el régimen cubano aún conservaba una relación institucional relativamente "sólida" con Carlos Andrés Pérez, presidente surgido de la antes mencionada Acción Democrática y está por demás decir que en esa época, cuando el autoritarismo soviético estaba profundamente desprestigiado, los militares anteriormente aleccionados por Bravo, entre los cuales estaban Hugo Chávez y Francisco Arias Cárdenas, trataron de darle otro giro a su movimiento. De por sí, estas personas habían tenido una formación ideológica muy ecléctica. Por ende, el chavismo de los noventas había expurgado las referencias al marxismo, que estaba desprestigiado, y apostaba por un comunitarismo difuso, más de palabra que de hechos, con referencias a la tercera vía neoliberal inglesa de Tony Blair y teniendo como única constante, con origen en el pasado, a los planteamientos bolivarianos y latinoamericanistas. Ciertamente, el shock mediático que el levantamiento chavista ocasionó sirvió para que decenas de escritores, ideólogos, librepensadores y reformadores se acercaran a los militares golpistas con la esperanza de lograr su "conversión". En el programa original del chavismo hay rastros del confederalismo democrático de Murray Bookchin, que coexisten con discursos de contenido jeffersoniano, donde Chávez aparece como un salvador de la república liberal para afianzar la "separación de poderes" e incluso algunas consignas aparentemente nacionalistas o anti-israelíes, probablemente adoptadas por influencia del peronista argentino Norberto Ceresole.

En resumen, por más que los ex guerrilleros venezolanos fuesen piezas disponibles para una probable intervención de Fidel, aún después de muchos años, esta solo era una de sus cartas y no necesariamente, la más fuerte. Si en España, un PSOE totalmente neoliberalizado desde tiempos de Felipe González pudo virar hacia el neocomunismo con Pedro Sánchez y el PRI mexicano hizo lo propio al transmutarse en MORENA, esas mismas condiciones estaban presentes en Venezuela. En determinado momento, Acción Democrática pudo haber dado origen a un liderazgo de izquierda, haciendo innecesaria la estrategia golpista. Nominalmente, el régimen cubano siguió respaldando a los políticos convencionales de Venezuela y no fue sino hasta 1994, después de que Hugo Chávez había sido indultado por el presidente democristiano Rafael Caldera, cuando Fidel Castro lo invita a Cuba al Aula Magna de la Universidad de la Habana. Dos años antes, el gobierno cubano había condenado el intento de golpe contra Carlos Andrés Pérez.

Nuevamente, es irrelevante hacer hincapié en los supuestos nexos del castrismo con los militares golpistas puesto que estos se habían formado en los entornos creados por Douglas Bravo y esto era públicamente conocido. Por ende, la invitación a Chávez por parte de los cubanos surge entonces ante la necesidad de retomar contacto con alguien que en su momento podría ser útil para el castrismo, ante el desprestigio de Carlos Andrés Pérez, que en su último discurso había denunciado que la alianza que lo había expulsado del poder estaba integrada por fuerzas disímiles, donde militares derechistas se habían aliado a antiguos subversivos. Dicho sea de paso, por más izquierdista que fuese la formación de los militares chavistas, el propio Chávez nunca dejó de mencionar que admiraba a Marcos Pérez Jiménez, militar conservador, nacionalista y anticomunista.

Reitero al lector, que no podemos hablar de un cambio súbito por parte del castrismo, desde una estrategia violenta a otra pacífica o democrática, pues lo que vemos es a un Fidel persistente, cuya política sistemática era buscar contactos por todos lados para garantizar la supervivencia de su régimen a toda costa. Se trata, de un hombre que conocía profundamente la psicología del ser humano y no escatimaba en "hacer sentir especial" a cualquier personaje que pudiera tener alguna utilidad en el presente o en el futuro, ya fuese empresario, eclesiastico, activista, intelectual, vedette, político, etc.

El 2 de diciembre de 1994, Fidel se encontraba departiendo con otros jefes de estado en el salón López Mateos de Los Pinos para celebrar la toma de posesión de Ernesto Zedillo[67]. Sin embargo, la posterior "falta de apoyo" por parte de Ernesto Zedillo hacia Fidel, derivada principalmente de las duras condiciones económicas del país tras la crisis de ese mismo mes, propició que las relaciones se enfriaran. Además, resurge el tema de la deuda de Cuba con México, y de aquel país con la Federación Rusa, cuyo líder Boris Yeltzin enfrenta serios problemas para ocultar su fastidio ante las molestias causadas por su aliado caribeño[68]. Al verse abandonado por sus antiguos amigos, Fidel se percata de que el conflicto de Zedillo con su antecesor Carlos Salinas de Gortari, que opera tras bambalinas para deponerlo, podría ser una luz al final del camino. Sin embargo, Zedillo sale victorioso y este comienza a castigar a los cubanos, negándoles apoyo y censurando su régimen por las violaciones a los derechos humanos. En represalia, Castro realizó varias declaraciones en contra de Zedillo, aduciendo que a raíz de sus reformas, los niños mexicanos preferían a Mickey Mouse que a los héroes nacionales. Eventualmente, Salinas se fue de Cuba y la relación bilateral se estabilizó. Todavía como gesto de buena voluntad, Zedillo no se negó a colaborar con Fidel cuando se trataba de perseguir disidentes[69] en México o castigar a diplomáticos "desobedientes".

No obstante, en el año 2000, los servicios de inteligencia cubanos sabían que el PRI mexicano estaba en grandes posibilidades de perder la presidencia. La posibilidad de un triunfo por parte de Vicente Fox, causaba serias preocupaciones porque su partido, seguramente se desquitaría contra el régimen cubano por ser aliado del PRI. Fue en ese contexto, poco más de un año antes de las elecciones en febrero de 1999, que Fidel invitó a Vicente Fox a Cuba en su calidad de Gobernador de Guanajuato[70], donde el panista fue recibido como personaje ilustre, al igual que Chávez años atrás. Evidentemente, Fidel estaba tratando de sondear a Fox y amigarse con él ante el inminente riesgo de una ruptura, que inevitablemente se dio cuando este ya era presidente, en aquel penoso incidente del "comes y te vas".

Como podemos observar, la política castrista busca a toda costa la supervivencia de su régimen, picando piedras en busca de posibles aliados, situación que se repite hasta nuestros días. En este sentido, ni siquiera la hermandad de la Cuba castrista con el dictadorzuelo Maduro es cosa segura, pues ya han surgido informaciones sobre un probable cortejo de políticos opositores por parte del gobierno cubano, que tampoco respaldará a Maduro si este se lanza en una aventura militar contra Guyana en la disputa territorial por el Esequibo[71]. Para rematar, la intensa actividad diplomática del régimen castrista no se restringe meramente al campo de la política. Desde escritores "apolíticos" como García Márquez hasta prelados como el cardenal Juan Sandoval íñiguez, vedettes internacionales como París Hilton o empresarios multimillonarios de países capitalistas, fueron cortejados en algún momento por la diplomacia castrista como parte de una sistemática campaña de relaciones públicas.

Volviendo a la cronología, el Foro de Sao Paulo fue fundado en 1990, el fallido golpe de los militares chavistas se suscitó en 1992, Chávez fue invitado a Cuba en 1994, se afilió al citado Foro en 1995 y llegó al poder en 1999 con una agenda de tipo liberal-renovadora y en la apariencia, no marxista. Sin embargo, tanto el partido comunista como otras organizaciones de la ultraizquierda venezolana habían participado en el foro desde su fundación en 1990. En 1998, estas mismas organizaciones acudieron también al VIII Encuentro del Foro de Sao Paulo, que se llevó a cabo en la Ciudad de México, un año antes de que Hugo Chávez tomara el poder por la vía democrática. Sin embargo, la declaración final del encuentro menciona la necesidad de respaldar la independencia de Puerto Rico, la relevancia de las huelgas en Sudamérica y el fortalecimiento del sandinismo en Nicaragua, además de un "sentido" reconocimiento a Cuauhtémoc Cárdenas por su trayectoria en el PRD mexicano, que fungía como anfitrión del evento. Si Chávez estaba ya en la antesala de una segura victoria electoral, a través de los partidos venezolanos del Foro de Sao Paulo, por que entonces desempeñaron estos un papel tan gris en un evento donde debieron haber sido los principales protagonistas? ¿Acaso era más importante una pequeña huelga en Colombia que las elecciones venezolanas, donde un simpatizante del foro estaba a punto de tomar el poder? La respuesta es obvia: el rompecabezas aún no se terminaba de armar. Chávez era una pieza, sí, pero también había otras. El Foro de Sao Paulo era un ala del proyecto continental castrista pero no era el proyecto en su totalidad, el cual estaba bastante diversificado. Además, las metas globalistas del marxismo existen por encima de sus aplicaciones concretas, llámese Foro de Sao Paulo, Grupo de Puebla, MORENA, Pedro Sánchez, etc. De ahí que en la actualidad, una nueva ala de la izquierda se esté preparando para "regenerar" al neocomunismo desde la "oposición" al foro. Partiendo de la crítica que la "derecha" del sistema le hace al Foro de Sao Paulo por respaldar "gobiernos antidemocráticos", los marxistas opuestos al foro están listos para tomar su lugar, y así sucesivamente: en espiral y cumpliendo a cabalidad sus objetivos globalistas y modernizadores.

En vista de que Chávez procedía del grupo de militares

izquierdistas infiltrados y preparados en la escuela ideológica bolivariana de Douglas Bravo, es poco probable que Fidel lo considerara como uno de sus incondicionales al principio. Después de todo, Bravo operaba su propia revolución en desafío a los lineamientos establecidos por la URSS. Cuando Fidel recomendaba combatir al ejército con guerrillas, Bravo apostaba por la convergencia cívico-militar. Cuando Fidel prefería colaborar con los gobiernos convencionales, Bravo recurría a la vía armada, etc. Si queremos pensar mal, está claro que se trata de la típica táctica de la tijera y que la "ruptura" entre Fidel y Douglas Bravo, o entre el marxismo y el bolivarianismo solo era una simulación. Sin embargo, aunque así hubiera sido, Fidel tenía suficientes motivos para dudar de la conjura chavista en un inicio porque estos oficiales no solo eran los más izquierdistas del ejército sino también, los más activos en la agenda de seguridad y contrainsurgencia del Pentágono.

El propio Chávez tuvo relaciones bastante cercanas con agregados militares de Estados Unidos, participó en cursos de formación anticomunista y de contrainsurgencia, e incluso estuvo alrededor de 6 meses en un curso impartido por militares guatemaltecos acusados de violar los Derechos Humanos en la guerra civil de ese país. Curiosamente ese curso tuvo lugar en 1988, donde también participaron oficiales mexicanos. En vista de que aún no terminaba la Guerra Fría, es muy probable que su participación tuviese objetivos no tanto políticos, que en ese tiempo chocaban con la ideología del régimen mexicano, sino geoestratégicos.

Precisamente en 1988, Carlos Salinas de Gortari estableció el "Centro De Planeación para el Control de Drogas[72]" y en 1992, el mismo año del fallido golpe de Chávez, el mismo Salinas fundó el Instituto Nacional para el "combate a las drogas" donde por primera vez se incluyó a representantes del Ejército y la Marina[73]. Quienes necesitan evidencias de conspiraciones para reconocer que detrás del Foro de Sao Paulo existen agendas oscuras, deberían buscarlas precisamente aquí, pues es aquí donde se formaliza la infiltración de nuestras fuerzas armadas por parte del crimen organizado, a través de esta supuesta "agenda antidrogas". Para rematar, es precisamente en 1988, el mismo año en que Chávez y un selecto grupo de militares hispanoamericanos recibían instrucción en Guatemala, cuando la escuela de los temibles kaibiles es instalada definitivamente en la Brigada de Fuerzas Especiales de Poptún Petén. Los kaibiles existen como un cuerpo de élite del ejército guatemalteco desde 1974[74], del mismo modo en que el antecedente de las fuerzas especiales mexicanas deriva del año 1986, cuando en el marco de la Copa Mundial de Fútbol, se trató de reforzar la seguridad del evento con la participación militar. No obstante, es en medio de la "cooperación hemisférica" cuyo año clave es 1988, cuando los kaibiles guatemaltecos y los GAFES mexicanos son incorporados en la agenda geoestratégica de los Estados Unidos sobre las drogas. Este dato es importante porque tanto los GAFES como los kaibiles sufrieron deserciones hacia los cárteles, como en el caso del tristemente célebre Héctor Lazcano, fundador de Los Zetas y entrenado en Israel y los Estados Unidos. Apenas un año después, en 1989, un grupo de oficiales guatemaltecos trató de dar un golpe de estado contra el presidente Vinicio Cerezo[75], problema que fue rápidamente catalogado como una mera "indisciplina". ¿Habiendo dicho todo esto, no había elementos suficientes para anticipar la conjura chavista en 1992 más allá de conspiraciones "marxistas"? ¿Qué papel jugaron los servicios de inteligencia de Estados Unidos en todo esto? Un simple chequeo biográfico de los participantes en estos esfuerzos es más que suficiente para desvelar que este fue el comienzo de la formalización de los narcoestados latinoamericanos.

Ahora bien, si nos remontamos a los brotes guerrilleros de los 60s en Venezuela, la propia biografía de Douglas Bravo, que después abrazó la idea de la convergencia cívico-militar sugiere que este no siempre fue un "hombre de confianza" para Fidel, pues es inconcebible que un proyecto como ese no haya sido vigilado o infiltrado por los servicios de inteligencia estadounidenses. Volvemos a lo mismo, la "trayectoria" de Chávez y sus allegados no solo afirma que estos eran los más implicados en la expansión de las células marxistas infiltradas en el ejército venezolano sino también, el sector más activo en los cursos de contrainsurgencia, "anticomunismo" y "seguridad hemisférica" auspiciados por el Pentágono.

Para la narrativa liberal, difundida preponderantemente por Gloria Álvarez desde hace una década, el auge de la izquierda es producto de una "psicología individual perturbada" a cargo de personas de clase alta que sienten remordimientos de conciencia por la pobreza de sus países. En el caso concreto del chavismo, es común que se presente su encumbramiento como el fruto de su "personalidad" o de su carisma en una sociedad plagada de culpas. Al igual que en la telenovela Cristal, producida por Radio Caracas Televisión en 1985, la narrativa liberal describe a la Venezuela prechavista como un paraíso de prosperidad y optimismo. Sin embargo, el país ya enfrentaba una seria crisis económica desde aquellos años. En 1989, se suscitaron violentos disturbios, en 1992 se produjo el fallido golpe de estado de Hugo Chávez y el propio Carlos Andrés Pérez fue expulsado de la presidencia en 1993. En vista de que el empresariado venezolano era poco competitivo y estaba totalmente ligado al negocio monoexportador petrolero, Chávez aparece como una "esperanza" para la reconstitución de su poder. Su política asistencial aparece entonces como una opción providencial para evitar más conflictos. El problema aquí es que la derecha del sistema en Venezuela, totalmente enajenada por la ideología globalista, no supo darse cuenta de que las exigencias del capital financiero estaban siendo acatadas a cabalidad por Hugo Chávez. En la medida en que la oposición comenzó a acusarlo precisamente de "no cumplir" con la política económica neoliberal, Chávez estaba promulgando leyes qué Pérez no habría podido producir sin un estallido social. El chavismo es entonces una recomposición de las propias oligarquías locales ligadas a la renta petrolera, que al hacer del Estado el capitalista ideal, se preservan como única fuerza dirigente del estado y la sociedad.

Las fuentes que describen los acontecimientos de 1992[76] sugieren que el golpe tenía dos alas: una de corte izquierdista reformador y otra de origen claramente pro estadounidense y anticomunista. En 1992, el propio Carlos Andrés Pérez llegó a sugerir que el golpe perpetrado en su contra era una maquinación de sectores ideológicamente contrarios - militares de derecha y ex guerrilleros- pero que de uno u otro modo convergieron, y el presidente lo hacía con conocimiento de causa.

En dado caso, el hipotético derrocamiento de Carlos Andrés Pérez por un gobierno militar "progresista" habría abierto las puertas para que la gente aceptara de buena gana los programas de choque del FMI y otras medidas de corte neoliberal, que un gobierno "convencional" y desprestigiado como el de Pérez no podría imponer sin provocar un masivo estallido social. Después de todo, no es la primera ni la única vez que el sistema juega de ese modo. En el 2015, por ejemplo, el neocomunista Alexis Tsipras y su "Coalición de Izquierda Radical" SYRIZA, cuyo triunfo electoral "llenó de esperanza" al país, vendía espejos a los griegos a la vez que accedía a los chantajes de la Troika (Comisión Europea, Banco Central Europeo, y Fondo Monetario Internacional), en términos aún más indignos que los ofrecidos al gobierno democristiano anterior, que ante el repudio generalizado de la opinión pública, fue desalojado del poder. Entre otras cosas, los "revolucionarios" líderes marxistas griegos, que antes se llenaban el hocico de palabrería obrerista, se comprometieron a aumentar el IVA, recortar las pensiones, privatizar el sector eléctrico y liberalizar el mercado. Además, le hicieron a los poderes globales un enorme favor, pues fue la mafia política de SYRIZA la que promovió el juicio contra Amanecer Dorado, que siempre fue la gran esperanza del pueblo griego en su lucha contra el sistema global y la casta de parásitos que nos oprime a todos. No está por demás decir también, que luego de que Nikolaos Michaloliakos y otros líderes de Amanecer Dorado fueron injustamente encarcelados, el sistema creó una especie de VOX griego. Es decir, un partido moralmente conservador pero liberal en lo económico y por ende, funcional a los intereses de siempre.

Volviendo al tema venezolano, quienes dicen que el problema de Venezuela comenzó con Maduro, buscan exculpar a Chávez de su responsabilidad pero también están errados quienes hacen remontar el desastre al propio Chávez, puesto que en 1989, el país había vivido violentas protestas callejeras, en 1992 se suscitaron dos intentos de golpe de estado, en 1993 Carlos Andrés Pérez fue destituido de su cargo y su sucesor Caldera se vio obligado a establecer controles cambiarios para frenar el saqueo contra los venezolanos. Un año antes de las elecciones, Chávez no era el favorito para ganarlas, puesto que había otros candidatos con más posibilidades. Además, aunque Chávez evitaba mencionar abiertamente el tema de los programas de ajustes y otras medidas neoliberales que él mismo implementó en su primer año de gobierno, su candidatura planteaba principalmente la reforma de la república y la lucha contra los partidos políticos convencionales, Acción Democrática y COPEI.

Por eso es bastante comprensible que en el llamado "Manifiesto de México" proclamado por el Foro de Sao Paulo el 1 de noviembre de 1998, se dediquen varios párrafos a la crisis de los "tigres" asiáticos y la lucha contra el neoliberalismo como parte de una tarea general e internacional. En otro documento, se habla sobre los procesos de paz en América Latina y en las resoluciones especiales, se admite como "observadoras" a algunas organizaciones pequeñas de Sudamérica. En ese encuentro, el foro también emitió un documento de inspiración "cristiana" donde se menciona a los cocaleros bolivianos y a los obispos progresistas, además de otras resoluciones sobre la situación de las mujeres o los pueblos indígenas. Una mucho más relevante es la declaración parlamentaria, que menciona por primera vez la oposición del foro al ALCA (Acuerdo de Libre Comercio de las Américas), contra el que Chávez vociferó en el año 2005. Sin embargo, los asistentes venezolanos se manejaron con un perfil más bien bajo, lo cual es llamativo porque en las elecciones legislativas de 1998, un año antes de que Chávez tomara el poder, el Movimiento Quinta República (MVR), que él fundó directamente, se había posicionado como la segunda fuerza política del país. De acuerdo a un artículo del ex candidato presidencial, Alejandro Peña Esclusa, Hugo Chávez se inscribió formalmente en el Foro de Sao Paulo desde el 30 de mayo de 1995. En otro documento, publicado en uno de los boletines del movimiento de Lyndon Larouche, se dice que el Movimiento Bolivariano Revolucionario, antecedente del MVR se afilió al foro en 1995 y que Chávez también acudió al encuentro de este en El Salvador un año después[77]. Cómo referencia, Peña Esclusa cita una entrevista con el cabecilla de la narcoguerrilla colombiana Ejército de Liberación Nacional (ELN), supuestamente transmitida por Globovisión el 17 de noviembre de 1999, y un supuesto cable de la agencia AP fechado el día del encuentro en Montevideo, cuyas versiones originales no están disponibles en la red. En vista de que varias fuentes coinciden en reconocer a Peña Esclusa como el primer líder de opinión que denunció los nexos de los militares chavistas con el castrismo y el Foro de Sao Paulo desde antes de que este llegara al poder, todo apunta a que la narrativa, no solo de Nicolás Márquez o Agustín Laje sino también de la propia Gloria Álvarez en torno al chavismo, está tomada de Peña Esclusa[78], cuyos textos aparecen en algunas colecciones de artículos viejos, recopilados por liberales, donde también podemos encontrar textos de Alberto Benegas Lynch.

CASTROCHAVISMO Y DIPLOMACIA PETROLERA

En lo que respecta a Peña Esclusa, se trata de un político poco conocido fuera de Venezuela, ligado al hispanismo católico pero que después transitó al liberalismo. En los noventas, estuvo relacionado con el pensamiento de Lyndon Larouche, cuya influencia es visible en las ocasionales críticas de Peña Esclusa contra el librecambismo, que empobrece nuestras sociedades y la consigna de crear riqueza a través de la producción y la industrialización. De ahí que en sus primeras obras, el autor denunciara fuertemente tanto a la izquierda descapitalizadora del chavismo como al globocolonialismo neoliberal. Por obviedad, la propuesta inicial de Peña Esclusa era originalmente nacionalista y contraria a la hegemonía estadounidense en nuestro continente. Sin embargo, es posible que su desesperación ante el sufrimiento de su pueblo y la necesidad de obtener aliados lo haya orillado a una alianza con corrientes de pensamiento afines a los intereses del capital financiero. En cuanto a sus planteamientos, comparto su condena a la falsa premisa del orden espontáneo o de la mano invisible, la importancia de crear empleos a través de obras de infraestructura, con esquemas proteccionistas como los propuestos por Hamilton en Estados Unidos, Friedrich List en Alemania o los japoneses de la restauración Meiji[79] y la importancia de la encíclica Rerum Novarum. Sin embargo, una vez que cesa la influencia de Larouche e inicia su viraje hacia el hispanismo católico, luego a la derecha conservadora antiprogresista y después a un moderado libertarianismo, Peña Esclusa empieza a adoptar gradualmente sus premisas esenciales. Es decir, la subordinación de nuestra civilización indohispánica al poder anglosajón capitalista, la falsa idea de que fascismo y comunismo son lo mismo y la promoción del liberalismo económico, profesado por la gente que auspicia sus charlas o conferencias.

Más allá de lo publicado por Larouche o Esclusa, las referencias a Chávez en relación a los trabajos del Foro de Sao Paulo antes del 2002 resultan indirectas e inconcluyentes. No obstante, a diferencia de Larouche, Peña Esclusa no dice mucho acerca del papel de la política petrolera en la tragedia venezolana y al igual que Agustín Laje, se enfoca preferentemente en los aspectos psicológicos o culturales de la crisis que estamos enfrentando. Además, tampoco profundiza en torno a los "enroques" y evolución política de la izquierda venezolana en el convulso periodo que precede a la toma del poder por parte de Chávez y los años anteriores a la farsa de golpe de estado del 2002. Ya dijimos con antelación, que desde la fundación del Foro de Sao Paulo y en los subsecuentes encuentros, habían participado tanto el Partido Comunista Venezolano como otras dos organizaciones marxistas. Una de ellas fue la organización urbana de ultraizquierda conocida como "Causa R" fundada en los 60s por Roberto Maneiro, un ex guerrillero que después incursionó en luchas de tipo popular y estudiantil, fuertemente influido por ideas comunitaristas y altermundistas. "Causa R" fue a su vez una escisión del "Movimiento al Socialismo" que es de tendencia progresista y fue fundado por otro antiguo guerrillero de nombre Teodoro Petkoff. El punto es que estas eran las organizaciones venezolanas activas en el Foro de Sao Paulo casi desde su fundación, cuyo perfil en sus trabajos era bastante gris. En la elección de 1994, ambas organizaciones dieron su respaldo al democristiano Rafael Caldera y cuatro años después, apoyaron a Chávez. No obstante, tanto Petkoff como Maneiro tuvieron sus diferencias con Chávez y ambos partidos abandonaron la coalición chavista. Ya en 1997, una vertiente de la "Causa R" fundó otro partido de nombre "Patria para Todos" que también se vinculó al foro y que ha apoyado al chavismo pero tanto "Causa R" como "Movimiento al Socialismo" apoyaron en el 2002 al opositor Francisco Arias Cárdenas y al igualmente opositor Manuel Rosales en el 2006. Si bien ha habido desgajamientos de gente que ha apoyado al chavismo, los cuadros de estos partidos han formado parte de la Mesa de Unidad Democrática y han permanecido en el campo opositor. En cuanto al Partido Comunista de Venezuela, todo se reduce a la necesidad de sobrevivir, ya que el chavismo siempre tuvo en la mira a ese partido histórico de la política venezolana, primero a través de una fusión fallida con el PSUV y luego mediante el secuestro de su registro político, como finalmente se dio bajo el gobierno de Maduro en abril del 2023.

A comparación de una oposición liberal mediocre e inútil, las fuerzas de izquierda opuestas al chavismo han mostrado algo de vitalidad, lo cual ha propiciado que buena parte de sus líderes estén inhabilitados para desempeñar cargos públicos o competir en elecciones. Por tanto, está por demás decir que es tremendamente irresponsable considerar a estas agrupaciones como las principales beneficiarias del chavismo por su sola participación dentro del Foro de Sao Paulo. Además, muchos de sus activistas han sido encarcelados, torturados o asesinados, situación que tampoco exime a sus líderes de una evidente responsabilidad, pues buena parte de estos grupos aún salen con la tontería de que el rumbo "se perdió" con Maduro y que la alternativa es "volver a Chávez y renovar la Esperanza" cuando el propio Chávez impuso los programas de ajuste del FMI, endeudó irresponsablemente al país y emitió bonos para pagar la deuda externa, implementando las mismas medidas neoliberales que esta gente critica. Otra agrupación, el "Movimiento Electoral del Pueblo", apoyó inicialmente a Chávez para después sumarse al movimiento opositor y regresar de nueva cuenta a la coalición chavista en el 2002, a raíz del falso golpe de estado encabezado por el señor Carmona.

A lo que voy, es que las organizaciones venezolanas que participaron inicialmente en el Foro de Sao Paulo, no eran directamente chavistas, la mayoría venía de la vieja izquierda, su influencia política era escasa y además, terminaron apoyando a la oposición. El Foro de Sao Paulo es un membrete que fue adquiriendo prestigio poco a poco. Sin embargo, no se puede decir que sus integrantes trabajaran metódicamente y en total sincronización desde su fundación hasta la fecha. En más de una ocasión, partidos de izquierda que eran miembros del foro en un mismo país, se enfrentaron electoralmente el uno contra el otro, y de no ser por Chávez o Evo Morales, que no venían de estos grupúsculos, los integrantes del foro fracasaron electoralmente.

En México, los huérfanos del marxismo que durante la Guerra Fría se opusieron al patriotismo de izquierda del PRI, fueron los fundadores iniciales del Foro de Sao Paulo. No obstante, este era un proyecto mucho más afín al populismo tercermundista contra el que habían luchado, que al de la izquierda intelectual o estudiantil al que pertenecían. Este escenario se repite en el resto de los países. De ahí que el Foro de Sao Paulo estuviese destinado a tener eficacia, sólo en manos de personas ligadas a este "populismo" o al militarismo como en el caso de Chávez. Dicho sea de paso, varios de los primeros fundadores del foro, que sí pertenecían a la izquierda original, terminaron desligándose de él.

Hasta antes del golpe antichavista de Carmona en 2002, si bien el chavismo había sido crítico con los Estados Unidos y su intervencionismo en el tema de la política exterior, este no había virado abiertamente al comunismo y continuaba enfocado en la dinámica de "reformar el estado" con reconfiguraciones administrativas destinadas a la perpetuación en el poder por parte de Chávez. Hasta ese momento, los poderes económicos convencionales, encabezados por la patronal Fedecámaras y la central obrera "blanca" de ese país, no habían desafiado al chavismo, que se enfilaba a la dictadura, puesto que sus intereses económicos y burocráticos no habían sido objeto de cuestionamientos. No obstante, son las famosas 49 leyes, de clara orientación estatista y expropiadora, pactadas con un sector de la burocracia que excluyó a los dirigentes principales, las que alzan las alarmas, pues se estaban imponiendo "sin haberse negociado".

En efecto, no es sino hasta el 2002, cuando Chávez se enfrenta a una insurrección popular respaldada por empresarios capitalistas pero sobre todo en el 2005, cuando el propio Chávez aparece como protagonista en el foro y la retórica antiyanqui empieza a aflorar. Dos años antes, en la declaración de Niquinohomo del año 2000, los foristas mencionan a Chávez pero con cierta cautela, pues se destaca al "singular" proceso político que desmantelaba a un régimen corrupto pero no de un socialismo.

Por observación propia y al haber consultado fuentes de diversas ideologías, lo que sale a relucir es que el chavismo tuvo dos etapas bastante claras. En la primera, lo que había era un discurso modernizador, que buscaba oxigenar al Estado republicano convencional con reformas encaminadas hacia una democracia participativa, con plebiscitos e iniciativas ciudadanas. A nivel política exterior, el chavismo inicial se orientaba a la idea del equilibrio internacional, oponiéndose al intervencionismo de los Estados Unidos pero sin cambiar de bando geopolítico. No es sino hasta el 2002, cuando en medio de una insurrección popular que no solo era apoyada por empresarios sino por obreros, el chavismo comienza a identificarse de manera mucho más explícita con la agenda autoritaria del régimen cubano. En lo que respecta a la política exterior, la entrega total del chavismo hacia China y Rusia tampoco se dio de forma súbita, pues incluso en el punto más álgido del conflicto del 2002, los estadounidenses permitieron que Chávez fuera restaurado en la presidencia y no respaldaron al sector de la derecha empresarial que quería el poder. En dado caso, la influencia del castrismo estaba más o menos atemperada por figuras como la del finado peronista argentino Norberto Ceresole, que trataba de jalar a Chávez hacia el nacionalismo, orientándolo a una alianza con Irán, Libia y otras naciones tradicionalistas. Otro ideólogo chavista con una larga trayectoria en la izquierda venezolana, Luis Miquilena, igualmente trató de encausar a Chávez hacia algo diferente[80]. En una entrevista concedida en el 2013, Miquilena menciona los motivos por los que renunció al ministerio del interior en enero del año 2002:

> *"Yo me retiré cuando me di cuenta de que Chávez estaba cogiendo ese camino. A mí me pasó una cosa muy especial. Yo hablé mucho con Fidel y él me decía, con mucha razón, que no se nos ocurriera repetir en Venezuela lo que se había hecho en Cuba, porque sería gravísimo."*

Resulta tentador pensar que Fidel, en su maquiavelismo, hubiese querido que los países de la región siguieran exactamente el mismo camino "ultraestatista" o autoritario que él había implementado, que Hugo Chávez siempre fue el "elegido" y que el castrismo ocultó sus planes para engañar a las masas con un falso discurso democrático. No obstante, el maquiavelismo deFidel se proyectaba hacia la supervivencia de su régimen en primer lugar, y a la expansión del socialismo, cualquiera que fuese su sello particular, después. Década tras década, el castrismo cambió de táctica varias veces, implementando cambios en su política interna y externa de acuerdo a la "conveniencia" del momento. Pero de cualquier manera, la aseveración de Miquilena es lógica: a Fidel le convenía tener aliados que pudiesen comerciar libremente con

Estados Unidos, que no estuvieran aislados y que tuvieran más cosas que ofrecer a Cuba. El otro punto, que rara vez se menciona, pese a su gran trascendencia, es el del petróleo.

En 1999, Chávez buscó que México ampliara el pacto energético de San José, que abastecía de petróleo mexicano y venezolano, en condiciones favorables a países centroamericanos y caribeños, para que Cuba pudiese recibir petróleo con las mismas facilidades. En vista de que según Gloria Álvarez y compañía, el castrismo prácticamente vivió del petróleo venezolano durante décadas, habría que preguntarse por que se buscaba la concurrencia de México en este sentido. La respuesta está en el hecho de que el petróleo venezolano es demasiado pesado para las precarias instalaciones de refinación petrolera en Cuba. Por décadas, los cubanos buscaron una solución a su problema energético a través de alianzas con terceros países y la apertura de la industria petrolera a la inversión privada, que se implementó en Cuba antes que en México. En el 2012, los cubanos asignaron parcelas licitables a varias empresas como la española Repsol, la venezolana PVDSA, la rusa Gazprom, la china Sinopec y Pemex. Un poco antes, la brasileña Petrobras participó en diversos esfuerzos de exploración, que no fructificaron.

Finalmente, Chávez viajó a Cuba en el 2007 para inaugurar la refinería Cienfuegos[81], remodelada por los propios venezolanos con una inversión de alrededor de 100 millones de dólares, para que esta pudiera refinar hasta 65,000 barriles diarios. En el papel, el proyecto suena como un "sueño hecho realidad", gracias a la ingenuidad de un Chávez que prácticamente regaló Venezuela a los cubanos pero las apariencias engañan. Como dato estadístico, solo la refinería mexicana de Dos Bocas, construida recientemente y criticada por sus pobres expectativas, tiene en sus dos trenes la capacidad de procesamiento de 340,000 barriles de crudo al día[82]. La remodelación de la refinería Cienfuegos a cargo de Chávez, más que una panacea, era la concreción de un plan "C" o "D" ante el agotamiento de las posibilidades. Originalmente, la remodelación de la refinería cubana había sido encomendada al gobierno mexicano a través de un acuerdo firmado por el entonces presidente Carlos Salinas de Gortari en 1994. PEMEX, el monopolio estatal petrolero mexicano, contaba con infraestructura para ampliar un proyecto que funcionaba con tecnología soviética. Sin embargo, la modernización se canceló por las duras condiciones económicas del país[83]. La otra opción era Rusia[84], pero los rusos también se vieron limitados por la crisis económica y los cubanos se quedaron sin refinería. Además, en un estudio más reciente, fechado en julio del 2023, especialistas rusos determinaron que se requerían alrededor de $500 millones de dólares para mejorar la eficiencia de una refinería mediocre, que lanza el 50% de sus residuos a la atmósfera. La remodelación hecha por Chávez era a todas luces un "premio de consolación". Dicho sea de paso, la propia PDVSA tenía hasta hace poco tres refinerías en Texas, que en conjunto procesan unos 750,000 barriles de crudo diarios[85]. Es decir, más de 10 veces el número de barriles que se procesan en Cienfuegos.

En dado caso, la historia reciente del sector petrolero en Cuba no muestra sino una larga serie de fracasos, iniciativas fallidas y problemas para tratar de compensar el aislamiento cubano, la falta de tecnología, la dependencia extranjera y la poca maleabilidad de Lula da Silva, que era poco favorable a su manipulación por parte de Fidel. Eventualmente tampoco podemos pasar por alto el rol que México y Rusia desempeñan en el sector energético cubano ni el de las empresas europeas y los gobiernos de terceros países, que no pertenecen a la esfera del Foro de Sao Paulo.

El petróleo de la faja del Orinoco, que es sumamente pesado, incluye cantidades muy grandes de azufre y minerales que dificultan su refinación, es en parte extraído desde el 2001 por la empresa Sincor, de capital mayormente francés pero con participación noruega. En conjunto con el gobierno venezolano, la corporación extrae 210,000 barriles diarios, que tras un complejo y ultramoderno procesamiento generan 180,000 barriles de petróleo tan bien refinado[86], que el propio Chávez describía como "néctar" en el 2006. En el 2007, Chávez trató de concertar una alianza energética con Lula da Silva para que Petrobras apoyará en la refinación de petróleo procedente de la faja del Orinoco. El megaproyecto costaría más de 4000 millones de dólares pero al final, este tampoco cuajó por las reticencias del líder brasileño, cuyo proyecto geopolítico era mucho más ambicioso que la iniciativa antiimperialista del castrochavismo. Como podemos ver, un país monoexportador como Venezuela requería de la concurrencia de países como Brasil o de México, que ya habían puesto la mira en la producción de alcoholes y los biocombustibles, pues solo una red de más envergadura podría haber resuelto el problema de abastecimiento de los cubanos.

Habiendo dicho todo esto, las observaciones de Luis Miquelena son totalmente creíbles en cuanto a que a los cubanos no les convenía una Venezuela totalmente comunista y aislacionista, pues esto dejaba cerradas las puertas para la creación de un bloque más amplio, que pudiera garantizar la supervivencia del régimen cubano a más largo plazo. Además, exponía a Venezuela a las sanciones que después Estados Unidos le aplicaría, lo cual perjudica la propia producción petrolera de Venezuela, dificultando aún más la situación de Cuba. La simbiosis cubano-venezolana en rebeldía abierta contra Estados Unidos y el resto de las naciones no solo era inconveniente sino poco rentable, por el evidente desperdicio en dinero y recursos. Por poner un ejemplo, ya desde la primera década de este siglo, opositores venezolanos y algunos sectores del propio chavismo se molestaron porque Cuba y

El Salvador estaban "revendiendo" el petróleo que Chávez prácticamente les regalaba[87], debido a la poca capacidad de refinación de estos países. Todavía en el 2022, Cuba recibía alrededor de 90,000 barriles diarios de crudo, parte del cual era revendido por el régimen castrista, con la otra parte siendo usada para producir energía y después descontada como "contraprestación" por servicios de asesoría política, inteligencia o apoyo médico a Venezuela. Sin embargo, China sigue siendo el principal comprador de petróleo venezolano[88], pues absorbe cerca del 80% de su producción con Cuba en el cuarto lugar, muy por detrás.

Alrededor del 2008, cuando Chávez todavía vivía, el aparente "egoísmo" de Brasil y México, que tradicionalmente han seguido un camino independiente en relación a los demás países del continente, dejaba al castrochavismo en una posición internacional menos relevante, pues las vulgaridades de Chávez proyectaban una imágen de fenómeno bizarro, que ni remotamente se acercaban a las aspiraciones de Norberto Ceresole, quien llegó a predecir que Chávez sería el gran líder de la unificación iberoamericana. Por aquellos años, los gobiernos de izquierda del continente estaban más o menos divididos en dos grupos, con Lula y Bachelet por un lado, y Evo Morales, Kirchner y Chávez por el otro. Pese a su retórica, Chávez no logró impedir que Rafael Correa restableciera sus relaciones con Colombia tras la crisis diplomática derivada del bombardeo de un supuesto campo guerrillero en Ecuador por la aviación colombiana. De hecho, la beligerancia del venezolano contra Colombia y los nexos del chavismo con las narcoguerrillas no hicieron sino propiciar distanciamientos con otros países.

En cuanto al "bloque bolivariano" este siempre estuvo fuertemente marcado por el tema petrolero, que el chavismo convirtió en su carta diplomática más importante. No obstante, a diferencia de microestados caribeños como

San Vicente y las Granadinas, que aceptaron sumarse al "proyecto" de integración bolivariano de Chávez, tanto el Perú como la Argentina o el Ecuador producen hidrocarburos. A la postre, estos países se convirtieron en exportadores de alimentos hacia una Venezuela cuya planta productiva está prácticamente destruida por las absurdas políticas expropiadoras del régimen chavista. Está por demás decir que ni Argentina, ni Brasil, ni Chile, que cuentan con economías más robustas y diversificadas, necesitan a Venezuela. Por ende, decir que el Foro de Sao Paulo operaba de manera sistemática y como un solo hombre es faltar a la verdad. De entrada, este fue un proyecto hecho para Lula da Silva, por gente del propio Lula da Silva. Chávez solo salió al quite precisamente por la negativa de Lula de compartir su proyecto geopolítico con otros países y por su determinación en seguir el modelo cubano, que sin Chávez habría quedado prácticamente superado.

En el caso de Bolivia, la diplomacia de ese país fue lo suficientemente efectiva para obtener acuerdos extremadamente favorables de parte de gobiernos ajenos al Foro de Sao Paulo, como el México de Felipe Calderón. Según el economista David Lozano Tovar, los gobiernos de Calderón y Peña Nieto compraban gas natural a Bolivia mediante un esquema de intermediación[89]. A través de México, el gas boliviano era enviado a Estados Unidos, donde era procesado para después comprarse a un precio mayor. El enojo de Felipe Calderón ante la aparente "ingratitud" de Evo Morales hacia su persona es comprensible si tomamos en cuenta que el gobierno de López Obrador, cuyo partido sí es miembro del Foro de Sao Paulo, ya no está dispuesto a hacer más regalos. Lejos de eso, el actual gobierno de nuestro país planea construir un centro de exportación de gas natural licuado, con la concurrencia de empresas capitalistas alemanas[90]. En México, las inversiones energéticas de empresas británicas, holandesas, españolas e italianas se han planeado a 40 años y superan los miles de millones de dólares. China, segundo socio comercial de México, participa en la exploración de dos campos petroleros cerca de Tampico[91]. Por si fuera poco, Brasil y México se perfilan como mediadores en la disputa chino-estadounidense, y Estados Unidos sigue siendo el principal aliado de ambos países.

A lo que voy, es que el Foro de Sao Paulo es un reflejo muy tibio de lo que verdaderamente se esconde detrás de la izquierda globalista. Cualquiera que esté en posibilidad de leer los documentos del foro, podrá constatar que las proclamas vertidas en esa plataforma no son sino cartas de buenos deseos, redactadas en un lenguaje mediocre, ajenas a cualquier conocimiento geopolítico verdadero y que no pueden considerarse como valiosas, ni siquiera en un entorno académico.

LA COPPPAL: EL "OTRO" FORO DE SAO PAULO

Volviendo al tema ideológico, si tomamos en cuenta que los objetivos iniciales del Foro de Sao Paulo eran de corte tercermundista, ecologista e indigenista y enfocados en temas como los Derechos Humanos o los "procesos de paz", es igualmente comprensible que en la década de los noventas, el sector del PRD que venía de la izquierda opositora, hiciera caso omiso a muchos de los objetivos del foro, que se contraponían con sus intereses partidistas en México, pues habiendo probado las mieles del poder a través de varias gubernaturas, curules o presidencias municipales, los perredistas se habían amalgamado a las estructuras de impunidad del estado mexicano para salir avantes ante las muchas acusaciones de corrupción o represión que éstas enfrentaban. En 1998, la burocracia posmoderna del PRD, encabezada por los "chuchos", se había negado a aprobar la iniciativa de ley derivada de los acuerdos de San Andrés impulsada por el gobierno de Fox y por el EZLN. Entre otros argumentos esgrimidos tanto por ellos como por otras figuras del neocomunismo incrustadas en la institucionalidad neoliberal, la iniciativa indigenista formalizaba estados de excepción donde las mujeres serían "inferiorizadas". Su crítica hacia el EZLN era una crítica de izquierda, pues se rechazaba al indigenismo en nombre del progreso, la evolución, etc[92]. Sin embargo, este rechazo indignó a algunas de las fuerzas participantes en el Foro de Sao Paulo. Dicho sea de paso, los éxitos electorales del Foro de Sao Paulo, cuyos miembros llegaron a gobernar Brasil, Venezuela, Ecuador, Bolivia, Nicaragua, El Salvador, Argentina, Perú, México o Colombia, no se dieron de manera inmediata sino escalonada, bajo contextos muy disímiles. En sus comienzos, el foro era percibido como una iniciativa trasnochada, que nunca contó con el respaldo absoluto de toda la izquierda. Por su mediocridad intelectual, el Foro de Sao Paulo parecía una mala copia de la COPPPAL (Conferencia Permanente de Partidos Políticos de América Latina y el Caribe), creada en plena Guerra Fría por iniciativa del PRI el 12 de octubre de 1979, en cuya declaración inaugural se lee que *"nuestra vocación por la unidad latinoamericana es la expresión política del ideal bolivariano"* y se habla de *"un frente común ante toda actividad política que implique la penetración extranjera e imperialista, o actúe como medio para propiciar formas fascistas*[93]*"*. Es singular que entre los firmantes originales se encuentre el "Movimiento al Socialismo" de Venezuela, que ahora es antichavista pero fue fundado por Pompeyo Márquez, uno de los compañeros de Douglas Bravo en la guerrilla de los sesenta.

El Foro de Sao Paulo bien puede catalogarse como una versión "regenerada" de la COPPPAL, que ante el encumbramiento de la facción neoliberal en el PRI y el viraje hacia el capitalismo neoliberal de los otros partidos miembros, ya no podía considerarse como una fuerza representativa del "socialismo latinoamericano". De ahí que la estafeta tuviese que tomarla Lula, con la bendición de Fidel y que las escisiones menos amigables con las políticas neoliberales o de mercado se coaligaran a parte, en una nueva internacional partidaria de izquierda.

En efecto, el Foro de Sao Paulo se perfilaba como una plataforma de apoyo continental para Lula da Silva pero también, una vez que el gobierno priista de Zedillo había roto con Fidel Castro, para Cuauhtémoc Cárdenas, cuyo partido buscaba reivindicar para sí el liderazgo "latinoamericanista" que el PRI había dejado vacante con su viraje "neoliberal". Todavía a mediados de la época de los noventas, Cárdenas gozaba de cierto respaldo como candidato presidencial para el futuro. Sin embargo, la idea de que el Foro de Sao Paulo fue el "factor determinante" para la unidad de la izquierda latinoamericana también aparece desmentida por los hechos, puesto que en sus comienzos, la aparente debilidad del régimen cubano hacía suponer que su caída era inminente. Además, los postulados del movimiento encabezado por Lula no eran bien conocidos fuera de Brasil.

En México, por más que pudiera decirse que el PRD logró unificar a la izquierda cardenista-priista con la antigua oposición marxista al régimen, este partido sufrió de rupturas recurrentes a lo largo de su existencia. A mediados de los noventas, varios políticos posmodernos de añeja trayectoria en el comunismo y el trotskismo, que inicialmente habían seguido a Cuauhtémoc Cárdenas, se salieron para crear plataformas funcionales a la institucional neoliberal del foxismo o el zedillismo. Tal es el caso de Jorge Castañeda Gutman, Gilberto Rincón Gallardo, Patricia Mercado, Francisco Paoli Bolio, Adolfo Orive, Jorge Alcocer, René Arce, Ricardo Pascoe y Rosario Robles, que también criticaron duramente al régimen cubano, al "caudillismo" y a las "regresiones autoritarias". Dentro del propio PRD, las agendas del foro no eran compartidas por todas sus corrientes, ya que los cuadros jóvenes y femeniles de ese Instituto político, se sentían mucho más atraídos por las nuevas tendencias del posmodernismo y la socialdemocracia europeos que por el "militarismo" latinoamericano clásico.

El otro punto aquí es que el chavismo, por más que haya dotado de petróleo y de ayuda al régimen de Castro durante tanto tiempo, goza de muy mala reputación. En la medida en que los gobiernos de Chávez y Maduro dejaron de ser percibidos como "experiencias socialistas" para convertirse en sinónimos de dictadura militar corrupta, ni Lula ni los comunistas chilenos o los kirchneristas argentinos querían verse "manchados" por esa situación. Romper con el castrochavismo estaba fuera de toda discusión porque tal cosa implicaría una deslealtad hacia la propia historia. Sin embargo, el desmarque podía darse de formas más sutiles. De modo que de nueva cuenta, comenzaron a perfilarse dos grupos entre los gobiernos adscritos al Foro de Sao Paulo, con una vertiente autoritaria y militarista encabezada por Maduro y Daniel Ortega, y otra de corte más moderado, con Lula y Cristina de ejemplo. En la medida en que el grupo más moderado empezó a censurar a la dictadura de Maduro por su brutalidad, sus fraudes electorales y su incapacidad para dialogar con la oposición, el chavismo fortaleció su propio espacio multipartidario, que es el Congreso Bolivariano de los Pueblos. En esta plataforma, no participa el Partido de los Trabajadores de Lula. Además, tampoco está presente MORENA sino su "pariente pobre" el Partido del Trabajo. Sin embargo, el Congreso Bolivariano de los Pueblos sí participa, como grupo, en el Foro de Sao Paulo. Más que internacionales enfrentadas, la COPPPAL es algo así como la Primera División mientras que el Foro de Sao Paulo sería la Segunda y el Congreso Bolivariano una liga regional.

A propósito del Partido del Trabajo de México, actualmente reconocible como miembro de la coalición obradorista y compañero de viaje de MORENA, se trata de una formación minoritaria y que a pesar de su elevado presupuesto, no se ha arraigado en la sociedad y ha sido regentada por las mismas personas desde hace mucho tiempo. Aunque participa tanto en la COPPPAL como en el Congreso Bolivariano de los Pueblos y en el Foro de Sao Paulo, el PT no fue uno de sus integrantes originales, como sí lo fue el PRD. En parte porque en los años noventa, cuando Cuauhtémoc Cárdenas abandona al PRI para fundar el PRD, el Partido del Trabajo surge en el Estado de Nuevo León como una "competencia". Para el ingeniero Cárdenas, el PT había sido una estratagema de los hermanos Salinas de Gortari para dividir el voto de la izquierda y sabotear al PRD. En las elecciones de 1994, el PT nombró a Cecilia Soto, una científica de Sonora, como su candidata. Pese a lograr poco más del 2% de los votos, el PT fue uno de los partidos que más dinero gastó en la campaña. De ahí que Felipe Calderón, que en aquellos años fungía como Secretario General del PAN, solicitara a la Secretaría de Gobernación iniciar una investigación para conocer el origen de los "ilimitados" recursos de que disponía el PT. A los ojos de los perredistas, el PT no era sino una comparsa, un partido paraestatal y un instrumento de la familia Salinas de Gortari. Como era de esperarse, la administración de Zedillo tampoco sentía demasiado aprecio por el PT debido a sus orígenes. Si bien, este era tolerado porque servía como parapeto a políticos priistas locales o como un dique de contención frente a la izquierda, el partido fue presionado desde varios ángulos. Para las elecciones de Gobernador de la Ciudad de México en 1997, su candidato González Gómez abandonó la campaña y el partido fue atacado públicamente en los medios. Para sobrevivir, sus dirigentes tuvieron que hacer nuevos acuerdos con la gente del poder. En 1999, cuando el ingeniero Cárdenas ya había sido "aniquilado" mediáticamente, el PT lo postuló como candidato, adelantándose de esta manera a la designación de su propio partido, el PRD. Lo que el gobierno de entonces buscaba frenar, era la construcción de una alianza opositora con Vicente Fox a la cabeza en el 2000, pues semejante escenario habría sacado al PRI del Congreso de la Unión. Por eso la necesidad de mantener políticamente "vivo" al ingeniero Cárdenas pero sin ninguna posibilidad de ganar.

Al aliarse con Cuauhtémoc Cárdenas para las elecciones del 2000, el PT fue absuelto de sus anteriores "culpas" y el asunto se olvidó. Sin embargo, también hubo aquí un trasfondo ideológico, pues mientras el PT proviene de una facción maoísta ligada al PRI en los setentas, que se ha mantenido dentro del socialismo "tercermundista", su candidata de 1994 ya estaba inmersa en el posmodernismo, el feminismo y las políticas de género. Después de las elecciones, Cecilia Soto quiso hacer del PT un partido de la "nueva izquierda", lo cual no agradaba a sus dirigentes y la relación se rompió de manera definitiva. Esto es interesante porque en la actualidad, Cecilia Soto es uno de los referentes más importantes de la "opoficción" ligada a la Marea Rosa, a Xochitl Gálvez y a quienes en nombre del "anti autoritarismo" repudian a MORENA y el Foro de Sao Paulo. Como era de esperarse, ella también es una activista a favor del aborto, del movimiento LGBTQ+ y del feminismo.

Volviendo a lo que nos atañe, no podemos desligar la fundación del Foro de Sao Paulo con los acontecimientos históricos de finales de los noventas. Antes del fin de la Guerra Fría, ya existía una conferencia latinoamericana de partidos de izquierda, encabezada por el PRI mexicano y esta era la COPPPAL. Con la mutación del PRI y de otros partidos como el venezolano Acción Democrática o el APRA del Perú hacia el neoliberalismo, las corrientes de izquierda que se escinden de estos grandes partidos políticos, se quedan sin un espacio adecuado para interactuar con partidos extranjeros de la misma ideología. El Foro de Sao Paulo se convierte entonces en el receptáculo natural para los grupos escindidos. Sin embargo, el Foro de Sao Paulo es precisamente, un espacio alterno y no necesariamente un contrincante de la COPPPAL. El Partido Comunista de Cuba por ejemplo, es miembro del Foro de Sao Paulo pero también participa en la COPPPAL y en ésta también están presentes tanto el chavismo como el Partido de los Trabajadores de Brasil.

Con la llegada al poder de Andrés Manuel López Obrador, el Foro de Sao Paulo pierde aún más relevancia con el surgimiento del Grupo de Puebla, que no agrupa a poetas o ex guerrilleros sino a políticos profesionales como Beatriz Paredes del PRI, el expresidente español José Luis Rodríguez Zapatero, el colombiano Gustavo Petro o el chileno Gabriel Boric, que no provenía del tercermundismo o del socialismo autoritario sino de la izquierda estudiantil del tipo libertario, feminista y posmoderno. En la práctica, Boric coincide con Bernie Sanders, que no procede de la izquierda socialista sino del progresismo anglosajón de los Estados Unidos, aunque en muchos puntos se de una convergencia con la socialdemocracia o el posmodernismo.

Ya desde los noventa, el escritor hispanista y católico pero antineoliberal, Antonio Peña Esclusa, había denunciado públicamente las maquinaciones del chavismo con la Cuba castrista y con las narcoguerrillas de Colombia.

Habría que decir, que mientras el Foro de Sao Paulo es abiertamente socialista y el Congreso Bolivariano de los Pueblos es socialista-militarista, la COPPPAL es más "moderada" y socialdemócrata. Sin embargo, no era así en un principio, puesto que entre los fundadores originales de la COPPPAL se encuentran el Frente Sandinista de Nicaragua y otras agrupaciones, que en ese entonces aún contaban con brazos guerrilleros. A lo largo de las décadas, la COPPPAL ha sido un instrumento tanto o más efectivo que el Foro de Sao Paulo, pues es a través de la izquierda "moderada" y socialdemócrata, encabezada por partidos "neoliberales" como el PRI y el ex Presidente Enrique Peña Nieto, que nuestros países han ido abrazando las agendas de género, el feminismo o la legalización del aborto[94]. Precisamente en una publicación del año 2021 denominada *Revista Convergencia*, editada bajo el liderazgo de Alito Moreno en la COPPPAL, encontramos cosas como esta:

"... COPPPAL MUJERES en su programa, ha instalado prioridades. Tenemos la certeza de que es un imperativo impulsar la plena participación de las mujeres jóvenes. Propiciando que se respete

su derecho a decidir. Que se legisle sobre matrimonio igualitario, aborto libre, entre otras temáticas. Así mismo debemos impulsar la erradicación de la violencia contra las mujeres y niñas; y el respeto por la diversidad."

Siguiendo con el tema de la COPPPAL, habría que hacer las siguientes puntualizaciones:

- Se trata de un organismo internacional que en su momento facilitó las simpatías hacia la Unión Soviética y el respaldo a guerrillas en América. Después, se convirtió en un canal para que el eurocomunismo europeo, con todas sus tendencias a favor de la deconstrucción y del feminismo, colara sus agendas a través de los partidos más importantes de América, cómo es el caso del PRI y del justicialismo argentino.

- La COPPPAL fue relevante para que las agendas de género, del aborto o del feminismo fuesen elevadas al rango de legislación a través de partidos supuestamente "democráticos" y moderados. Cuando él "autoritario" López Obrador llegó al poder, estas agendas ya habían sido promulgadas por la vía legislativa y confirmadas por la vía judicial.

- Los partidos socialdemócratas de la COPPPAL abandonaron los ideales de soberanía nacional, socialismo nacionalista y patriotismo iberoamericano para abrazar el globalismo. En Cuba, por ejemplo, tanto la Iglesia Católica como los dirigentes más antiguos del Partido Comunista se pronunciaron en contra del matrimonio entre personas del mismo sexo. Sin embargo, el gobierno ya había adquirido compromisos internacionales en ese sentido y optó por legalizarlo en el 2022, cosa que no ha pasado en Nicaragua o en Venezuela.

- El PRI es un partido de "oposición" frente al gobierno encabezado por MORENA y su líder Alejandro Moreno ha sido también el presidente de la COPPPAL. Con Moreno a la cabeza, el PRI postuló como candidata

a la panista-trotskista Xóchitl Gálvez en alianza con sus antiguos adversarios del PAN-PRD. Con todas estas cosas, el PRI se convirtió definitivamente en un partido-cascarón que conserva el "nombre" y la "marca" pero solo eso. Sin embargo, la reelección de Moreno como dirigente del partido ha sido confirmada por las autoridades electorales y judiciales, desestimando los reclamos de otros líderes priistas, que consideran ilegal su reelección. Además, tanto en su estado natal[95], como en el resto del país[96], algunos grupos de priistas denuncian que el partido operó con desgano en las campañas electorales del 2024. Para la abanderada de la coalición "opositora" Xochitl Gálvez, los partidos que la postularon "brillaron por su ausencia". Esto sin contar con que en algunos estados, los candidatos del PRI terminaron sumándose a MORENA y que el partido era reiteradamente señalado por lo poco que aportaba a la labor de la oposición, favoreciendo de este modo al partido del gobierno. Curiosamente, el Grupo de Puebla, otra organización internacional de ultraizquierda, donde participan destacados miembros de MORENA, también tiene entre sus fundadores a Beatriz Paredes del PRI. Supuestamente este fue uno de los motivos por los cuales, una vertiente de la "derecha católica" hizo "cargada" a favor de Xóchitl Gálvez, bajo la premisa de que de esta forma evitarían que el Frente Amplio por México tuviese como candidata a una persona que es miembro del Grupo de Puebla[97]".
Obviamente, se trata de un rumor infundado, cuyo propósito esencial es garantizar la hegemonía de la izquierda, tanto en el gobierno como en la oposición. ¿Caray, no es Xochitl lo suficientemente izquierdista? Aquí el Grupo de Puebla, como el Foro de Sao Paulo en otros contextos, funge como señuelo propagandístico, pues ante el sensacionalismo que rodea a estas organizaciones supuestamente conspirativas, la propia izquierda disfrazada de "derecha" le hace creer a los

incautos que el solo hecho de alejar a los políticos del Foro de Sao Paulo o del Grupo de Puebla de las candidaturas, es más que suficiente para "salvarnos" del comunismo cuando quienes se oponen a estas organizaciones suelen ser igual o más izquierdistas que el Foro o el Grupo de Puebla. Solo basta leer las columnas de gente como Denisse Dresser, Arturo Sarukhan, Cecilia Soto o el recientemente fallecido Luis Antonio García "Frankie" para darnos cuenta de que todas estas personas pertenecen a la ultraizquierda. En efecto, muchos de los promotores del "Frente Amplio por México" y que participaron al lado de Xochitl Gálvez a veces son más radicales que MORENA en su odio contra nuestra cultura tradicional. Y sin embargo, la narrativa oficial convierte a estos zurdos en "conservadores" por el solo hecho de "oponerse" al Foro de Sao Paulo, a MORENA o al Grupo de Puebla.

Los desarrollos más recientes y la probable constitución del Frente Cívico Nacional, la Marea Rosa y demás agregados como partido político, no hace sino confirmar que todos esos tontos útiles de la "derecha" del sistema seguirán aliándose con estos zurdos, siempre que estos estén dispuestos a "abjurar" del Foro de Sao Paulo como si se tratara de un ritual masónico, garantizando a la izquierda la continuidad de sus agendas si MORENA o sus afines son desalojados del poder.

Del Internacionalismo Proletario A Las Licitaciones

En vista de que la COPPPAL es anterior (1979) al Foro de Sao Paulo (1990), hay que decir que ambas estuvieron precedidas por la Tricontinental (1966) y la Organización de

Solidaridad en América Latina, fundada en agosto de 1967. Como representante de México, algunas fuentes nombran a Daniel Molina, un periodista a quien se describe como una especie de enlace entre el régimen y los grupos subversivos. No obstante, la creación de la Tricontinental no era fruto de la casualidad pues ya desde 1961, los soviéticos habían propuesto la creación de una organización "integradora" para la izquierda latinoamericana. Supuestamente, la URSS había estimado que México sería el lugar más propicio para celebrar su asamblea fundacional. Sin embargo, el evento se realizó en Cuba en 1966 bajo el nombre de "Conferencia Tricontinental" y reunió a 83 grupos de diversos países de los tres continentes. En su declaración fundamental, la tricontinental condenaba al imperialismo yanqui como el mayor enemigo de todos los pueblos y alentaba a la violencia revolucionaria mediante guerras de liberación nacional en los países del Tercer Mundo. Según el autor Joseph Douglas, era del conocimiento de la DEA (Agencia Antidrogas de Estados Unidos) que los cubanos habían reclutado al médico marxista Salvador Allende, el cual fungió como orador y fue designado como primer dirigente de la antes mencionada OLAS (Organización de Solidaridad con América Latina) como un frente unido para impulsar la lucha armada en América. Esto es de llamar la atención porque después de su muerte, Allende ha sido públicamente presentado como un "mártir" que rechazaba la lucha armada y la toma del poder a través de la violencia. Por ende, no se puede decir que el castrismo primero apostase por la vía armada y luego por la vía democrática. Lejos de eso, estamos hablando de una multiplicidad de contactos y alianzas sembradas a lo largo de muchas décadas, donde ambas vías se combinaban o promovían simultáneamente.

Es de destacar que en la Tricontinental de 1966, los participantes se pronunciaron a favor de apoyar resueltamente la campaña de los drogadictos, en nombre del respeto a los derechos individuales, como aparece en el libro "Cocaína roja" del autor Joseph Douglass. Años después, el narcotráfico floreció bajo el gobierno de la Unidad Popular en Chile, sobre todo en el norte de ese país que colinda con Bolivia. En 1971, la policía chilena detectó un voluminoso mercado negro de dólares. Años después, el asunto también empapó al régimen de Pinochet porque tras el golpe militar, se cree que sus mandos castrenses ordenaron el asesinato de varios oficiales de aduanas para ocultar la participación de funcionarios judiciales chilenos y empresarios en las redes del narcotráfico, pese a las gestiones de funcionarios estadounidenses que pedían "clemencia" para ellos. Casi al mismo tiempo, estas solicitaron a Pinochet que "expulsara" del país a varios mafiosos acusados de producir y comercializar cocaína[98]. En la práctica, esto fue una tabla de salvación para ellos, pues al poco rato ya habían vuelto a las "andadas" y no corrieron la suerte de los "presos políticos". La Unidad Popular Chilena, por el exilio de su gente en Europa y México, aunado a su importante arraigo en la burguesía cosmopolita, liberal y librepensadora de ese país, tuvo un importante papel en la transmutación de la izquierda latinoamericana y su viraje hacia el feminismo, las ideas propias de la Escuela de Frankfurt y la campaña a favor de la legalización de los estupefacientes.

No obstante, entre la Tricontinental de 1966 y el Foro de Sao Paulo de 1990, la multipartidaria más activa e importante de la izquierda latinoamericana fue precisamente la COPPPAL, que por su amplitud no sólo hizo posible la diseminación de la agenda soviética sino también, la irrupción del marxismo gramsciano y deconstruccionista en nuestro continente. Entre los firmantes de su acta fundacional de 1979, aparece el socialista chileno Anselmo Sule, que se describía a sí mismo como "radical, masón y bombero" y que era cercano a su hermano masón Salvador Allende pero también a Fidel Castro y los eurocomunistas y socialdemócratas europeos de donde llegó la tendencia "deconstruccionista".

Con la neoliberalización de la política en los noventas y la mayor fama del Foro de Sao Paulo como organización de izquierda, la COPPPAL dejó de ser percibida como un actor "subversivo" en la política de la región. Sin embargo, tanto el Partido Socialista Unido de Venezuela como otros tres partidos chavistas afines al Foro de Sao Paulo son miembros de la COPPPAL, al igual que el Partido de los Trabajadores de Lula Da Silva. Otro dato relevante es que en el 2012, cuando Enrique Peña Nieto es electo Presidente de México, la COPPPAL vuelve a cobrar relevancia, con uno de los principales operadores del priismo, Pedro Joaquín Coldwell, ocupando la presidencia. En 1998, Coldwell fungió como embajador de México en Cuba y se atribuye a su gestión el haber logrado la "reconciliación" entre el régimen de Castro y el gobierno de Zedillo, tras el incidente de Mickey Mouse. Tan es así que un año después, en 1999, México votó en contra de la resolución presentada por la República Checa, que condenaba a Cuba por violaciones a los derechos humanos[99].

Los días 28 y 29 de noviembre del 2014, México fue designado como sede de la Reunión Bicontinental de Partidos Políticos de Asia y América Latina de la COPPPAL, cuyos promotores más importantes fueron el Partido Comunista Chino, el Partido Comunista de Vietnam y el PRI, a quienes bien podríamos considerar como la versión "neoliberalizada" del socialismo en oposición a la más arcaica encabezada por Chávez o por Fidel. Lo peculiar de esta reunión fueron las palabras de Gustavo Carvajal Moreno, presidente adjunto de la COPPPAL: "no vamos a hablar de política sino a propiciar que se hagan negocios". Además, se informó sobre el interés de China en la apertura de un canal transoceánico en Nicaragua, que sería más eficiente que el canal de Panamá. Es menester decir también que en la reunión participaron funcionarios de alto nivel de la Secretaría de Comunicaciones y Transportes pero también de la Secretaría de Energía, que ya era comandada por el antes mencionado Pedro Joaquín Coldwell, con el propósito de promover las reformas económicas de Peña Nieto entre empresarios asiáticos. Se advierte aquí, que la COPPPAL vendría siendo el ala prochina del globalismo de izquierda, que trabaja preponderantemente desde la economía y el comercio, mientras que el Foro de Sao Paulo y sus derivados sostienen posturas más "anticuadas", semejantes a las del viejo socialismo estatista soviético.

Precisamente a inicios de noviembre del 2014, la citada Secretaría de Comunicaciones y Transportes había anunciado que el consorcio conformado por China Railway Construction, China Railway Construction Corporation International, China South Rolling Stock Corporation (todas estas ligadas al gobierno chino) y las mexicanas Grupo GIA+A (propiedad de Hipólito Gerard, cuñado de Carlos Salinas de Gortari), Prodmex, GHP y Constructora Teya, habían ganado conjuntamente la licitación para que se construyera el tren México-Querétaro, que sería uno de los proyectos más ambiciosos del sexenio de Peña Nieto. En medio de acusaciones de opacidad e inequidad a cargo de otras empresas que habrían querido participar en el proyecto, el secretario Ruiz Esparza trató de defender los resultados ante el Senado pero días después, el proyecto murió definitivamente tras la publicación del polémico reportaje de Carmen Aristegui sobre la Casa Blanca, supuestamente construida por una de las empresas involucradas en el proyecto del tren. El escándalo de la Casa Blanca fue uno de los factores que incidió en la pérdida de popularidad de Enrique Peña Nieto y en el colapso electoral del PRI en las elecciones del 2018. Sin embargo, es innegable que las presiones de Estados Unidos fueron cruciales para la cancelación del proyecto del tren. En vista de que el priismo "neoliberalizado" de entonces, era visto por algunos grupos en Estados Unidos como una quinta columna del expansionismo chino, no es difícil inferir por qué el obradorismo contó con el inesperado beneplácito de las administraciones estadounidenses. Ahora con el nuevo mandato de Trump, las exigencias para que el gobierno mexicano bloquee las inversiones chinas en ciertos rubros, serán mucho mayores. Por cierto, una década después del escándalo, este proyecto del tren queretano fue desempolvado por Claudia Sheinbaum, que dejó entrever la posibilidad de retomarlo, pero con la intervención de consorcios canadienses o estadounidenses[100].

El punto aquí, es que mientras los medios e influencers sensacionalistas canalizaron la atención de la opinión pública en torno al "escándalo de corrupción" que supuestamente involucraba a Angélica Rivera, a Enrique Peña Nieto, a Luis Videgaray, y después a Carmen Aristegui por haber sido despedida de MVS en medio de acusaciones de "censura", el tema del tren pasó a segundo plano. Sin embargo, la construcción del tren era de gran importancia para los chinos porque se daría *la exportación de todo el paquete, incluida la construcción, equipamiento y estándares tecnológicos"*, según el profesor Sun Zhang, experto de la Universidad Tongji en Shanghái[101]. En vista de que el escándalo de la Casa Blanca terminó con la exoneración de las personas involucradas, habría que plantearnos si el verdadero propósito de la "filtración" no fue impedir que China se afianzara como inversor preponderante en sectores estratégicos de la economía nacional. Sí Carmen Aristegui no hubiese publicado esa información y el tren se hubiese construido pese a las quejas de políticos y consorcios, la imagen de Peña Nieto y su alianza con China probablemente se habría afianzado en la opinión pública y el obradorismo no habría podido arrasar como lo hizo en el 2018.

Sea como sea, la COPPPAL no sale limpia de sus responsabilidades políticas, pues es igualmente sospechosa de haber allanado el camino para que la ultraizquierda de MORENA sustituyera a la socialdemocracia priísta a través de elementos que pudieron haber coadyuvado a ese propósito, y esto pudo haber sucedido también en el resto del continente.

En mayo del 2016, el Presidente Enrique Peña Nieto envió una iniciativa de ley para legalizar el matrimonio entre personas del mismo sexo en todo el país, que era precisamente una de las proclamas de la COPPPAL. Varios meses después, en octubre de ese mismo año, la reunión plenaria ordinaria no. 34 de esta multipartidaria en Asunción Paraguay, eligió como presidenta de su vertiente femenina a la hondureña Xiomara Castro, a quien actualmente asociamos con las corrientes más radicales de la ultraizquierda en el continente. En esa misma reunión se condenaron los "golpes bajos" contra los gobiernos de ultraizquierda en Honduras, Paraguay y Brasil, se reconoce de manera póstuma a Néstor Kirchner y a Hugo Chávez, se respalda al gobierno sandinista de Daniel Ortega en Nicaragua y se resuelve que la COPPPAL participará en el evento de la "hermana" multipartidaria asiática a la que antes habíamos hecho referencia. Como podemos ver, las declaraciones de la supuestamente "moderada" COPPPAL a veces son hasta más izquierdistas en su tono que las del Foro de Sao Paulo. Paradójicamente, la radicalización de la COPPPAL coincidió con la llegada al poder del "moderado" Enrique Peña Nieto y el nombramiento de priistas como cabezas de la multipartidaria. Siguiendo con los acontecimientos destacados de la asamblea de Asunción, la COPPPAL creó en ese 2016 el Instituto de Formación Política "Gustavo Carvajal Moreno", nombre de un destacado político priista a quien ya habíamos hecho referencia[102]. Precisamente este personaje, era quien en los años ochentas, representó al PRI en sus encuentros con los partidos comunistas de Rumanía, Checoslovaquia y la Albania de Enver Hoxha. Ciertamente, hacer un estudio pormenorizado acerca de la COPPPAL es mucho más interesante que hacer lo propio con el Foro de Sao Paulo, pero con estos pocos detalles nos podemos dar una idea de lo que es esta organización, igualmente antinacional y subversiva,

aunque con el disfraz de la "moderación" y la promoción de los "negocios".
[103]

Como alternativa "crítica" ante la COPPPAL o al propio Foro de Sao Paulo, existe también la "Coordinadora Socialista Latinoamericana", fundada en 1984 y que se declara continuadora del legado histórico de Salvador Allende pero que a diferencia del Foro de Sao Paulo, ha sido crítica con los gobiernos de izquierda. De ahí que el Partido Comunista de Cuba no participe activamente. Además, esta multipartidaria también ha denunciado el "autoritarismo" de Maduro y la "militarización" impuesta por MORENA en México[104]. Con Lula, la Coordinadora es menos crítica porque sí participa ahí una fracción del PT brasileño y ésta multipartidaria interactúa tanto con la COPPPAL como con el Foro de Sao Paulo. Pese a lo anterior, la COPPPAL sigue siendo la más influyente de las tres por sus nexos con la red empresarial china y la institucionalidad convencional, que la dota de un halo de "moderación" pese al carácter evidentemente subversivo, antinacional y anticristiano de sus agendas.

La "Opoficción" Y La Coopppal

En el 2019, algunos parlamentarios e integrantes de los partidos afines a la COPPPAL denunciaron que el priista Alejandro Moreno estaba operando para retener la Presidencia de esa multipartidaria internacional. Para los adversarios de Moreno, su permanencia en la COPPPAL compensaba la notable pérdida de influencia del PRI en nuestro país, que tras las elecciones del 2018 quedo relegado a una posicion mas que secundaria en la vida politica nacional. Según los reportes, el cabildeo a favor de Alito fue encabezado por el ex gobernador oaxaqueño José Murat Casab, por el dirigente del PT mexicano Alberto Anaya y por organizaciones políticas de la República Dominicana en una asamblea llevada a cabo en Managua. Esto tiene sentido porque recientemente en el 2024, Alito fue invitado a la toma de posesión del presidente Luis Abinader[105], que pertenece al Partido Revolucionario Moderno, otro miembro de la COPPPAL.

Cabe señalar que Moreno no apoya al régimen de Maduro pero si es cercano políticamente al Movimiento al Socialismo de Evo Morales y a facciones moderadas del lulismo. En la reunión plenaria número 41 de la COPPPAL[106], Moreno participó al lado de Jesús Zambrano, dirigente del PRD que había pertenecido a la izquierda posmoderna de los setentas y cuya facción, conocida como los "chuchos" fue la encargada de incrustar las agendas de la ideología de género y el feminismo en las administraciones encabezadas por los expriistas Cuauhtémoc Cárdenas, Andrés Manuel López Obrador y Marcelo Ebrard en la ciudad de México. Los "chuchos" también tuvieron una importante injerencia en el proceso que permitió la aprobación del aborto en la Ciudad de México bajo la administración de Rosario Robles, que no provenía de las altas esferas del PRI sino de un grupo estudiantil maoísta aliado al trotskismo, que siempre fue internacionalista y no comulgaba con las tendencias "nacionalistas" dentro de la izquierda. Al haberse enfrentado con López Obrador, esta funcionaria transitó, ahora sí, al PRI "neoliberal" de Enrique Peña Nieto como una de sus principales operadoras.

Volviendo a Jesús Zambrano, su participación con Alito en la asamblea de la COPPPAL no tiene nada de raro porque el PRD es oficialmente de izquierda y es miembro de esta multipartidaria. Sin embargo, sí es relevante que a esta asamblea haya acudido también Marko Cortés, que es el presidente del PAN. Algunos dirán, que la presencia de Marko se justifica porque los tres partidos participaron en una alianza electoral conjunta contra MORENA. Sin embargo, aquí también habría que pensar "mal" por varios motivos. El primero es que la candidata de la alianza "opositora" fue Xóchitl Gálvez, que a pesar de ser nominalmente panista, mantuvo una "militancia" encubierta dentro del PRD, a cuyo grupo parlamentario se había integrado, con la anuencia del propio PAN[107]. Gálvez reconoce haber formado parte de la "Liga Obrera Marxista" un oscuro grupo trotskista estudiantil que también se incrustó en el PRD. El segundo es que, aunque el PAN ciertamente fue cómplice de las administraciones de Fox y Calderón, que entregaron las instituciones a cuadros del feminismo y la izquierda posmoderna, el partido todavía mostraba algo de "recato". Sin embargo, desde que Marko Cortés se hizo del control del mismo, el viraje del PAN a la izquierda se ha vuelto público y notorio. En los últimos años, las legisladoras panistas han abandonado los recintos legislativos los días 8 de marzo, han apoyado verbalmente los actos vandálicos a cargo de grupos anarquistas y en la campaña por la gubernatura de la ciudad de México, su candidato Taboada, se pronunció a favor del lenguaje inclusivo y no se opuso al matrimonio entre personas del mismo sexo o al aborto. Si el PAN llegara a convertirse en miembro de pleno derecho de la COPPPAL, esto sería una declaración pública sobre el tránsito formal del PAN a la centro-izquierda. En el papel, la defenestración de Marko Cortés en el PAN y su sustitución por Jorge Romero, que es más un tecnócrata que como un "progre" podría detener momentáneamente ese proceso. No obstante, el PAN ya está suficientemente desdibujado y de concretarse la transformación del Frente Cívico Nacional, la Marea Rosa y sus agregados como partido político de pleno derecho, los partidarios "progres" de Marko Cortés podrían desertar. A la larga, tanto el PAN como el PRI tendrían que aliarse a ese partido en las elecciones del 2030 y la agenda de la COPPPAL triunfará.

El protagonismo de Alejandro Moreno en la COPPPAL, que se presenta como su máxima figura pese a la debacle del PRI bajo su gestión como líder de ese partido, es inquietante. Por su parte, los simpatizantes conservadores que aún respaldan al

PAN se sienten traicionados por sus dirigentes, que los llevaron a una alianza innecesaria con un PRI desacreditado y que no les sumó prácticamente nada. De hecho, es casi seguro que si el PAN hubiese contendido sin alianzas, su votación habría sido la misma, sin necesidad de compartir su candidatura con el PRI o el PRD. Irónicamente, la "caridad" del PAN hacia estos partidos es lo que ha permitido el surgimiento de un tercero en discordia, cuya agenda es abiertamente izquierdista, posmoderna y feminista. Este tercer actor "opositor" que habrá de emerger tras la transformación del Frente Cívico Nacional, la Marea Rosa y otras fuerzas urbanas, "progres" y cosmopolitas en un nuevo partido, será el aparato político de reserva de la izquierda internacionalista ante una posible división o decadencia de MORENA.

Hasta cierto punto, se puede entender la persistencia de Alito Moreno en sus intentos por mantener al PRI bajo su control pues de esta forma, su partido podrá sobrevivir "hibernando" hasta que un evento extraordinario genere una atmósfera más propicia. Sin embargo, si en verdad es cierto que Alito obtuvo la presidencia de la COPPPAL gracias al cabildeo de personajes como Alberto Anaya, dirigente del PT mexicano y que ha formado parte de la coalición de López Obrador desde hace décadas, su lealtad a la "oposición" debería ser cuestionada. Por supuesto, aún es posible argumentar que la operación conjunta de un PRI neoliberal y salinista con un PT obradorista y de izquierda en la COPPPAL obedece a un noble patriotismo o a la voluntad de los partidos mexicanos de actuar conjuntamente pese a sus diferencias. No obstante, el PT ha estado regularmente en la antesala de la pérdida del registro sin que esto pueda a concretarse gracias a tecnicismos o a la "buena voluntad" de las autoridades bajo administraciones priistas. Además, las fuentes y testimonios que afirman los nexos entre el PT y el entorno juvenil de los hermanos Salinas de Gortari son innumerables.

Tal es el caso de un artículo de Roberto Vizcaíno[108], publicado en la revista Vorágine, donde se menciona a los hermanos Salinas, Alberto Anaya, Rolando Cordera, Emilio Lozoya y Adolfo Orive Bellinger como parte de una facción maoísta que operaba en las altas esferas del régimen del PRI. De este grupo surgieron posteriormente los movimientos "Tierra y libertad" de Monterrey y las brigadas de "Línea de Masas" en Guerrero y Oaxaca. En las polémicas elecciones de 1988, Anaya obtuvo una diputación por el PMS de Heberto Castillo a través de una agrupación conocida como Organización de Izquierda Revolucionaria-Línea de Masas. La idea original era dotar a la izquierda opositora, hasta entonces confinada a grupos de intelectuales, de una base social mediante la fundación de colonias populares. Con el PMS de intermediario, este proyecto se habría podido amalgamar con el Programa Nacional de Solidaridad, lo cual habría convertido a la izquierda en un interlocutor relevante a cambio de frenar el auge del PAN en el norte del país. Sin embargo, este escenario no contemplaba la irrupción de Cuauhtémoc Cárdenas ni el hecho de que esta fuese lo suficientemente real como para desgajar a un segmento importante del sistema, que convenció al PMS de tomar un curso de acción totalmente distinto, aliándose con Cárdenas y enfrentándose a Salinas.

En vista de que el ingeniero Cárdenas perdió apoyos importantes una vez que Salinas logró convencer, por las buenas y por las malas, a quienes se le habían opuesto, Anaya trató de rescatar el proyecto. Sin embargo, la decisión de transformar al PMS en el PRD era un hecho consumado. En 1988, cuando Salinas tomó posesión, Anaya rompió con el PMS y reconoció su Presidencia, creando después el PT. En las elecciones de 1991, el PT perdió su registro para recuperarlo inexplicablemente en 1992 y retenerlo en los comicios subsecuentes, también de "panzazo". Por más que se pueda decir que el PT es un partido-franquicia con nulo arraigo social, la realidad es que la idea de Anaya no era tan mala, pues si Castillo hubiese aceptado ese papel, la izquierda independiente se habría conservado como tal. Tal vez, lo que a le faltó a Heberto Castillo fue el suficiente pragmatismo para comprender que el PRI de Salinas necesitaba aliados con independencia formal, mientras que el PRI de Cárdenas, López Obrador y Muñoz Ledo solo quería apropiarse de su registro electoral y de sus simpatizantes. Ante la ausencia de una Tercera Posición en el espectro político y el miedo irracional a "ser fascista", la izquierda nacionalista de Heberto Castillo no pudo hacerse de un espacio político propio. En el PRD, esta corriente fue ahorcada tanto por el priismo de izquierda como por los "Chuchos". Hoy, MORENA se ha apropiado totalmente del legado de Castillo a través de su hija, que es Senadora prominente en el obradorismo. No obstante, su otro hijo, el Dr. Héctor Castillo Juárez, que lamentablemente falleció, probablemente habría discrepado, pues él mismo gravitó en el ámbito del foxismo durante un tiempo. El PT, en cambio, no ha tenido buenos dirigentes pese a su holgado presupuesto y la buena calidad de sus seminarios. En efecto, la implementación de una buena metodología para la construcción de bases populares a través de la línea de masas se ha visto truncada por el espíritu "franquiciatario" del partido.

En las elecciones de 1994, el PT fue uno de los partidos que más dinero gastó en la campaña de Cecilia Soto, que logró un muy distante cuarto lugar, en medio de acusaciones contra el partido en sí mismo, que era públicamente descrito como una maniobra de Raúl Salinas de Gortari. Como ya mencioné, el conflicto entre Salinas y Zedillo propició que el PT se desligará del polémico expresidente y se asociara con Cuauhtémoc Cárdenas y Andrés Manuel López Obrador. Sin embargo, los enroques y reajustes entre todos estos personajes de izquierda se parecen más a un pleito entre familias que a una verdadera competencia política. En el año 2015, bajo el gobierno de Enrique Peña Nieto, el PT perdió nuevamente su registro para recuperarlo "milagrosamente" gracias a que el Tribunal Electoral del Poder Judicial de la Federación permitió su participación en una elección que se realizó de nuevo tras la anulación de la original. En la aquella elección extraordinaria, organizada en Aguascalientes, el PT sacó más de 14 mil votos, resultado que contrasta con los tres mil trescientos votos obtenidos en el proceso anulado. De esta manera, el PT logró sumar el 3% de los votos necesarios para preservar su registro.[109] Se puede decir, como explicación, que los partidos PRD y Movimiento Ciudadano decidieron no presentar candidato para que el PT obtuviera sus votos. Sin embargo, la suma de esos votos no era suficiente para lograr los 14 mil. Además, la anulación de la elección despojó de su "triunfo" al candidato local del PRI, dejando la victoria al candidato del PAN. Ciertamente, el PRI pudo haber ejercido presión para evitar ese escenario o en su defecto, pudo haber movilizado sus recursos para "volver a ganar". Sin embargo, las cifras sugieren que la "resurrección" del PT pudo deberse al "préstamo" de votantes priistas que en la segunda elección le dieron su voto al PT[110]. El cabildeo del PT a favor del priista Alito en la COPPPAL, no es entonces una sorpresa. Además, tanto Carlos Salinas como también y principalmente Raúl, provienen en realidad de una facción maoísta del PRI y en modo alguno se puede decir que hayan "renegado" de las metas globalistas del marxismo. En dado caso, tanto la izquierda asistencial como el comunismo o el liberalismo social o cualquier cosa dentro de ese espectro, son medios para llegar a un mismo lugar, que es en este caso el establecimiento de una "república universal".

El globalismo de izquierda-marxista y el de derecha-capitalista podrían considerarse entonces como las dos piernas de un hombre o las dos hojas de una tijera porque el marxismo y sus derivados no son sino una reinterpretación de los viejos esquemas heredados de la revolución francesa, del evolucionismo y del positivismo. Por ende, de nada sirve regresar al liberalismo de antaño si este nos llevará tarde o temprano al mismo lugar donde ahora nos encontramos. La "civilización occidental" entendida como la sociedad liberal actual, es un cadáver que apesta. Occidente debe generar una nueva civilización y lo peor que podemos hacer es seguir confiando en que el problema se va a resolver con más liberalismo.

LOS "FIASCOS" DEL FORO DE SAO PAULO

A finales del 2022, el Presidente Pedro Castillo empezó a comportarse de forma extraña. Si bien había sido electo en el 2020 como candidato de "Perú Libre" una fuerza de izquierda que representaba en todos sentidos los ya conocidos postulados del Foro de Sao Paulo (indigenismo, "democracia participativa", teología de la liberación, ecologismo, etc.). Desde el inicio de su período presidencial, Castillo había decidido desmarcarse de su partido, proclamándose "independiente" hasta que en un exabrupto intentó disolver el parlamento y declarar el estado de excepción como lo había hecho Fujimori en 1992. Como era de esperarse, algunos comentaristas de la "derecha" lanzaron comentarios histéricos en las redes sociales, aduciendo que un golpe comunista estaba en marcha en aquel país sudamericano y que era necesario defender a la "democracia". Cuando finalmente, la vicepresidenta Dina Boluarte depuso a Castillo, estas personas celebraron su caída, tal como si la vicepresidenta no fuese también un cuadro proveniente de la ultraizquierda. En efecto, el "analisis" de la crisis en el Peru dejo de lado aspectos como la trayectoria de ambos personajes, sus ideologias personales y trabajo politico, concentrandose basicamente en una sola cosa. Es decir, que si el Foro de Sao Paulo apoyaba a Castillo, este debía ser forzozamente el "malo" de la película, o viceversa.

Sin embargo, a diferencia del "populista" Pedro Castillo, que al menos en el papel, estaba en contra del "enfoque de género", el aborto o el matrimonio entre personas del mismo sexo, la "mesías de la democracia" Dina Boluarte comulga abiertamente con la agenda posmoderna. De ahí que ésta haya podido entenderse sin muchos problemas con la "derecha" y los liberales dentro del sistema político peruano. En octubre del 2023 por ejemplo, el parlamento de ese pais aprobó la despenalizacion del aborto en caso de violación, que como es bien sabido, siempre ha sido un gancho para lograr su legalización absoluta posteriormonte. Como podemos ver, muchos comentaristas, influencers e intelectuales que se proclaman "conservadores" o "de derecha" son solo unos liberales oportunistas que se escudan en la causa provida para promover lo que verdaderamente les importa: los privilegios económicos de los ricos y sus banales "derechos" individuales. A lo que voy, es que si estos tuviesen que decidir entre un ultraliberal que está a favor del aborto o la ideología de género y una figura antiaborto que se proclama anticapitalista, ellos siempre van a preferir al primero, aunque el segundo sea moralmente conservador o cristiano. La postura de estos influencers ante Dina Boluarte, es un claro ejemplo de ello. Sin embargo, lo sucedido en el Perú pone al descubierto la debilidad del Foro de Sao Paulo. Por principio de cuentas, su hombre fuerte en el Perú fue depuesto por su propia vicepresidenta ante acusaciones previas de la ultraizquierda peruana e internacional, que censuraba a Castillo por haber nombrado un gaminete de corte neoliberal y ultraconservador. Como señala "La Izquierda Diario" en un artículo fechado el 2 de febrero del 2022, el columnista José Rojas denunció los "nexos" de Castillo con figuras relacionadas con el Opus Dei y personajes "antiderechos". El golpe contra Castillo ciertamente ya estaba en marcha, pero éste no era de derecha sino todo lo contrario. Además, el mal manejo diplomático de la situación, las informaciones contradictorias y las pifias de los propagandistas del Foro de Sao Paulo provocaron una confusión, que solo se resolvió parcialmente cuando Boluarte se alió con el fujimorismo, permitiendo que las izquierdas se realinearan en torno a Castillo, más por coyuntura que por ideología.

La idea de que el Foro de Sao Paulo es una fuerza invencible no sólo ha sido propagada por Lula Da Silva, que la describía como el "comando estratégico" de la izquierda socialista en el continente, pues paradojicamente, la narrativa anti-izquierdista tambien le ha dado al foro cierto halo de "poder temible".

Sin embargo, el foro cuenta con un largo historial de fiascos, errores, malas decisiones y contradicciones internas que lo descubren como un peón más dentro del gran ajedrez del Nuevo Orden Mundial. Como hemos de ver en el transcurso de este libro, la izquierda globalista está preparando su "regeneración" desde la oposición al Foro de Sao Paulo, una vez que éste pierde viabilidad ante una probable caída de Maduro o Díaz-Canel.

De La Rúa Y La Argentina

Aunque en teoría, el peronismo no es miembro del Foro de Sao Paulo, tanto Néstor Kirchner como su asesor político, el marxista posmoderno Ernesto Laclau, son referentes importantes y por eso me remito a Julio de 1990 cuando en el Hotel Danubio de esa ciudad brasileña, tuvo lugar el "Encuentro de Partidos y Organizaciones de Izquierda de América Latina y el Caribe[111]". En aquel tiempo, quien gobernaba la Argentina era el Presidente Carlos Saúl Menem, perteneciente al Partido Justicialista (peronista) que impulsaba un programa totalmente neoliberal. Por ende, es comprensible que en la lista de participantes del Hotel Danubio aparezcan los partidos comunistas, los "descamisados" y otros grupos izquierdistas marginales en una política dominada por dos grandes partidos históricos: el Peronismo y la Unión Cívica Radical.

En cuanto al Peronismo, es importante mencionar que esta gran fuerza social argentina emergió en los años 30 del siglo pasado como una Revolución Conservadora. Es decir, un movimiento fundado por personas ligadas al ejército argentino y a la derecha católica oligárquica, que en vez de resistirse a los movimientos obreros y a las reivindicaciones sociales, deciden encabezarlos. Por ende, aunque el peronismo siempre tuvo facciones con una fuerte carga izquierdista o socialista, el sector más importante del peronismo tradicionalmente se había identificado con la derecha.

La Unión Cívica Radical por su parte, siempre fue un partido laicista, reformista, masónico y con tendencias modernizadoras, al que convencionalmente se ha considerado como una izquierda moderada. En los años de la guerra urbana, las organizaciones terroristas de la ultraizquierda, que después se identificaron abiertamente con el socialismo cubano, surgieron en el seno tanto del peronismo como del radicalismo, mientras que los grupos más expresamente marxistas y doctrinarios, ajenos tanto al peronismo como al radicalismo, existieron de forma independiente.

En vista de que los participantes argentinos originales del Foro en su mayoría pertenecían a este último grupo, de izquierdas propiamente marxistas, cuyo papel era francamente marginal, sólo es relevante para nuestro análisis la presencia de algunos sectores disidentes del radicalismo o del peronismo. Tal es el caso del "Grupo de los Ocho", conformado por legisladores peronistas que se distanciaron de Menem. Aquí, lo lógico sería pensar que estas personas se habían distanciado del justicialismo oficial por el "viraje neoliberal" de Menem. Sin embargo, la realidad es que estos legisladores se habían decepcionado del presidente porque este había indultado a militares acusados de violaciones a los derechos humanos. En lo que respecta a Néstor Kirchner, este no era ni remotamente una figura de izquierda dentro del peronismo.

En aquellos años, tanto Néstor como Cristina Kirchner se deshacían en elogios hacia el Presidente Menem y su compañero de partido, el ultraliberal ministro de economía Domingo Cavallo, respaldando sin chistar sus políticas vendepatrias. Sin embargo, sí hubo algunas vertientes del peronismo y el radicalismo que desaprobaron el viraje de sus partidos hacia el neoliberalismo, a través de escisiones minoritarias que se integraron al Foro de Sao Paulo y que no guardan relación directa con los terroristas de los años setentas.

En las elecciones de 1995, estos grupos respaldaron la candidatura del peronista "disidente" José Octavio Bordón, que se oponía a las políticas de Menem. Según Cristina Kirchner, tanto ella como su esposo siempre estuvieron "en contra" del modelo neoliberal. Sin embargo, el matrimonio siempre se mantuvo dentro del Partido Justicialista y respaldando a Menem. De hecho, la reelección de Néstor Kirchner como Gobernador de la Provincia de Santa Cruz coincidió con la propia reelección presidencial de Menem en 1995, al cual apoyaron. Por cierto, dicha elección terminó con la derrota del peronista "renovador" José Octavio Bordón, que sí era respaldado por los pequeños partidos izquierdistas miembros del Foro de Sao Paulo.

Durante el segundo mandato de Menem, la agenda neoliberal continuó implementándose sin que hubiese fracturas ideológicas dentro del justicialismo. Sin embargo, sí se estaban formando grupos y acomodos internos, ante la expectativa de la siguiente sucesión presidencial. Uno o dos años antes de las elecciones de 1999, estudios de opinión señalaban que la población no estaría de acuerdo con una nueva reelección de Menem, pero sin ella, era poco probable que el justicialismo se mantuviera unido.

Ya en 1997, la vertiente más neoliberal, liderada por el

ministro de economía Cavallo, había fundado su propio partido, de corte totalmente liberal, lo cual dejaba a Menem en una posición "centrista". En cuanto a los Kirchner, estos sí mantuvieron contactos con los disidentes peronistas y otros grupos izquierdistas que habían postulado a Bordón en las pasadas elecciones. Esos grupos sí pertenecían al Foro de Sao Paulo, pero el propósito de ese contacto, por parte de los Kirchner, era convencerlos de apoyar las campañas del matrimonio en la provincia de Santa Cruz, al amparo del justicialismo oficial.

Para las elecciones de 1999, el justicialismo estaba desgastado y ante la imposibilidad de reelegir a Menem, las condiciones estaban dadas para un cambio electoral. Era una gran oportunidad para los Kirchner, pues si hubiesen roto con el peronismo oficial, seguramente habrían tenido un espacio privilegiado en el nuevo gobierno "del cambio". No obstante, aunque en medio de su oposición a la reelección de Menem, los Kirchner se habían unido a Bordón en otra iniciativa conocida como "Grupo Calafate" estos se mantuvieron como disciplinados miembros de su partido. En vez de pasarse al bando de la izquierda, ellos permanecieron leales bajo Eduardo Duhalde, gobernador de Buenos Aires y crítico "moderado" de Menem.

A la postre, quien ganó las elecciones de 1999 fue Fernando de la Rúa, postulado por la Unión Cívica Radical en alianza con los disidentes peronistas de izquierda, que en 1995 habían apoyado a Bordón. En esa coalición también participaron el Partido Intransigente, el Partido Socialista Popular y el Frente Grande, todos ellos miembros fundadores del Foro de Sao Paulo. Así es: varios años antes de que Kirchner fuese presidente, el Foro de Sao Paulo había llegado al poder en un país como Argentina, que es mucho más importante geopolíticamente que Venezuela. Sin embargo, Fernando de la Rúa fue desalojado del poder por una insurrección popular en el 2001, como consecuencia de una crisis económica que llevó al país al caos callejero. Eran los meses del "corralito" cuando el gobierno argentino prohibía a sus ciudadanos que sacaran dinero de sus cuentas bancarias. Curiosamente, esta medida fue implementada por el mismísimo Domingo Cavallo, el economista neoliberal que se había "distanciado" de Menem en 1997 para incorporarse después a una administración respaldada por los marxistas del Foro de Sao Paulo.

A lo que voy, es que es inexacto remontar el triunfo del Foro de Sao Paulo en Argentina a la Presidencia de Néstor Kirchner, pues esta se suscitó en el 2005 y ya hemos visto que en 1999, los partidos del Foro de Sao Paulo habían llevado al poder a Fernando de la Rúa. En efecto, la caída de este gobierno provocó una seria crisis en la izquierda Argentina, que estaba sumamente desprestigiada por la mala imagen de un líder que huyó en helicóptero, por la participación de Domingo Cavallo, por el corralito, etc. Si todo era una conspiración de parte del chavismo, de los castristas y una infalible maquinaria dirigida desde el Foro de Sao Paulo, por que entonces tomaron tan malas decisiones? ¿Por qué escogieron al gabinete más neoliberal que pudieron haber encontrado?

Lucio Y El Ecuador.

Ya desde finales de 1999, la economía ecuatoriana mostraba serias señales de probable colapso. El presidente Jamil Mahuad, ante la quiebra de los bancos y los paros laborales, trató de resolver el problema decretando la dolarización pero el descontento social aumenta. Tras varios días de protestas masivas y levantamientos provinciales, Mahuad es depuesto en un golpe de estado protagonizado por el coronel Lucio Gutiérrez, quien al igual que Chávez en 1992, se transforma en un personaje mediático, que logra acaparar las simpatías de la población. Sin embargo, este no logra retener el poder una vez que el sistema político ecuatoriano se recompone y el vicepresidente Gustavo Noboa se hace del máximo cargo. Al igual que Chávez, Gutiérrez es acusado de golpismo y encarcelado para salir libre después. Hasta ese momento, Lucio parecía una calca de Chávez.

En el 2002, durante la XI Reunión del foro de Sao Paulo celebrada en Guatemala, los asistentes celebraron el triunfo de Lula en Brasil como un triunfo de todos los partidos miembros, pero también la victoria de Lucio Gutiérrez en Ecuador, a quien ellos ven como un continuador del trabajo de Chávez en Venezuela. Es necesario mencionar que durante la presidencia de Gustavo Noboa, tanto Chávez como Fidel visitaron Ecuador. Este es un punto importante porque se percibe que la sucesión presidencial ya estaba en marcha, y que la izquierda castrochavista estaba preparando una operación. Sin embargo, una vez en el poder, Gutiérrez se desmarca rápidamente de sus antiguos aliados izquierdistas, mantiene la dolarización impuesta por Mahuad y se alía a los Estados Unidos:

"Yo admiro el coraje de Chávez porque arriesgó su carrera militar y su propia vida para desafiar a un Gobierno que él consideraba corrupto. Yo hice lo mismo en Ecuador. Pero yo no soy comunista. Soy profundamente cristiano y respeto la propiedad privada y los derechos humanos[112]".

Aparentemente, Gutiérrez fue incapaz de establecer pactos corporativos con sus aliados debido a las duras condiciones económicas del país. Esto sin mencionar los altos niveles de corrupción y nepotismo en su primer círculo. Al quedarse sin el respaldo de la izquierda, Gutiérrez buscó asociarse con los partidos del denostado régimen anterior, que también lo abandonaron, quedándose como presidente en una situación precaria. Tras otra serie de protestas callejeras, con la participación de obreros, indígenas e iglesias evangélicas, Gutiérrez fue destituido de su cargo en el 2005. Ese mismo año, los días 23 y 24 de abril del 2005, los miembros centroamericanos del Foro de São Paulo, se reunieron en Antigua, Guatemala para expresar su *"reconocimiento y solidaridad con los partidos políticos y organizaciones populares del Ecuador que salieron a las calles en la lucha por defender su dignidad y que lograron deponer al dictador Lucio Gutierrez..."* ¡Qué fiasco!

Para Graça Salgueiro, una escritora brasileña que ha seguido de cerca la cronología y acciones del Foro de Sao Paulo, lo relevante es el carácter decisorio del Foro sobre los países miembros, pues cuando Lucio se mostró contrario a sus planes, esta organización estableció estrategias para hacer inviable su gobierno, calificándolo públicamente de "dictador". Sin embargo, lo que yo pienso es que más bien, el Foro de Sao Paulo cortejó a Lucio Gutiérrez del mismo modo en que Fidel cortejó a montones de políticos y personajes de toda índole, picando piedra para conseguir aliados. Tarde o temprano, el que toca muchas puertas eventualmente logrará que alguna se abra. Los fiascos de Gutiérrez en Ecuador y de Fernando de la Rúa en Argentina, bien podrían haberle costado el puesto a quien cometió el error de haberlos respaldado y apoyado públicamente, si estuviéramos ante una entidad de corte privado o de negocios. Sin embargo, el éxito de Fidel consiste en su persistencia. Esto sin mencionar la labor propagandística de la izquierda, que a diferencia de lo que hace la derecha, nunca asume su responsabilidad. De ahí que sus líderes puedan regresar al poder y reciclarse eternamente dentro del sistema.

Los Kirchner, ¿Casualidad O Causalidad?

En el 2003, cuando tras dos años de protestas y cacerolazos, los argentinos esperaban elegir un gobierno estable, lo que se buscaba era reconstituir el binomio radicalismo-peronismo que daba coherencia a la política partidista en Argentina. Sin embargo, tanto el peronismo como el radicalismo estaban fragmentados. La nueva elección, donde personas de una misma corriente podrían participar al mismo tiempo, facilitaría un entendimiento para generar una nueva institucionalidad.

De entre los candidatos de extracción peronista, Néstor Kirchner no era ni remotamente el candidato más izquierdista[113]. Irónicamente quien manejaba un discurso más populista era Adolfo Rodríguez Zaa, que atacaba las políticas económicas neoliberales del entonces presidente interino, también peronista, Eduardo Duhalde, que años atrás había criticado "moderadamente" a Menem por "neoliberal".

En el papel, Rodríguez Zaa aparecía como el hombre fuerte del peronismo, pero desde la salida de Menem en 1999, Duhalde se había hecho del control de las estructuras partidistas y sociales del partido. Aquí, el mérito de los Kirchner fue su paciencia, puesto que en vez de separarse del justicialismo y buscar oportunidades por otro lado, el matrimonio prefirió mantener un bajo perfil, esperando pacientemente. Además, ellos también evitaron enfrentarse a Menem o a Duhalde porque sabían que a la larga, ellos estarían en posibilidad de controlar por muchos años, al partido más grande de la política argentina. Zaa tenía popularidad pero las estructuras políticas del peronismo se decantaron por Kirchner, que en ese tiempo era percibido como una figura "moderada". Más aún, porque el otro peronista que competía, ahora por medio de otra formación política, era nada más y nada menos que Menem, al que prácticamente nadie quería de regreso.

Aún así, la victoria electoral de Kirchner en el 2003 también se atribuye a otros factores. En teoría, esas elecciones estaban pensadas para una segunda vuelta donde un candidato peronista competiría con uno del radicalismo. Sin embargo, la UCR seguía fuertemente desprestigiada y su candidato quedó en los últimos lugares. Elisa Carrió, una radical escindida de su partido pero contraria también al peronismo, tuvo mejor desempeño pero tampoco pudo captar los votos de la centro-derecha ni de los liberales, que optaron por apoyar a Menem.

Al final de la primera vuelta, los dos candidatos más votados fueron los peronistas Menem, con un raquítico 24.45% y Kirchner con otro raquítico 22.25%. Aquí habría que decir que la votación de Kirchner fue más el resultado del apoyo que le brindaba el entonces presidente Duhalde, que controlaba las estructuras oficiales del peronismo, que una consecuencia de su propia popularidad. Rodríguez Zaa era más fuerte políticamente pero no guardaba buena relación con las estructuras oficiales de su partido y eso lo perjudicó. Sobra decir, que la izquierda comunista no pintaba para nada en estas elecciones. Y en cuanto a los partidos del Foro de Sao Paulo, el Partido Intransigente apoyó a Elisa Carrio, mientras que el Partido Socialista postuló a su propio candidato, que obtuvo una votación insignificante.

Con tal de no ver a Menem de vuelta en la Casa Rosada, todos los partidos, sin importar su afiliación política, decidieron respaldar a Kirchner, dejando sin efecto a la segunda vuelta, a la que Menem ya no sé quiso presentar. No obstante, Néstor Kirchner no era percibido como una figura política de izquierda cuándo fue electo en las elecciones del 2003 y su giro a la izquierda tampoco se dio de manera inmediata. Hasta antes de ese momento, la generalidad de la izquierda propiamente marxista en Argentina era reacia a colaborar con el peronismo, al que frecuentemente acusaban de corrupto y confesional. Además, no debemos olvidar que desde el derrocamiento de Fernando de la Rúa, los argentinos que ocuparon la silla presidencial fueron todos peronistas. Sin embargo, un aspecto que acercó a la izquierda a Kirchner fue su disposición para que se derogaran o anularan las leyes de obediencia debida (1987) y punto final (1986), que daban inmunidad a los militares acusados de violaciones a los derechos humanos durante el régimen de Videla y compañía. Hasta antes de ese momento, la izquierda marxista había sido más afín a la Unión

Cívica Radical que al Peronismo. Sin embargo, los radicales se negaron a apoyar la derogación de las leyes en el 2003 por respeto al presidente Alfonsín, que las había promulgado. En cambio, para los peronistas esto no representaba ningún problema porque ellos ya habían repudiado a la figura de Menem, que sostuvo las leyes promulgadas por su antecesor e indultó a varios personajes de la dictadura militar. Este fue el comienzo del viraje a la izquierda en la política del kirchnerismo. Sin embargo, el Partido Justicialista es miembro de la COPPPAL y no del Foro de Sao Paulo. El Frente para la Victoria, qué es la vertiente kirchnerista del justicialismo, tampoco es miembro del Foro de Sao Paulo. Por ende, no se puede acusar al Foro de Sao Paulo de ser la "fuerza dirigente" de la izquierda latinoamericana sino solo uno de sus frentes y una de sus fachadas.

En las elecciones del 2007, el foro apoyó a Kirchner para que se eligiera pero a través de las organizaciones de izquierda participantes, que se unieron a su facción del peronismo para sostener su candidatura. Aún así, el kirchnerismo siempre ha pintado su raya con respecto al castrochavismo. La disidente cubana Hilda Molina, por ejemplo, nunca dejó de reconocer el papel que el gobierno argentino desempeñó para lograr que el régimen de Fidel permitiera su salida del país. Además, tanto Alberto Fernández como sus predecesores se desmarcaron ocasionalmente de los gobiernos de Venezuela, Nicaragua o Cuba. Dicho sea de paso, el kirchnerismo abandonó el poder las dos veces que perdió en elecciones, como sucedió cuando Macri los derrotó en las urnas, y recientemente cuando Javier Milei hizo lo propio. Por ende, es posible distinguir en el kirchnerismo un primer periodo de neutralidad, sucedido de otro con un discurso tercermundista y afín al Foro de Sao Paulo, y finalmente, de otro que implica un acercamiento al posmodernismo, al feminismo y la ideología de género a través de Alberto Fernández, que siempre fue un enlace entre las facciones liberal e izquierdista del peronismo.

En el 2019, Fernández protagonizó el retorno del kirchnerismo al poder, tras haber derrotado al antiperonista Macri, que previamente había derrotado al kirchnerismo en el 2015. Alberto Fernández es actualmente recordado por dos intervenciones memorables. En una de ellas señaló que los argentinos son distintos al resto de los iberoamericanos porque sus antepasados llegaron en barco desde Europa, y no eran unos aborígenes como nosotros. En otra, el presidente argentino se mostraba complacido por el fin del "patriarcado" en su país, a través de toda una serie de reformas de corte feminista y abortista, que Néstor Kirchner ciertamente no habría apoyado, como tampoco lo han hecho Daniel Ortega o Nicolás Maduro.

La primera declaración de Alberto Fernández, que evidentemente desentona con el indigenismo imperante en la izquierda latinoamericana, desvela un detalle importante acerca del expresidente. Y es que originalmente, este se inició en la política en el año 1982 como militante del partido UNIR, que era conservador, de "ultraderecha", "problanco" y anti indigenista. Poco después, Fernández irrumpió con fuerza en la administración pública como burócrata omnipresente en las administraciones tanto del radical Alfonsín como del peronista Menem. En el año 2000, un año antes de que el gobierno de Fernando de la Rúa fuese desalojado del poder en medio de un repudio generalizado, donde también saldría salpicado su polémico ministro de economía, el ultraliberal Cavallo, Alberto Fernández se convirtió en legislador por la ciudad de Buenos Aires. ¿Quién lo postuló? El mismísimo partido ultraliberal del ex ministro Cavallo, que en 1999 había contendido en las elecciones presidenciales para después unirse al equipo del candidato ganador De la Rúa. En el 2003, ese mismo partido decidió apoyar nuevamente a la candidatura de Menem y Alberto Fernández era el "amigo" de todos. Solo basta echar un vistazo a su biografía para darnos cuenta que él pudo haber llegado a la presidencia por cualquier vía: por la del neoliberalismo, por la del menemismo, por la del kirchnerismo o por la de la izquierda. Ese hombre debe haber sido el alma de todas las fiestas: un argentino muy simpático, de eso no hay duda.

En Argentina, el tránsito del peronismo de izquierda hacia el posmodernismo y su probablemente próxima ruptura, con la izquierda tercermundista y las políticas del Foro de Sao Paulo, muy probablemente tienen el propósito que ya hemos enunciado varias veces en este trabajo. Es decir, que al atribuir al Foro de Sao Paulo la autoría de todos los males y las desgracias provocadas por los gobiernos de izquierda en nuestro continente, el foro se convierte en el chivo expiatorio por excelencia. A través de una abjuración solemne frente a los medios de comunicación donde se denuncia la "maldad" del Foro de Sao Paulo, la izquierda globalista pretende regenerarse, del mismo modo en que en su momento la izquierda de los noventas hizo lo propio con la URSS (o con el PRI).

Desgraciadamente, la tendencia de la derecha del sistema a "abrazar" fraternalmente a todo aquel que denosta al Foro de Sao Paulo, sin importar sus verdaderas intenciones, ha permitido la hegemonización de la izquierda en la "derecha" partidista. En México, el solo hecho de que el discurso de Guadalupe Acosta Naranjo y los "Chuchos", cuyo partido no pudo lograr ni el 1.86% en las urnas, haya desplazado del debate nacional al PAN y al PRI, transformando a la "oposición" antiobradorista en una plataforma de ultraizquierda, con feministas y marxistas a la cabeza, es un claro ejemplo de ello.

Resulta preocupante también desde este contexto el probable cambio de gobierno en Cuba, que igualmente podría convertirse en el catalizador de un nuevo proceso de hegemonización de la izquierda a través de una propuesta de tipo "libertario", en parte porque a final de cuentas, la izquierda es un movimiento histórico. Usando las palabras freudianas de Alexis López Tapia, la izquierda no tiene problemas para "sacrificar al padre". Si ésta pudo repudiar a Stalin, esta también podría repudiar al régimen cubano, a Chávez, Ortega o a López Obrador. En cambio, la derecha del sistema, sobre todo en Sudamérica, no ha sido capaz de repudiar políticamente a Pinochet o a los militares argentinos, que a pesar de no haber sido algo más que unos liberales "autoritarios", mantienen anclada a la derecha del sistema, a un espectro político hegemonizado por la izquierda. Está por demás decir que la derecha del sistema jamás va a tomar como símbolo a los héroes de la masacre del seguro obrero en Chile, del mismo modo en que su versión argentina tampoco tiene la menor intención de rescatar el verdadero legado, nacionalista y anti marxista, de Juan Domingo Perón.

En el PAN mexicano, tampoco existe la más mínima apertura hacia quienes defendemos el legado de la Guerra Cristera y del Segundo Imperio Mexicano. Por si fuera poco, la cosa se complica todavía más si encima de todo, te declaras abiertamente en contra de la modernidad y el liberalismo capitalista, que es el otro "padre" infranqueable al que la "derecha" no está dispuesta a sacrificar. Bajo tales condiciones, la construcción de una verdadera oposición, tanto histórica como política a la hegemonía de la izquierda en nuestro continente, resulta imposible.

GUERRILLA, ELECCIONES O FEMINISMO: ¿ESA ES LA CUESTIÓN?

Un aspecto a considerar es el hecho de que en todos estos casos, los gobiernos del Foro de Sao Paulo han alcanzado el poder por la vía democrática en elecciones. En sí, este es uno de los principales argumentos eximidos por los promotores de la teoría conspirativa. Es decir, que el castrismo apostó por la vía democrática como medio para engañar a la gente debido a que el proyecto guerrillero había fracasado.

No obstante, aún cuando Fidel siempre estuvo consciente de que la democracia es "boba" y puede usarse para obtener el poder mediante engaños y falsas promesas, habría que preguntarnos por qué el castrismo de los setentas del siglo pasado, contó con el apoyo de la superpotencia soviética y mostraba una notable vitalidad propagandística e ideológica, no pudo alcanzar una hegemonía ni llegar al poder en ninguna parte del continente, justo en su momento de apogeo.

Algunos dirán, que en aquel entonces, Estados Unidos era beligerantemente anticomunista y desplegaba fuerzas golpistas para evitar cualquier posible viraje hacia el comunismo, interviniendo militarmente cuando era necesario. Sin embargo, no todos los presidentes de Estados

Unidos fueron Nixon o Reagan. De hecho, hubo algunos lapsos de la Guerra Fría, en que los servicios de inteligencia de Estados Unidos y su política exterior se vieron superados por los rusos, así como breves períodos de distensión, como el del Presidente Carter.

Además, la acción golpista de la CIA en Iberoamérica frecuentemente ha servido de pretexto para justificar los errores de los propios políticos del continente, como pasó con el infortunado gobierno de Salvador Allende en Chile, que de haberse conducido con algo más de "cautela" y eficiencia, seguramente habría terminado su periodo sin ser derrocado.

En la mayoría de los casos, el paupérrimo desempeño de los focos guerrilleros exportados por el castrismo en los sesentas ni siquiera puede atribuirse a la contrainsurgencia propiciada por Estados Unidos sino a la irracionalidad de semejantes aventuras, que rara vez llegaron a protagonizar algo más que escaramuzas ridículas. Claro está, que para nuestros hermanos argentinos, la cosa fue un poco diferente puesto que tanto ahí como en Uruguay, los terroristas sí lograron desquiciar a sus naciones, llevándolas a un escenario de verdadera guerra civil. No obstante, por más que organizaciones como "montoneros" o "tupamaros" hayan profesado una ideología marxista o tercermundista, sus métodos provenían del terrorismo urbano europeo de corte anarquista, reproducido en la República Argentina por descendientes de inmigrantes italianos y españoles. En la Europa del siglo XIX, ese "estilo" de terrorismo había sido lo suficientemente exitoso para perpetrar el asesinato de primeros ministros, nobles e industriales pero era inadecuado para construir un movimiento político sólido, situación que debemos atribuir parcialmente a la debilidad de la ideología anarquista en sí misma.

En la Argentina del Siglo XX, las cosas fueron distintas porque los métodos terroristas se combinaron con reivindicaciones patrióticas y soberanistas compartidas por las mayorías del pueblo, que el movimiento peronista había podido aglutinar. Aún así, el terrorismo urbano volcó a la población en contra de estos grupos, lo cual incluía a un enorme segmento de la clase trabajadora, situación que creó un ambiente favorable al advenimiento de la dictadura de Videla (1976). La influencia del castrismo, que apoyó a los subversivos con armas y recursos, al final resultó poco favorable para la guerrilla urbana, pues cuando estos grupos decidieron imitar la experiencia cubana y retirarse a las montañas, las fuerzas del gobierno pudieron aniquilarlos con relativa facilidad. En efecto, en el último año de la Presidencia de Isabel Perón, la subversión había sido casi totalmente aniquilada como consecuencia del Operativo Independencia. Habría que preguntarnos si el golpe era necesario una vez que el ejército tenía vía libre para terminar con las insurrecciones. Hay muchos trabajos al respecto y no es mi interés atiborrar al lector con más historia. Sin embargo, si se puede decir que paralelamente a una acción guerrillera fallida, el castrismo también trató de contaminar al mundo democrático a través de la infiltración de sus elementos en la política partidista. No obstante, esta tenía por objeto obtener apoyo diplomático y comercial para el régimen castrista, y no tanto la toma del poder a cargo de facciones izquierdistas. El poco interés de Fidel en proyectos como el del venezolano Douglas Bravo, que estaba en lo correcto cuatro decía que una convergencia cívico-militar era la mejor opción, es una clara muestra de ello.

En su libro sobre el régimen de Salvador Allende en Chile, el exponente de la derecha anticomunista Nicolás Márquez presenta a esa experiencia, igualmente fallida, como una fabricación castrista-soviética. Sin embargo, no debemos obviar los aspectos particulares de la historia moderna de Chile, país que se vio inmerso en un proceso de industrialización relativamente tardío, dominado por la explotación de yacimientos cupríferos y donde las ideologías de la modernidad se profesaban con vehemencia. Mucho antes que el castrismo se hiciera del poder en Cuba, Chile contaba ya con un fuerte movimiento socialista, con organizaciones gremiales de gran vitalidad incluso con dos experiencias militaristas, una de corte izquierdista con la República socialista del Gral. Grove y otra nacionalsocialista, que derivó en la Masacre del Seguro Obrero de 1938. Sobra decir que las convicciones anticapitalistas estaban fuertemente arraigadas en la nación chilena, donde hasta los partidos de la derecha buscaron orientarse hacia el gremialismo y el corporativismo ante el rechazo que el liberalismo despertaba en la población. Así que, al igual que en el caso del apoyo castrista a las guerrillas, la influencia del castrismo no sólo no sirvió para fortalecer al socialismo chileno sino todo lo contrario.

Según las observaciones del liberal venezolano Carlos Rangel, la izquierda socialista pudo haber tomado el poder en más países del continente durante la Guerra Fría, lo cual no sucedió debido a los propios errores de las fuerzas de izquierda y a la camisa de fuerza impuesta por la Unión Soviética a los países del tercer mundo, que apostaba por una alianza de los comunistas con las burguesías patrióticas. En este sentido, la propuesta soviética planteaba la formación de "frentes populares" y el respaldo a "revoluciones anticolonialistas" que debilitaran al poder yanqui pero sin incurrir en enfrentamientos directos, como en el caso de los misiles cubanos. Rangel, en su libro "Del buen salvaje al buen revolucionario" detalla la forma en que los comunistas venezolanos dejaron pasar una gran oportunidad para tomar el poder directamente. En más de una ocasión, hasta el orgulloso Fidel no tuvo más remedio que aguantar humillaciones y desplantes a cargo de la URSS o México, que pese a hacer sus únicos "amigos" estables, siempre orientaron sus políticas en función de su relación con los Estados Unidos. Después de todo, Fidel siempre estuvo consciente de que su "heroica gesta" había sido el producto de una coyuntura. A diferencia del Che Guevara, Fidel siempre entendió que él era un peón importante en el ajedrez geopolítico pero peón al fin, situación que le permitió interpretar su papel con algo más de efectividad, tratando de alcanzar el máximo beneficio pero siempre dentro de un juego geopolítico que él no podía controlar. Por tanto, es falso que Fidel haya apostado por la infiltración democrática ante el fracaso de la vía guerrillera. Más que un cambio de estrategia, lo que había era un cabildeo sistemático. El Foro de Sao Paulo fue uno de sus instrumentos, pero no el único ni el más relevante, pues muchas de sus reivindicaciones tercermundistas y aparentemente nacionalistas o latinoamericanistas chocaron con las tendencias de moda, adoptadas por los marxistas europeos y los progresistas en los Estados Unidos.

Ya hemos dicho que para la política soviética, la lucha anticolonial en el tercer mundo servía para apuntalar los intereses encubiertos de la nación rusa en la geopolítica mundial. De ahí la convergencia del marxismo con fuerzas aparentemente reaccionarias como los sacerdotes de la teología de la liberación y algunos movimientos islámicos antioccidentales. Con el colapso de la URSS, también se derrumbaron las construcciones intelectuales de la izquierda latinoamericana para justificar sus modos de operar, pues sin la Rusia soviética como potencia socialista en permanente necesidad de nuevos aliados, el apoyo de la izquierda marxista a las luchas nacionalistas o religiosas del tercer mundo, que eran el verdadero motivo de su "popularidad", ya no tenían demasiado sentido.

Evidentemente, este cambio de paradigmas fortalecía la posición de los promotores de la nueva izquierda o del posmodernismo, que criticaban a los soviéticos por el conservadurismo de sus sociedades. Ya desde los ochentas, liberales anticomunistas como el venezolano Carlos Rangel se habían dado cuenta que el sentimiento religioso había tenido un segundo renacimiento en los países de la órbita soviética cuando en el mundo capitalista, este prácticamente había muerto. En el propio México, veinte años de capitalismo y "libertades individuales" resultaron mucho más destructivas para nuestra identidad cultural que décadas de ateísmo y persecución gubernamental. A la postre, está por demás decir que el capitalismo liberal había resultado mucho más eficiente para lograr algunos de los objetivos del marxismo, que el propio marxismo. Por ende, la podredumbre actual no puede atribuirse del todo a una supuesta conspiración marxista.

Además, si bien es evidente que tras la caída del muro de Berlín, la derecha del sistema se durmió en sus laureles mientras la izquierda conquistaba el poder a través de una subversión consistente, la izquierda también se convirtió en una colaboradora inconsciente de los intereses financieros y corporativos. Además, en la izquierda también hubo una "euforia" excesiva en los noventas.

En el campo de la cultura, muchos huérfanos del marxismo se entusiasmaron con la idea de que la no discriminación abriría el camino para el progreso social. No obstante, lo que vino no fue una alianza de marxismo y socialdemocracia sino una desintegración de los viejos partidos marxistas, cuyos simpatizantes solo fueron absorbidos por la primera. Hasta aquí, lo lógico era pensar que una vez eliminado el comunismo de la contienda, la socialdemocracia integraría a toda la izquierda y se convertiría en la fuerza hegemónica de todo el mundo.

Sin embargo, hubo un factor que vino a romper cualquier predicción y ese fue el ascenso vertiginoso de Bill Clinton y el fenómeno mediático que protagonizaba. Ciertamente, lo que impulsaba Clinton no era un reformismo con "destape" o un relajamiento de la moral como en la España de Felipe González sino una verdadera revolución social, tecnológica y cultural que habría de reconfigurar por completo al mundo. En su momento, lo lógico era pensar que la socialdemocracia podría capitalizar el éxito de Clinton pero lo que sucedió fue exactamente lo contrario, pues por más que ésta compartiera con el progresismo de Clinton su legado sindicalista, este último no tiene su origen en la izquierda socialista europea sino en el liberalismo anglosajón de los Estados Unidos, que nunca renunció a sus pretensiones supremacistas y expansionistas pese a su aparente "humanitarismo" e "igualitarismo".

Para muchos socialdemócratas europeos, la alianza de sus países con los Estados Unidos tras la Segunda Guerra Mundial había sido un mal necesario, que se justificaba ante la amenaza soviética pero que tarde o temprano debía abandonarse en favor de una política más independiente. Por el contrario, la derecha europea, tanto liberal como conservadora o demócrata-cristiana, abrazó abiertamente las consignas anticomunistas y occidentalistas de los Estados Unidos durante la Guerra Fría. De ahí que esta estuviera en mejores condiciones de capitalizar el efecto Clinton, que a diferencia de la socialdemocracia, era más proclive a colaborar con la geopolítica de Estados Unidos a través de la OTAN. A la postre, el intervencionismo de Clinton en los Balcanes probaría que su progresismo era mucho más compatible con la derecha liberal europea que con la socialdemocracia. En iberoamérica se dio un proceso similar porque si bien, Clinton era mucho más afín a la izquierda moderada que a la derecha anticomunista, el papel de Estados Unidos como potencia intervencionista hacía imposible esa convergencia. Tanto en México como en Argentina, Menem y Salinas de Gortari trataron de capitalizar el efecto Clinton, precisamente desde una convergencia de tipo socialdemócrata pero esto no se pudo concretar como consecuencia de la crisis económica de ambos países, que a los ojos del pueblo era la prueba de que los hispanoamericanos jamás perteneceríamos al "primer mundo" y que al final de cuentas, no somos sino vasallos en un sistema internacional dominado por los Estados Unidos. A cambio de apoyo económico, los gobiernos de Estados Unidos impusieron duras condiciones a los países hispanoamericanos perjudicados por la crisis. Internamente, el gobierno de Clinton actuaba como un gobierno de izquierda pero en su política exterior, su conducta era supremacista e intervencionista.

Curiosamente, la mayoría de los analistas suele atribuir el aparente "desplome" de la izquierda en gran parte del mundo en los noventas al colapso de la URSS cuando en la práctica, la caída del muro de Berlín habría podido servir como un catalizador que regenerara a la izquierda desde la denuncia del autoritarismo soviético, como sucede con las izquierdas posmodernas de ahora. El efecto Clinton, rara vez es mencionado pero su papel fue fundamental, porque indirectamente perjudicó a la izquierda electoral a la vez que transformó a la "derecha" global en neoliberalismo progresista. Tan es así que en la actualidad, los principales propagandistas de Hillary Clinton y Barack Obama en nuestro país son los panistas Felipe Calderón y Margarita Zavala, mientras que en algunos sectores de la izquierda, se ha dado cierta convergencia táctica con los republicanos y Donald Trump, que son menos globalistas que los demócratas.

A mediados de los noventas, el declive de la izquierda era visible. En 1996, el PP de José María Aznar, heredero del partido franquista Alianza Popular, derrotó a la socialdemocracia de Felipe González y los socialistas de François Miterrand perdieron las elecciones un año antes. En el año 2000, la izquierda española finalmente logró reconstruir al frente popular de la guerra civil, a través de un pacto electoral entre socialistas y comunistas. Sin embargo, esto no era en modo alguno un signo de vitalidad, puesto que a pesar de todo, el PP de José María Aznar obtuvo la mayoría absoluta en las Cortes. En Iberoamérica, los socialismos tercermundistas en un principio trataron de identificarse más francamente con los ideales de la socialdemocracia europea. No obstante, la cercanía de los Estados Unidos y el dominio económico de este país sobre la región, propició un viraje de estos hacia el neoliberalismo "progresista" en forma directa. Aún así, esto tampoco impidió que la derecha terminara capitalizando la situación. Al igual que en España, el priismo neoliberalizado no pudo impedir que Vicente Fox ganara las elecciones en el 2000. La izquierda, comandada por Cuauhtémoc Cárdenas, no obtuvo más que el 17% de los votos. En Italia, la gente votaba por la gris coalición "L'ulivo" más por desagrado hacia el polémico Berlusconi que por afinidad con esa socialdemocracia "descafeinada".

Ciertamente, el período de Clinton puede considerarse como un verdadero cambio de régimen en cuanto a que las corrientes progresistas implantaron su ideario en las leyes e instituciones estadounidenses. Sin embargo, el Partido Demócrata, que hoy es sinónimo de progresismo, era en el Siglo XIX el partido de la derecha racista y del mesianismo anglosajón, que se había reformulado en otro contexto pero seguía totalmente vigente, puesto que el proyecto progresista forma parte del plan mundial de dominación de los Estados Unidos. Por ende, es perfectamente comprensible que la derecha atlantista y occidentalista fuese un instrumento más adecuado para implementar la dinámica de modernización impulsada por los Clinton, pese al hecho de que la socialdemocracia era más cercana en términos ideológicos. Además, el reformismo de los noventas transfirió buena parte del poder del estado a los medios de comunicación y a la sociedad civil.

A la postre, este proceso propició la llegada de una ola interminable de burócratas intelectuales venidos del marxismo posmoderno en la nueva institucionalidad "paralela" del sistema. No obstante, este secuestro izquierdista de nuestras instituciones no habría sido posible sin la concurrencia de gobiernos supuestamente "conservadores" como el de Vicente Fox o el de José María Aznar, pues fueron ellos los encargados de sustituir a la alta burocracia por la tecnocracia, a través de una supuesta profesionalización de la administración pública. Su propuesta, desde el comienzo, fue colocar los objetivos económicos o de eficiencia, por encima de cualquier consideración política. Por la vía de la tecnocracia, centenares de burócratas con ideas ultramodernas, emanadas de universidades extranjeras donde el posmarxismo se había arraigado, ingresaron a la sociedad civil y a las instituciones del Estado.

Ciertamente, los años noventa no fueron un despegue independiente de Europa como nueva potencia puesto que en 1992, las autoridades de la Unión Europea se comprometieron a reducir su producción de cereales, carne, leche y manteca para garantizar la preeminencia de las exportaciones estadounidenses. Paralelamente, la UE evitó también que Nestlé o Airbus acapararan sus respectivos mercados a través de la compra de otras empresas, situación que evidentemente favorecía a los Estados Unidos, como lo detalla el autor francés Roger Garaudy.

En dado caso, esto no fue un impedimento para que muchos socialdemócratas y ex comunistas se entusiasmaran excesivamente con la idea de que, independientemente de la política exterior de Clinton, la lucha contra la "no discriminación" irremediablemente nos llevaría a un mundo más justo y que el ascenso de una pequeña élite de mujeres, minorías raciales o gays en la jerarquía empresarial inauguraba una nueva era de emancipación y liberación.

Fue solo hasta el comienzo del nuevo milenio cuando la izquierda recobró cierta fuerza, y no gracias a la socialdemocracia o al posmodernismo sino a un retorno del viejo populismo latinoamericano, de corte tercermundista. En España, de no ser por la absurdas apariciones de José María Aznar con Bush y Tony Blair en el los albores de la agresión contra Irak en el 2003, que se relacionan mucho más con un afán absurdo de protagonismo personal que con una alianza geopolítica verdadera, los atentados de Madrid jamás habrían tenido lugar. Sin esos atentados, el PP seguramente habría derrotado al PSOE. En lo que respecta al PSOE, estamos hablando de un partido socialdemócrata, que ya había abrazado las agendas de género, la modernización (europeización) de España y los postulados de la nueva izquierda en forma más o menos consistente.

Sin embargo, el neopopulismo latinoamericano se regeneró desde sus bases de apoyo heredadas. Es decir, los grupos afines a la teología de la liberación, los sindicatos, la burocracia y las clases populares, que buscaban recrear el régimen o la fuerza política que existía hasta antes del advenimiento del neoliberalismo, rebasando por completo a la socialdemocracia o a la izquierda posmoderna de origen internacional, que nunca tuvo una base social verdadera fuera de las sociedades europeas más modernas.

MARXISMO Y POPULISMO LATINOAMERICANO

En México, las cúpulas socialdemócratas o posmodernas del PRD toleraron a López Obrador porque el arrastre popular de este último benefició indirectamente a sus candidatos. Cuando Andrés Manuel creó su propio partido, los progres y posmodernos que lo siguieron, lo hicieron movidos por el oportunismo y no tanto por una afinidad con el cardenismo o la ideología de la Revolución Mexicana, que el marxismo más doctrinario siempre había considerado como reaccionaria o "nacionalista". En Argentina, la convergencia entre el feminismo radical y el kirchnerismo solo se dio de manera franca y abierta bajo el período presidencial de Alberto Fernández, que no hizo sino continuar una deriva que tampoco iniciaron los peronistas sino los "liberales" del Presidente Macri. En efecto, fue el macrismo el que oficializó muchas de las agendas que caracterizan al llamado "marxismo cultural" que el kirchnerismo no había apoyado en un inicio.

Por si fuera poco, aunque la narrativa nos lleva a percibir al expresidente Alberto Fernández como un ahijado político de Cristina Kirchner y los influencers de derecha en Argentina suelen culpar al peronismo de imponer las agendas abortistas o feministas, Alberto Fernández irrumpió originalmente como legislador del partido ultraliberal, librecambista y proyanqui del ex ministro de economía de Carlos Menem y Fernando De La Rúa, Juan Domingo Cavallo. Está por demás decir que un liberal siempre apostará por establecer el liberalismo en cualquiera de los frentes donde es posible establecerlo, ya sea a través del egoísmo económico como hacen los libertarios tipo Gloria Álvarez, a través del individualismo moralista como hacen algunos grupos cristianos anglolibertarios o a través del progresismo anglosajón. A final de cuentas, la administración Menem-Cavallo fue contemporánea a la de Clinton en Estados Unidos. Además, es en la década de los noventas cuando se da la convergencia entre el principal sector de los partidos tercermundistas latinoamericanos con el progresismo anglosajón, que los lleva por el camino del neoliberalismo.

La evolución del PRI mexicano también es interesante, pues este partido transicionó del socialismo tercermundista al progresismo anglosajón de manera directa. En la actualidad, el PRI pertenece a la COPPPAL pero también a la Internacional Socialista y se asume abiertamente como un partido socialdemócrata, que al igual que sus aliados europeos aprueba abiertamente el aborto y la ideología de género. No obstante, la identificación del priismo con la socialdemocracia europea se fue oficializando a partir del 2001, cuando el republicano George Bush derrotó al progresista demócrata Al Gore. Antes de esa coyuntura, el término usado por los priistas para describir su política era el de "liberalismo social", que se asemeja bastante a los conceptos de "liberalismo moderno" o "liberalismo progresista" que los demócratas estadounidenses utilizan para describir su ideología. En dado caso, el priismo no solo adopta las tendencias de moda en materia de feminismo e ideología de género a través del progresismo anglosajón o de la socialdemocracia europea sino también del propio neocomunismo, pues fueron varios los intelectuales del marxismo posmoderno, que se integraron a los procesos reformistas de Salinas de Gortari y Ernesto Zedillo pero también de Vicente Fox. Tal es el caso de Jorge Castañeda Gutman, del fallecido Gilberto Rincón Gallardo y otros personajes con destacada trayectoria dentro de la izquierda marxista, que impulsaron estas agendas en los sexenios panistas.

En lo que respecta al PRD, la escisión izquierdista original del PRI, siempre hubo una facción posmoderna y otra socialdemócrata afín a las nuevas tendencias. Sin embargo, el ala cardenista-tercermundista, encabezada por Cuauhtémoc Cárdenas y Porfirio Muñoz ledo, no incluía a la agenda LGBTQ o al aborto entre sus reivindicaciones. Si bien fue al amparo del gobierno capitalino del ingeniero Cárdenas cuando las agendas de género empezaron a prosperar en la legislación, fue Rosario Robles quien "legalizó" el aborto en la Ciudad de México en el 2000, de la mano de la cúpula posmoderna del PRD encabezada por Jesús Ortega y Jesús Zambrano. Este dato es importante porque Rosario, que fue maoista en su época estudiantil y pasó por el trotskismo para abrazar después el posmodernismo, se sumaría posteriormente al PRI neoliberal de Enrique Peña Nieto, con el que tenía una enorme afinidad ideológica. Los chuchos, por su parte, tampoco siguieron a López Obrador cuando éste abandonó el PRD para crear MORENA. Xochitl Gálvez, candidata de la "oposición" perteneció a la Liga Obrera Marxista, de tendencia trotskista, feminista y postmoderna. Ella se sumó al PAN originalmente, pero siempre tuvo afinidad con los "chuchos" y militaba en el PRD, de forma velada.

En la práctica, el obradorismo ha entregado la legislación a los promotores de estas agendas, más por la necesidad de obtener el beneplácito de los poderes mundiales que por una verdadera afinidad con tales ideas. Tan es así, que López Obrador no ha cesado de mencionar públicamente, que el feminismo es impuesto desde el extranjero y que es un ala más de la globalización neoliberal. Sin embargo, hay que decir aquí que esto no exime en modo alguno al obradorismo de sus contubernios con sectores abortistas y promotores de la ideología de género, pues muchos posmodernos permanecieron al lado de López Obrador. Además, este no movió un dedo para frenar tales agendas. Lejos de eso, le entregó el gobierno a Claudia Sheinbaum.

En México, Brasil o Argentina, países de gran extensión territorial con redes político-burocráticas complejas, la distinción entre el populismo latinoamericano "clásico" y el neomarxismo posmoderno de la ideología de género es difusa. No obstante, está es fácilmente distinguible en Nicaragua o Venezuela. Bajo el régimen de Ortega o Maduro, ni el feminismo ni la agenda LGBTQ han alcanzado preponderancia porque la casta militar-populista carece de alicientes para mantenerse dentro de la normatividad internacional en materia de "derechos humanos" y organismos financieros, que fomentan esas agendas. Claro está, que ante la necesidad de conservarse en el poder a como dé lugar, los populismos nicaragüense y venezolano podrían verse forzados a realizar concesiones a la "comunidad internacional" a través de las agendas de género, como ya lo ha hecho el gobierno cubano.

En sus varios trabajos, el escritor venezolano Carlos Rangel, con cierta reputación en el entorno de los liberales hispanoamericanos, ha elaborado una reseña bien fundamentada sobre los populismos de la región y su conflictiva relación con el marxismo internacional oficial. En efecto, se trata de una historia plagada de desencuentros, hermandad frustrada e interacciones convenencieras que aún tienen cierta relevancia. Como ya lo dijimos, el kirchnerismo es una derivación del peronismo, el obradorismo proviene del priísmo mexicano, mientras que el resto de los populismos latinoamericanos recientes desciende igualmente de los socialismos tercermundistas del siglo XX, que este autor engloba bajo la común denominación de "aprismo". Si bien esta última palabra resulta prácticamente desconocida en México, el autor la utiliza porque hace referencia al movimiento encabezado por el ideólogo peruano Víctor Manuel Haya de la Torre, que se inspiró en los postulados de la Revolución Mexicana para establecer el socialismo en un contexto hispanoamericano. Conforme a la visión aprista, el desarrollo capitalista en Iberoamérica no se habría dado de forma autóctona, porque aún prevalecía una cultura premoderna. Desde este punto de vista, el imperialismo no era la última fase del capitalismo sino la primera. Por ende, una confrontación directa con Estados Unidos no era viable. De modo que el camino de la industrialización para Hispanoamérica debía atajarse desde un enfoque distinto al que proponían los marxistas europeos o soviéticos. A la postre, esta propuesta sería la preponderante dentro de la izquierda iberoamericana pero también en el mundo árabe con el nasserismo o el baathismo. Al inicio, los partidos comunistas afines a Moscú hicieron todo lo posible por combatir a los socialismos tercermundistas, a quienes veían como una competencia o como una falsa disidencia, creada por Estados Unidos para evitar el triunfo del comunismo. Además, los marxistas de entonces consideraban que estos socialismos tercermundistas eran reaccionarios, pues preservaban formas de organización tradicionales que a la larga se convertirían en un escollo para el advenimiento de la revolución mundial. Claro está, que cuando la URSS cambió de parecer y empezó a recomendar a sus adeptos que participaran en "frentes anticolonialistas" con fuerzas nacionalistas de sus propios países, sa mayor parte de los partidos comunistas acataron esta medida. Aún así, tanto en el sur de Asia y el mundo árabe, donde los socialistas-tercermundistas habían tomado el poder, los marxistas prosoviéticos protagonizaron insurrecciones fallidas. En México, el Partido Comunista se opuso a la política de la URSS e impulsó el movimiento estudiantil de 1968, que paradójicamente, fue aplastado por un gobierno surgido de una revolución, que había socializado la economía y alcanzado el pleno empleo. En la Argentina de 1955, los comunistas tuvieron más éxito, pues colaboraron con la ultraderecha católica en la asonada militar que derrocó a Juan Domingo Perón mientras que en Perú, los líderes marxistas hicieron todo lo posible por sabotear al aprismo de Víctor Manuel Haya de la Torre, a quien acusaban de nacionalista, reaccionario o hasta de agente británico.

A partir de los años sesentas, muchos simpatizantes jóvenes del tercermundismo transitarían formalmente al marxismo-leninismo o a las guerrillas guevaristas pero a la larga, los rusos se dieron cuenta que en un ambiente tan premoderno como el de Hispanoamérica o el mundo musulmán, su versión del marxismo no tendría ninguna posibilidad de establecerse. Dicho sea de paso, los rusos sabían que a diferencia de los gobiernos del bloque soviético, los socialismos tercermundistas gozaban de buena relación con los países capitalistas, lo cual les daba acceso al comercio y a las monedas duras. De ahí que a mediados de los sesentas, los soviéticos hicieran las paces con los socialismos tercermundistas en detrimento de sus propios representantes locales, cuyos dirigentes solían ser intelectuales "ilustrados", afines a un marxismo europeísta, evolucionista, moderno e internacionalista. A la larga, serían esos intelectuales marxistas, opuestos al tercermundismo, los más permeables a la influencia de la agenda queer-feminista, la Escuela de Frankfurt y el postmodernismo. Sin embargo, los conflictos entre ambas fuerzas de izquierda no se apagaron del todo.

Previamente, ya habíamos dicho que en 1968, los comunistas dirigieron las protestas estudiantiles contra Gustavo Díaz Ordaz, cuyo gobierno era el principal aliado de la revolución cubana y de la URSS en este hemisferio. En Chile, el fiasco del gobierno socialista de Salvador Allende no puede comprenderse sin la disputa subyacente entre los sectores tercermundistas y los marxistas "puros" en el seno de la Unidad Popular, mientras que en Argentina, los comunistas locales respondieron al desmoronamiento del gobierno de Isabel Perón con una "acción conjunta, unitaria, de los partidos políticos, la iglesia y las fuerzas armadas" para que el general Videla tomara el poder. En la Nicaragua sandinista, el apoyo de los rusos a la facción tercermundista lanzó a los marxistas más doctrinarios al campo de la oposición. Tan es así, que en las elecciones nicaragüenses de 1989, el Partido Comunista de Nicaragua (antisoviético) apoyó a la candidata de derecha Violeta Chamorro, que desalojó del poder a Daniel Ortega mientras que en México, la oposición de los intelectuales marxistas hacia el partido oficial, de corte tercermundista, erosionaba sus bases sociales y contribuía a su neoliberalización.

En la práctica, el hecho de que la izquierda marxista fuera grupuscular y extremadamente minoritaria a comparación de los socialismos tercermundistas convencionales de nuestro continente, como el peronismo o el cardenismo, la hacía mucho más permeable a la influencia de las nuevas tendencias feministas o de construccionistas de la nueva izquierda. No obstante, el viraje de partidos pertenecientes al populismo latinoamericano como el peronismo o el priismo hacia el neoliberalismo, también significó la marginación de los sindicatos, las clases populares y el empresariado nacional de la política en general, que pasó a manos de los tecnócratas y las transnacionales. En muchos casos, los marxistas más consecuentes, conscientes de la imposibilidad de su posición anterior, hicieron las paces con los remanentes del viejo populismo. Tal es el caso de la corriente encabezada por Heberto Castillo, que otorgó su registro al expriista Cuauhtémoc Cárdenas para fundar el PRD después de las elecciones de 1988.

Sin embargo, el sector más cosmopolita de la izquierda intelectual seguía siendo reacio a colaborar con los expriistas dentro del PRD, bajo la premisa de que su proyecto era anacrónico. Además, eran personas con cierta formación técnica, conocimiento de idiomas extranjeros y habilidad para comprender conceptos económicos complicados. De ahí que por su "sofisticación", los integrantes de la intelectualidad posmoderna se dedicaran a tender puentes entre los nuevos gobernantes, las tendencias internacionales más recientes y las fuerzas sociales que se resistían a los cambios. A mediados de los noventas, algunos de sus miembros más destacados participaron en la construcción de la institucionalidad neoliberal y sus organismos autónomos, como el INE con José Woldenberg, la CONAPRED con Gilberto Rincon Gallardo, la Comisión Nacional de los Derechos Humanos y las instancias creadas por administraciones neoliberales como preámbulo de las agendas feministas. Pese a sus diferencias, la derecha neoliberal y la intelectualidad posmoderna siempre tuvieron en común su cosmopolitismo y su amor por el mundo moderno y el relajamiento de las costumbres. De hecho, fue al amparo de los gobiernos de Vicente Fox y Felipe Calderón, que las corrientes queer-feministas o neo izquierdistas se hicieron de importantes contactos internacionales que les permitieron conformar un gobierno paralelo. Desde entonces, éste poder ha operado simultáneamente en el estado y la sociedad civil a través de entidades supuestamente autónomas que enlazan ambos conceptos. En efecto, el cartel progresista ha construido un sólido coto de poder con el que las diversas administraciones han tenido que negociar. Sin embargo, este no necesariamente trabaja para un partido sino para la globalización. En las elecciones del 2006, los colectivos abortistas no tenían un papel preponderante en la campaña de Andrés Manuel López Obrador. En las elecciones del 2012, muchos posmodernos y neotrotskistas que promovían el feminismo y la ideología de género, prefirieron apoyar a Enrique Peña Nieto. Por ende, MORENA no era necesariamente su opción preferida, pues las bases que fundaron este partido y después fueron traicionadas, eran personas pertenecientes a las clases populares, que no estaban de acuerdo con las tendencias "de moda" en estos temas.

Sin embargo, aunque algunas facciones con cierto peso en MORENA, comenzando por la que encabeza el Presidente de la República no estén muy de acuerdo con el aborto o la ideología de género, el obradorismo no puede sustraerse de la normatividad internacional en esta materia, pues como gobernantes de un "país emergente", el beneplácito de los organismos financieros internacionales garantiza su continuidad en el poder. Lo mismo sucede en Argentina con Alberto Fernández, "peronista" de izquierda que apoyó ardientemente las agendas de género, cuando éstas ya habían sido previamente implementadas bajo el gobierno "liberal" de Macri y el propio Fernández había sido, un liberal. En cuanto al Foro de Sao Paulo, es importante mencionar que en esa plataforma de partidos de izquierdas, lo que se promovía era principalmente el restablecimiento del populismo latinoamericano al estilo cardenista, peronista o tercermundista. Dicho sea de paso, no todo el peronismo ha sido afín a la misma, puesto que aún hay sectores abiertamente anticomunistas.

En México, las agendas de género fueron impulsadas por el PRI, que se identifica con el neoliberalismo progresista o la socialdemocracia. El PRI no es miembro del Foro de Sao Paulo como sí lo es MORENA, pero en vista de que ese foro era un relanzamiento del viejo tercermundismo, ni el feminismo ni las agendas woke tuvieron un papel demasiado preponderante, pues ni Fidel Castro, ni Hugo Chávez, ni Rafael Correa, ni Maduro o Evo Morales estaban demasiado interesados en estas tendencias, que solo eran abrazadas por los sectores más "modernizados" provenientes de países como Brasil, México, Argentina, Colombia o Chile, que por su importancia geopolítica están más sintonizados con la normatividad neoliberal impuesta por los Estados Unidos.

¿HACIA UNA NUEVA DERECHA?

En su libro sobre la Batalla Cultural, Agustín Laje hace una apología del concepto de la Derecha, aportando varios ejemplos pertenecientes al mundo de la tradición. Entre ellos, se menciona a la oración tzotzil *«Hazme el favor, Señor [...] sirvete de una humilde vela [...]. Recíbela con tu mano derecha, Padre»* y a la de los mapuches, *«Salve, Ñamcu (águila), ser poderoso. Mira a tus esclavos con el ojo derecho de la buena fortuna, no con el izquierdo de la desgracia».* Desde esta perspectiva, la derecha constituye lo que es recto en oposición a lo que es sinuoso o torcido y se corresponde con los valores propios del mundo de la tradición.

Este mundo de la tradición, que ahora sólo podemos concebir en la dimensión del mito, todavía se veía débilmente reflejado en lo que los historiadores europeos denominan el "Antiguo Orden" y que se refiere al sistema político y social que existió en Francia y en el resto de Europa hasta la Revolución Francesa. Se consideran como características del viejo régimen la monarquía absoluta y la idea de que todos los hombres son súbditos del Rey pero también la organización estamental de la sociedad, donde la nobleza y el clero conforman estratos diferenciados y con un rol particular, que el antiguo orden reconoce como esencial frente al resto de la población. Si consideramos a la derecha en relación al Antiguo Régimen, concebido como lo correcto frente a las transformaciones disolventes impuestas desde la izquierda, la derecha puede describirse como una defensa de los principios nobles y aristocráticos que forjaron a determinado grupo nacional en el pasado distante, antes del advenimiento de la civilización burguesa, la sociedad de las masas y los partidos políticos. Hasta aquí, la derecha todavía puede considerarse como una fuerza a favor de lo que es correcto en relación a lo torcido, lo sinuoso. No obstante, esta noción es difícil de comprender en la actualidad porque lo que comúnmente identificamos como derecha en el mundo democrático no necesariamente se corresponde con lo que es correcto.

La derecha estadounidense, por ejemplo, es ciertamente patriótica porque apuesta por la conservación de la etnia anglosajona y los valores de la religión protestante. Esto puede considerarse como "correcto", pero no lo son sus intenciones reales, pues lo que se esconde detrás de este "chauvinismo" es el deseo de proteger intereses económicos privados a través del estado. Lo mismo podemos decir de la meritocracia a la que apelan muchas figuras de la derecha actual, pues aunque ésta sea correcta en la medida de que permita verdaderamente a los mejores seres humanos sobresalir, su legitimidad se pierde cuando se convierte en un pretexto para justificar las arbitrariedades de los ricos y de quienes han construido una "superioridad" como consecuencia de ventajas acumuladas. Desde esta perspectiva, la Derecha actual no es sino un débil reflejo de la "derecha de lo correcto" del mismo modo en que las élites actuales, derivadas del dinero y los negocios, son una versión degradada y espuria de la aristocracia del espíritu en el mundo de la tradición. De ahí que las "etiquetas" usadas para describir la política en el mundo democrático sean cada vez más prosaicas, vulgares y hasta abusivas.

Hoy, López Obrador descalifica como "conservadores" a todos los que se oponen a sus políticas aunque se trate de feministas o anarquistas, mientras los promotores del liberalismo económico desarrollan toda una estrategia intelectual para equiparar conceptos como "estado de derecho" a una defensa de la economía de mercado y la propiedad privada. En vista de que el mapa político se ha corrido totalmente hacia la izquierda, se asume de antemano que la derecha sólo puede ser, una forma extrema de capitalismo o de liberalismo. Otro problema es que la propuesta de Agustín Laje, que busca articular a los conservadores no religiosos con soberanistas no estatistas y a vertientes libertarias en un polo unificado, ha sido llevada al extremo en ciertos contextos, donde se ha llegado a afirmar que la "civilización cristiana", el "capitalismo" o el "libre mercado" son una misma cosa, cuando la realidad es que hasta antes del advenimiento del socialismo moderno, el liberalismo era considerado como la encarnación misma de la subversión contra el orden cristiano tradicional, desde la izquierda.

Ya hemos dicho en el capítulo anterior que tras la Segunda Guerra Mundial, las fuerzas soviéticas y estadounidenses, con todo su aparato propagandístico e intelectual, pactaron la reconfiguración del mundo y del mapa político, expulsando por completo al fascismo y sus equivalentes. En vista de que los nacionalistas somos anticomunistas pero también anticapitalistas, antiliberales y antiburgueses, nosotros no cabemos en un mapa político que tiene al ultraliberalismo o al ultracapitalismo en la extrema derecha y al estalinismo en la extrema izquierda. Además, en vista de que el liberalismo ha incorporado muchos conceptos pertenecientes a la izquierda posmoderna, que en vez de servir como "dique" ante la irrupción de una verdadera izquierda, no han hecho sino prepararle el camino, es perfectamente lógico que algunos liberales busquen una rectificación. Para estos liberales, la buena marcha de una sociedad liberal no depende exclusivamente del liberalismo entendido como teoría económica, pues este requiere de una base filosófica y cultural que le permita existir. De ahí la importancia que estas personas atribuyen a los valores "judeocristianos" (calvinistas) y que ahora asuman posiciones conservadoras en cuestiones morales, con el fin de hacer retornar la coherencia a la sociedad y permitir que el capitalismo vuelva a ser exitoso. Más que un conservadurismo de principios, se trata de un conservadurismo utilitario, pues se piensa que a través del restablecimiento de estos valores, el proyecto económico liberal podrá "salvarse".

Desgraciadamente, la idea de que estos liberales constituyen la "ultraderecha" no sirve para fortalecer los valores morales en la sociedad sino para reforzar la narrativa mediática de la izquierda y legitimarla como la fuerza a favor del cambio y de la justicia. Además, le otorga a estos liberales la falsa etiqueta de "disidentes" lo cual resulta bastante conveniente para aquellos sectores económicamente poderosos que se sienten amenazados ante la virtualización de la economía, las transformaciones tecnológicas y el proceso de concentración y centralización del capital inherentes al sistema capitalista. Para estos potentados, una fuerza liberal falsamente catalogada por los medios de comunicación como "disidente" o como "rebelde" puede convertirse en una herramienta útil al servicio del capital, que con el pretexto de restablecer el "orden moral" puede unificar a las masas en un movimiento cuyo resultado deseado, sería una restauración del capitalismo industrial anterior a los noventas. ¿Cuántas veces no hemos escuchado esta frase de que "la rebeldía ahora es de derecha"? Cuántas veces no hemos escuchado a estos influencers presentarse como "políticamente incorrectos" para tratarse de cierto algo de transgresión cuando lo único que están buscando verdaderamente, es el fortalecimiento de la sociedad liberal actual?

Habiendo dicho todo esto, es válido asumir que ante tal perversión del intelecto humano, lo que debemos hacer es combatir el discurso hegemónico del mundo democrático y su falsa dicotomía izquierda-derecha, declarando públicamente que no somos ni de izquierda ni de derecha, que estamos en contra tanto de una como de la otra y que un tercer camino es necesario. En efecto, este rechazo a la dicotomía izquierda-derecha fue uno de los aspectos más innovadores y distintivos del fascismo, del nacionalsocialismo y de los otros movimientos análogos antes de la Segunda Guerra Mundial. Sin embargo, este postulado ya no sería un aspecto distintivo para el nacionalismo del siglo XXI porque en la actualidad, tanto los marxistas como los liberales o los anarquistas están recurriendo a ese mismo argumento, de que "no son de izquierda ni de derecha".

Este es el caso de aquellos marxistas de tipo estalinista que rechazan las tendencias actuales que comúnmente consideramos como de izquierda en torno a la ideología de género. Desde su punto de vista, los" progres" constituyen una izquierda dentro del sistema y una forma radicalizada de la sociedad actual, al igual que los anarquistas, siendo todos ellos funcionales a los intereses del capitalismo.

Paralelamente, influencers como Gloria Álvarez o el académico argentino Benegas Lynch, han comenzado a desmarcarse de sus antiguos "aliados" y han condenado el viraje "supremacista" de algunos libertarios hacia el chauvinismo y el ultraconservadurismo moral. Tomando como base a los fundamentos del liberalismo, estas personas argumentan que si el liberalismo es el respeto irrestricto al proyecto de vida de cada individuo, el propio concepto de liberalismo es incompatible con la noción misma de ideología o con el restablecimiento de los convencionalismos morales cristianos y esa es la crítica que le hacen a Agustín Laje, por ejemplo.

Paralelamente, la proliferación de influencers y escritores que amalgaman el conservadurismo moral cristiano en con una defensa a ultranza del libre mercado y del sistema capitalista, como es el caso de varios argentinos a los que hemos hecho referencia en este trabajo, ha propiciado que algunos exponentes del identitarismo, el tradicionalismo o el nacionalismo hayan pasado de una posición de "desmarque" frente a la clásica dicotomía izquierda-derecha, a una postura que enfatiza en primer lugar, su oposición a la derecha. Ese proceso se ha dado principalmente en España, en parte porque VOX ha ocasionado la deserción de muchos nacionalistas españoles, que sin ser expresamente liberales, se han unido a ese partido porque a comparación de las pequeñas formaciones nacionalistas, cuenta con el suficiente presupuesto y aceptación en la sociedad para convertirse en una alternativa real para la toma del poder.

Para el nacional-revolucionario Juan Antonio Llopart, el liberalismo está usurpando la idea de la tradición y del nacionalismo para defender la continuidad del sistema. De ahí su necesidad de desmarcarse frente a la derecha del poder y que su proyecto político más reciente haya tenido la osadía de proclamarse abiertamente como una "izquierda nacional" ante la decepción de algunos de sus simpatizantes, que consideran inaceptable esta categorización.

Se trata de una decisión un tanto polémica porque la autoadscripción a los conceptos de izquierda o derecha rompen conceptualmente con la neutralidad transversal que caracterizaba a los nacionalismos del siglo XX y que otorgada a aquellos movimientos un halo de singularidad y de única oposición verdadera. Sin embargo, ni la lealtad histórica al legado de la Segunda Guerra Mundial ni el carácter difuso de las etiquetas derecha-izquierda en el mundo democrático son el verdadero motivo por el cual resultaría impropio autoadscribirnos a la derecha o a la izquierda. Más bien, lo que nos detiene en este sentido es el hecho de que en el mundo de la banalidad democrática, derechas e izquierdas operan en un mismo plano, combatiendo como fuerzas equiparables en el campo de batalla de la sociedad liberal actual. Por ende, afirmar que somos gente de derechas o de izquierdas, implica "tomar partido" por uno u otro bando, lo cual podría vulgarizar una causa que aspira a estar por encima de las disputas banales de la política partidista, y que se asocia al plano del mito, al mundo de la tradición y a los valores del superhombre, a los que deberíamos aspirar por encima de la banalidad democrática.

En efecto, muchos autores hacen remontar el origen de esta distinción propia del mundo democrático al 28 de agosto de 1789, cuando los constituyentes de Versalles debatían sobre el derecho a veto del Rey. Para manifestar su decisión, los partidarios del veto se situaron al lado derecho del presidente de la cámara mientras que sus adversarios lo hicieron a la izquierda. Si bien se dice que esto ya sucedía en Inglaterra, lo sucedido en Versalles es una consecuencia del quebrantamiento del sistema estamental de la antigua monarquía a través de una rebelión del tercer estrato, que a través del comercio, del auge de las ciudades y las innovaciones tecnológicas, comienzan a disputarle a la nobleza de sangre su lugar privilegiado, cuestionando también al segundo estrato (el clero) que hace posible la continuidad espiritual del orden monárquico. En Francia, este proceso culmina violentamente pero no así en Inglaterra, donde la reforma protestante ya había transformado a la Iglesia en una institución igualitaria y enteramente "humana". De ahí que como consecuencia de la revolución, la religión se convierta en una cuestión netamente privada o en una relación individual de la persona con Dios, sin intermediarios o con intermediarios "opcionales" como en los Estados católicos secularizados.

Con la Revolución Francesa empieza formalmente la pugna entre los partidarios de una república (la izquierda radical), los partidarios de una monarquía constitucional (la izquierda moderada) y los que defienden la monarquía de derecho divino, que se puede catalogar como la "derecha". Ciertamente, la Revolución Francesa busca la destrucción total del Antiguo Régimen. Sin embargo, ante la inviabilidad de tal empresa, el Antiguo Orden debe ser deconstruído a través de reformas, transformaciones económicas y guerras que sienten las bases para una próxima revolución que acelere su destrucción. Con la Revolución Francesa, la nobleza monárquica no es aniquilada pero al quedar separada de lo espiritual, cada Estado se verá obligado a elegir entre concebir al "poder "como venido de Dios, ya sea a través de la aristocracia o a través del pueblo. El problema aquí, es que el concepto de "pueblo" no es el que podríamos asimilar a una comunidad nacional o étnica.

En este sentido, el politólogo español Gustavo Bueno distingue a la nación biológica como un núcleo primigenio análogo al clan o a la tribu, que solo podríamos describir correctamente en una etapa posterior porque durante su gestación, es imposible saber lo que verdaderamente será. En efecto, cuando esta colectividad expandida, que existe como "sociedad compleja" interactúa con otros grupos y sus integrantes comienzan a identificarse como tales por haber surgido en su seno, la nación biológica se convierte en una nación étnica. La nación política, por el contrario, se identifica expresamente con el estado, cuya génesis inicia en las sociedades antiguas hasta madurar con el establecimiento de los estados modernos, que ciertamente coinciden en la medida de lo posible con la nación étnica, pero también se imponen a ella.

A lo que voy es que el estado moderno establece una estructura artificial por encima de la nación étnica, que debe establecer su poder abarcando a todos los sujetos incluidos dentro de su cuerpo político independientemente de su raza, lengua o clase social, por lo menos en el papel. De modo que por encima del pueblo como etnia, la nación política configura un pueblo "ideológico" cuya identidad se articula a través de una cadena de demandas políticas. El hombre, abstraído jurídicamente como ciudadano, celebra contratos sociales y políticos que constituyen la declaración oficial de su "igualdad". Por ende, el concepto de "lo alto y lo bajo" se vuelve incompatible con la vida convencional del mundo democrático moderno, que al exigir cuotas crecientes de igualdad, como decía Alexis de Tocqueville, se materializa y banaliza cada vez más. Desde este punto de vista, asumirnos como derecha o izquierda nos convierte en un actor más de este mundo democrático banal, alejándonos de lo alto, que debería de ser nuestra aspiración.

Sin embargo, por más que quisiéramos que no fuera así, todos estamos inmersos en el mundo de la materialidad. Ciertamente, las disputas que se dan en el marco de la política actual son grotescamente mundanas e insípidas, incluso a comparación de epopeyas pertenecientes a una época más o menos reciente como la Segunda Guerra Mundial. Sin embargo, su banalidad no las hace menos reales, pues lo que sucede en el cuerpo también influye en lo que pasa en el alma o en el espíritu. Por tanto, no debemos juzgar de mala manera a quienes se han atrevido a "tomar partido" en estas disputas tan mundanas, proclamándose de derecha o de izquierda, si esto puede incidir para bien de nuestra causa en lo que sucede en los planos más etéreos.

Además, el hecho de que la dicotomía izquierda-derecha sea insuficiente, no necesariamente se opone a la existencia de la derecha como un concepto más elevado, representativo de la autoridad o la soberanía en un sentido mucho más completo, que trasciende la mundanidad de las disputas partidistas y se corresponde con los valores propios del mundo de la tradición, o ya en un sentido más terrenal, como dijo Julius Évola, *de los principios nobles y aristocráticos que forjaron a determinado grupo nacional en el pasado distante, antes del advenimiento de la civilización burguesa, la sociedad de las masas y los partidos políticos.*

Este tema lo trataré con algo más de profundidad en otro trabajo. Sin embargo, dada la "horizontalidad" de nuestro mundo plebeyo y mundano, yo concuerdo con lo expuesto por el politólogo Juan Molinar en cuanto a que este binomio izquierda-derecha, por más insuficiente o engañoso que pueda ser, conserva utilidad, pues nos permite identificar con mucha rapidez valores, esquemas, sistemas de pensamiento y de acción, entre otras cosas.

Para Norberto Bobbio, un tipo de liberal, la clave para distinguir a la derecha de la izquierda está en el concepto de igualdad, entendiéndolo como un patrón de distribución. Para Bobbio, este patrón de distribución puede distinguirse según los bienes que se van a repartir, los sujetos que los recibirán y el criterio que se usará para repartirlos. Desde este punto de vista, la meritocracia puede ser "justa" aunque no sea igualitaria, del mismo modo en que la nivelación que propone el comunismo podría considerarse como teóricamente justa pese a que esto se traduzca en una negativa "nivelación en la pobreza" como pasa ahora en Cuba. La igualdad o equidad de una propuesta es entonces relativa. Sin embargo, la izquierda desde el punto de vista de la igualdad se distingue de la derecha porque atribuye la desigualdad imperante a las características externas del orden político-económico en una sociedad. Para la izquierda, esta desigualdad puede combatirse artificialmente a través de políticas sociales, que la derecha considera inconvenientes porque conforme a su propia visión, la desigualdad es natural y cualquier intento por eliminarla desde el poder, no sólo es inútil sino contraproducente. De ahí que comúnmente identifiquemos a la derecha con la economía de mercado o la propiedad privada, y a la izquierda con una propuesta a favor de la planificación, regulación y control de la economía por parte del Estado.

Este último planteamiento es superficialmente coherente pero no muy exacto porque se refiere exclusivamente a la economía.

Además, Giovanni Sartori sugiere que algunos regímenes de derecha autoritarios han sido menos respetuosos de los derechos de propiedad que los gobiernos democráticos de izquierda, que frecuentemente impulsan la iniciativa privada para hacer más equitativa a la sociedad. Como señala el doctor Miguel Ángel Jasso Espinoza, la izquierda y la derecha *no son cualidades intrínsecas del universo político sino una topología que nos permite ubicar una u otra idea en el espacio sin que esto implique una descripción de lo que verdaderamente es o de sus cualidades trascendentes*. Esto quiere decir que lo que podamos entender por derecha o izquierda es relativo, pues depende primordialmente del contexto temporal o espacial.

Si en los años posteriores a la Revolución Francesa, la lucha entre derecha e izquierda era una pugna entre monarquía y república, esta dicotomía ya no tenía sentido un siglo después porque ya todo mundo ha aceptado la república (o las "monarquías descafeinadas, que no son sino repúblicas con un monarca de adorno). De ahí que en una etapa posterior, la dicotomía se expresara en torno a la pugna entre confesionalidad y laicismo, que con el paso del tiempo se volvió igualmente obsoleta, una vez que el laicismo se ha convertido en la única realidad posible, incluso desde el punto de vista de los Papas actuales, que ya no aprueban la constitución de estados confesionales.

Efectivamente, la distinción entre izquierdas y derechas es relativa porque se encuentra determinada por un contexto espacial y temporal. Sin embargo, el patrón que sigue siempre es unidireccional. A lo que voy, es que la historia posterior a 1789 no es sino un recuento de los triunfos, uno a uno, de las fuerzas de la subversión. Para el filósofo español Gustavo Bueno, las izquierdas surgen como generaciones provenientes de un "género generador común" de donde emanan otras nuevas, que son independientes las unas de las otras mientras que las derechas no emergen como generaciones sino como "modulaciones".

En este sentido, la derecha no es verdaderamente el Antiguo Régimen sino su reacción frente a la acción de las sucesivas fuerzas de izquierda que lo van destruyendo capa por capa. Esto no lo dice el autor pero si sabemos interpretar la historia correctamente, es fácil darnos cuenta de que los conservadores de hoy son los liberales de ayer y que la derecha de ahora es la izquierda de antes, porque la derecha de cada época es una modulación de la reacción del Antiguo Régimen frente a su destrucción, que se da por medio de mutilaciones sucesivas hasta convertirse en un escenario semejante al de la muerte floral de los aztecas. Si imaginamos un combate gladiatorio real, ambos guerreros estarían peleando con escudos de verdad, mazos de verdad y lanzas de verdad. Sin embargo, en el segundo escenario imaginado, las armas del gladiador de la derecha serían sustituídas, ronda a ronda, con armas de papel de modo que al final, este gladiador seguirá reaccionando ante los golpes y se defenderá, pero sin posibilidades reales de vencer ante el otro combatiente que tiene sus armas reales.

Habiendo perdido todas las batallas, la derecha del mundo democrático solo puede concebirse como un dique frente a las formas más "extremas" de la subversión y la disolución social, como el marxismo, el comunismo o el anarquismo. La "derecha" que conocemos funge en estas circunstancias como un freno o un agente rectificador que al haber perdido todas sus armas, se aferra a un escudo de papel para preservar lo poco que le queda de vida. Sin embargo, la destrucción por mutilación no es en este caso la mejor de las metáforas, pues de acuerdo a la tesis de Bueno, la destrucción del Antiguo Régimen se da mediante el proceso de "racionalización por holización".

Racionalización Por Holización

Si aplicamos este proceso, que Gustavo Bueno tomó prestado de la física o la química, se puede considerar al Antiguo Orden como una "totalidad atributiva" porque sus partes, estamentos, gremios, órdenes clericales, etc. se encuentran interconectadas y relacionadas entre sí de una u otra manera. En una primera fase "analítica" de esta holización, las instituciones antes mencionadas deben ser trituradas hasta llegar a los individuos, eliminando a los indeseables hasta que el proceso se detiene porque aunque la Revolución Francesa haya tenido en mente al individuo abstracto en el marco de toda la humanidad, la revolución estaba limitada por las fronteras físicas de Francia. Este límite, en el marco de las ciencias físicas es conocido como "dialelo" pues es aquí donde se detiene la fase analítica o *"regressus"* y comienza la fase sintética o *"progressus"*. En esta segunda fase, la sociedad política ya no se reconstruye en estamentos sino que sus átomos o individuos se recomponen bajo la nueva categoría de "nación política" que como ya dijimos, no tiene nada que ver con la nación étnica o biológica porque une a todos los individuos bajo una misma legislación sin distinción de raza, etnia, ocupación o linaje.

El método que emplea la izquierda es entonces la racionalización por holización. Sin embargo, los criterios que se utilizan para esta reorganización de la sociedad política humana, son la racionalidad y el universalismo. La racionalidad es en este caso el rechazo a la "superstición", la teología y la metafísica. El universalismo es en cambio, la pretensión de alcanzar la totalidad de las sociedades humanas, demoliendo uno a uno, los proyectos particularistas. De esta forma es fácil percibir lo que a simple vista es complicado, pues aunque en la apariencia, el liberalismo capitalista es un enemigo acérrimo del comunismo marxista, ambos proceden de revoluciones generadas por el mismo "género generador".

Tales diferencias son, en dado caso accidentales, pues de entrada, toda la izquierda, desde el "compasiv"Condorcet hasta el protosocialista Saint-Simon, se liga a la vertiente radical de la ilustración, que adora el progreso, la ciencia y la técnica. La derecha ilustrada de Tocqueville, por su parte, enaltece la libertad individual y la del barón de Montesquieu, la competencia económica. La derecha del mundo democrático incita entonces al crecimiento económico y a la posibilidad de disfrutar el fruto del trabajo mientras la izquierda del sistema exige el bienestar para todos, cerrándose de esta forma el ciclo.

Ya vimos que el comunismo es universalista y racionalista, pues sus metas son globalistas aunque a veces recurra a métodos poco ortodoxos, como el apoyo a revoluciones supuestamente "nacionalistas" o religiosas en Iberoamérica o el mundo musulmán, o como ahora, que el comunismo parece haber "traicionado" su racionalismo para apoyar tentativas aparentemente irracionalistas como el deconstruccionismo o la ideología de género.

El proceso de racionalización por holización, descrito en los párrafos anteriores con el ejemplo de la Revolución Francesa, también puede ser aplicado a la Revolución Rusa. En aquel caso, ya vimos que la meta universalista inicial, que tuvo como su expresión más evidente a la primera etapa de la URSS, donde se implementaron medidas feministas, se destruyó la religión y se incentivó a los niños a denunciar a sus padres bajo una autoridad comunista que permitía escandalosos experimentos, llegó a su fin cuando la revolución se topó con el límite de la frontera rusa y con la difícil situación económica. Este fue el "dialelo" que detuvo la etapa analítica y dio comienzo a la etapa sintética, donde se revirtieron muchos aspectos del comunismo inicial como la legalización del aborto y las políticas feministas. De manera análoga, se volvió a permitir la religión y el estado soviético retornó a una política nacional rusa. Sin embargo, muchos efectos de la revolución fueron definitivos, porque el comunismo dejó una huella indeleble en la historia mundial.

Ahora bien, por más que los historiadores y analistas se sientan fascinados con la Revolución Francesa o que la revolución bolchevique siga siendo el principal mito de muchos profesores trasnochados en las universidades iberoamericanas, ninguna de esas revoluciones ha sido la que impuso la globalización. Ninguna de estas revoluciones ha sido además, verdaderamente universal pese a sus reivindicaciones y a su importancia ideológica e histórica. Sí hubo, en cambio, una Revolución que lo transformó todo en el mundo, y que verdaderamente logró sentar las bases para la República universal futura y esta es la Revolución Estadounidense.

La comunización de Estados Unidos a través del neoprogresismo y su asimilación con la social democracia europea o el neocomunismo, será con toda certeza la próxima fase del proceso mundial de globalización.

La Omnipresente Tijera Del Enemigo

Ya desde antes de los años ochentas el disidente soviético Anatoliy Golitsyn había señalado que las supuestas divisiones y pugnas entre las diversas corrientes del marxismo, por más reales que fuesen a nivel intelectual o en las bases de la población, servían como una estrategia de engaño hacia los países occidentales, a quienes se les mostraba una imagen falsa de "fractura" o debilidad para obtener más tecnología occidental. De ahí que los soviéticos buscaran tender puentes hacia el oeste de Europa, que trataba de sacudirse el yugo de los Estados Unidos, propiciado por la implementación del Plan Marshall. En aquellos años, la URSS jugaba la carta del europeísmo con la idea de promover un bloque integrado basado en las ideas de la ilustración y la modernidad, lo cual les permitía a los soviéticos acercarse a las esferas de la OTAN y del militarismo occidental. La URSS tenía una imagen moderada e ilustrada hacia Europa pero beligerante y agresiva frente a Estados Unidos. Los chinos, por el contrario, se hacían de una imagen radical y de ultraizquierda que amedrentaba al espíritu ilustrado europeo pero que a su vez, se acercaba geopolíticamente a los Estados Unidos con fines económicos. Para Golitsyn, la idea de los comunistas era evitar que Estados Unidos invirtiera en la industrialización de Europa y que en cambio, su inversión se dirigiera hacia China. Si los europeos hubiesen sido un poco más pacientes y hubieran aceptado la alianza con los Estados Unidos, seguramente se habrían industrializado, para después separarse de la alianza estadounidense y establecerse como nueva potencia, del mismo modo en que los chinos lo están haciendo ahora.

No obstante, los rusos apelaban en este caso al orgullo europeo frente a la irrupción de Estados Unidos y su primacía económica sobre Europa, lo cual constituye una afrenta para los europeos del mismo modo en que el auge estadounidense es una afrenta para una Hispanoamérica que por su historia y cultura, merecía mejor suerte. Sin embargo, lo importante aquí es que la dualidad se usó para ocultar la naturaleza de los objetivos y el grado de coordinación del movimiento comunista, pues la militancia de una nación ayudaba a la diplomacia activista de distensión de la otra. Las falsas alianzas formadas con terceros por cada bando en contra del otro, eventualmente sirvieron para fortalecer al movimiento comunista mundial.

El ex agente soviético Golitsyn también advertía acerca de la impostura de algunos supuestos "disidentes" del comunismo, a quienes sospechosamente se les permitía reunirse con gente de países occidentales, como si fuesen celebridades. Uno de ellos era el científico Sakharov, cuya visión "optimista" sobre la modernidad y el triunfo final de las ideas de la ilustración a través de una alianza entre el comunismo y el liberalismo, dice mucho sobre el mundo de nuestro tiempo.

Según Sakharov, el conflicto entre la Unión Soviética y los Estados Unidos, que se aproximaban a una guerra nuclear, había propiciado un acercamiento entre los sectores moderados de ambas potencias, que en conjunto con científicos, filósofos y gente de la "cultura" optaron por la construcción de un "mundo mejor". En una primera etapa, el mundo socialista se vería inmerso en una pugna ideológica de gran calado entre las fuerzas más belicistas y extremistas del comunismo y las realistas o pacifistas, a las que él se refiere como las "verdaderamente leninistas". Todo esto desembocaría entonces en la creación de democracias multipartidistas en la Unión Soviética y en la división de la izquierda mundial en dos grandes fuerzas: una belicista y otra "ilustrada". A la postre, dicha batalla ideológica terminaría con una victoria del bando "realista" o "leninista" que afirmaría la coexistencia pacífica y el fortalecimiento de la democracia en el mundo, a través de reformas económicas profundas.

Paralelamente, en los Estados Unidos se daría un proceso similar, donde los sectores más beligerantes del anticomunismo y de la derecha serían vencidos por una coalición de intelectuales, obreros y clases medias que, preocupados por el futuro de la humanidad, iniciarían una convergencia hacia el socialismo mediante reformas al sistema de propiedad y una cruzada contra el "racismo" y el militarismo. Habiendo superado sus diferencias, la Unión Soviética y los Estados Unidos se unirían en una tercera etapa con el fin de rescatar a la mitad más pobre del mundo, lo cual sería sucedido por una última fase, donde finalmente se daría el triunfo final de la ciencia y del progreso económico, con un gobierno mundial y una nivelación de las contradicciones nacionales.

Esta visión de Sakharov fue diseñada en los años sesenta. Por ende, cualquiera que hubiese leído su "visión del futuro" en aquellos años, seguramente habría imaginado que la URSS desempeñaría el papel del socialismo moderado. Por su parte, los chinos serían la potencia agresiva y beligerante del comunismo, que alinearía a las fuerzas de la ultraizquierda en torno al maoísmo y sus "guarrdias rojos". Todavía hasta los años ochenta y sobre todo a raíz de la disolución de la URSS, este escenario era muy plausible, pues bajo la presidencia de Yeltzin, Rusia quiso desempeñar ese rol moderado, que se asimila a Occidente y se convierte en otra nación más de Europa, mientras los chinos reprimían a los estudiantes de Tiananmen.

Sin embargo, ante el fracaso de Yeltzin y la negativa de los países occidentales de aceptar a Rusia entre sus filas, los papeles se invirtieron y en la actualidad, China desempeña el papel de la potencia "amigable" que defiende los avances científicos e hipócritamente "desaprueba" las guerras. En cambio, la Rusia de Putin actúa como el "contrincante malo" que pretende "coaligar" a los enemigos de Estados Unidos y del sistema atlantista en general, aunque la ideología maxista como tal, ya no juegue un papel evidente en su contienda. Aquí también, esto tampoco es una anomalía puesto que Sakharov no habla aquí de marxismo sino del leninismo.

Lenin, en su texto sobre el "Estado y la Revolución" es claro al señalar que la meta es tomar el control del estado, para que a través de ciertas medidas y en un tiempo indefinido, este pudiera desaparecer junto con las diferencias de clase. Evidentemente, esto no puede interpretarse como referente al "Estado nacional" aunque así parezca o aunque así lo quieran entender algunas personas, pues toda revolución universalista-globalista ha estado limitada por las propias fronteras físicas y políticas del Estado nacional donde se asienta. El "socialismo en un solo país" no podrá abolir jamás al Estado, pues este seguirá existiendo en el resto de los países donde no haya socialismo, y el país socialista tendrá que preservarlo para preservar su "socialismo". Sin embargo, una federación de estados socialistas eventualmente puede convertirse en un gobierno mundial, que de acuerdo a la teoría marxista, podría llegar a "abolirse" a sí mismo en una futura sociedad comunista global, futurista y ultramoderna.

En el campo de la ideología propiamente dicho y del mundo de los partidos o movimientos del comunismo, la multiplicidad de tendencias sirve para confundir a los incautos. Esta idea de fortalecer al movimiento comunista mediante "escisiones favorables" aparece en un periódico chino citado por Golitsyn en la frase *"unidad, luego división, luego nueva unidad sobre una nueva base: esta es la dialéctica del desarrollo del movimiento comunista".* Por ende, deberíamos desconfiar seriamente de aquellas organizaciones o intelectuales marxistas que ahora se acercan a la derecha "hispanista" pues lo único que buscan es fortalecer su causa desde esa trinchera, del mismo modo en que otros marxistas lo hicieron en un principio con las organizaciones indigenistas.

Hoy, el indigenismo está desacreditado porque se le enlaza públicamente a las agendas "woke" del feminismo o de los grupos de presión de tipo sexual, cuyo propósito es fragmentar a la sociedad, sembrar la desconfianza en todos lados y evitar la unidad nacional. En el futuro, la vertiente hispanista también podría quedar infiltrada por gente que persigue objetivos modernistas y que no son sino los de la Constitución de Cádiz, los del Imperio Español en su forma ilustrada y borbónica. Esto es precisamente uno de los propósitos del filósofo materialista Gustavo Bueno, que ciertamente ha hecho aportaciones valiosas en su análisis histórico sobre los métodos y metas de la Revolución mundial, pero no con el fin de combatirla sino al modo de Lenin, que supo comprender la economía y la política mundial para impulsar esa misma revolución y llevarla a su objetivo, que es el triunfo final del "progreso" como también lo deseaba Sakharov.

A lo que voy, es que México debe regresar a su proyecto geopolítico inicial, formulado en 1821 y cuyo espacio de vida es el Septentrión Americano. Ciertamente, España sigue siendo un alma intelectual de la romanidad y nos sigue dando grandes filósofos, literatos e ideólogos. Sin embargo, naciones como México, Argentina o Perú tienen amplísimos potenciales en su economía, sus recursos naturales, su población y su geografía. El panhispanismo ciertamente es una causa que debe respaldarse pero no bajo las condiciones que pueda imponer la monarquía borbónica, ya sea en su forma liberal-occidentalista ni mucho menos a través de una hipotética fuerza de "Izquierda Hispánica" que también podría convertirse en una amenaza futura.

Cuando el 27 de septiembre de 1821, Agustín de Iturbide entró con el Ejército Trigarante a la Ciudad de México, él estaba convencido de que en nuestro país no podía haber dos imperios sino solamente uno, y esto es lo que nosotros defendemos, pues México es un país con vocación de imperio. Por eso debemos crecer hacia el sur y mirar hacia Centroamérica como nuestro primer objetivo, reafirmando nuestra esfera de influencia y rearmando industrialmente al país.

Quienes ahora hablan de hispanidad, deberían tener en claro que no somos "hispanos a secas" sino hispanoamericanos pues de lo contrario, nos estaríamos poniendo al mismo nivel que los hugonotes, escoceses e ingleses que emigraron desde Europa a los Estados Unidos, tal como si todos fuésemos colectivos de gente trasplantada desde Europa cuando esto no es así, pues a diferencia de nuestros vecinos anglosajones, nosotros somos herencia de los pueblos que habitaron nuestro continente desde hace por lo menos 15,000 años y llevamos su sangre. A diferencia de los anglosajones, nosotros no somos un pedazo de Europa trasplantado, como lo eran las Trece Colonias, cuya fundación era totalmente ajena a las poblaciones originarias de Norteamérica. Por el contrario, los hispanoamericanos sí somos una continuidad del pasado nahua, inca, yaqui, maya, amazónico, etc. Nosotros somos hijos de esta tierra, estamos unidos a ella por la sangre de nuestros antepasados que aún corre por nuestras venas, y cuyos restos yacen aquí desde tiempos inmemoriales. Los hispanismos europeístas que reniegan de nuestra sangre indoamericana no tienen nada que ver con el nacionalismo. Son, de hecho, una forma "velada" de globalismo, que al alejar a los patriotas iberoamericanos de su herencia precolombina, pretende cortar de tajo lo poco que todavía nos une al mundo de la tradición, que solo puede ser comprendido por quien siente verdadero arraigo a su tierra y a su sangre. Tales hispanismos no son sino un camino más hacia la modernidad, hacia el progreso y hacia la "evolución". Por ende, cualquier proyecto encaminado a semejante despropósito debe ser combatido desde dentro y desde fuera.

En lo que respecta a la tecnocracia, Golitsyn había ya advertido sobre el hecho de que se estaba dando mayor poder de iniciativa a la gestión económica local y a los funcionarios económicos en el comunismo desde los años sesentas. La "revolución tecnocrática" ciertamente se suscitó también en el bloque soviético y con la suficiente proyección internacional como para generar la falsa idea de que estos tecnócratas eran apolíticos o personas orientadas exclusivamente a lo administrativo cuando la realidad es que todos ellos eran miembros del partido, que seguían la línea del partido en sus lugares de trabajo. El hecho de que incluso en México, la generación campeona del "neoliberalismo" encabezada por Carlos Salinas de Gortari haya provenido de una facción maoísta venida del propio PRI, es una clara prueba de que por más que cambien los métodos, las metas siguen siendo las mismas. Claro está, que en un México gobernado bajo un sistema de partido único y con una fuerte carga socialista, esto puede parecer lógico. Sin embargo, si los investigadores en países que no fueron gobernados por el liberalismo anticomunista como Chile o España echaran un vistazo a las biografías de sus propios tecnócratas "neoliberales", detectando a sus amistades pasadas, sus contactos estudiantiles y la forma en que lograron incrustarse en la administración pública, seguramente descubrirían cosas bastante sorprendentes. Golitsyn, en su otro libro sobre la Perestroika, advierte también a los lectores sobre la verdadera naturaleza de la "salinastroika". Es decir, de la reforma neoliberal. Gorbachov mismo, llamó Perestroika mexicana a las reformas de Salinas y todos sabían que el término era el adecuado. Eventualmente, el neoliberalismo preparó el camino para que la otra hoja de la tijera regresara con fuerza, y paso a paso, corte a corte, nos aproximamos cada vez más, al gobierno mundial de la *ilustración globalizada.*

En los años setentas, se menciona que el propio Salinas de Gortari era secretario particular de Gonzalo Martínez Corbalá, quien fungió como embajador mexicano en Chile cuando nuestra embajada era uno de los principales focos de subversión en el país sudamericano bajo el escandalosamente corrupto gobierno de Salvador Allende. El "charrismo" sindical priista, exportado desde México hacia Chile y puesto en práctica a través de los famosos "cordones industriales" es un claro ejemplo de ello, al igual que el inusitado auge del narcotráfico en el Chile gobernado por la Unidad Popular.

Irónicamente, el diario "La Política Online" reportó en el 2022 que la empresa "GIA-Grupo de Ingenieros y Arquitectos Asociados" ligada al ex Presidente Carlos Salinas de Gortari se había hecho de un atractivo contrato con el gobierno Chileno para construir cuatro unidades nuevas del Hospital del Salvador y el Instituto Nacional de Geriatría con una inversión de 450 millones de dólares". De ahí la importancia de investigar más pero sobre todo, de romper ideológicamente con el sistema y sus falsos mitos, porque las repúblicas liberales, creadas para debilitar a nuestras naciones, se han convertido en cadáveres apestosos y los nexos del neoliberalismo con el neocomunismo son evidentes.

EPÍLOGO

Incluso desde el punto de vista ideológico, debo reiterar que la globalización neoliberal ha resultado mucho más eficaz que la izquierda en la consecución de algunos objetivos esenciales del marxismo: la superación del pasado, la creación de un sistema político mundial, la abolición de la religión, la universalización del sistema productivo, etc. Evidentemente, estamos ante una convergencia táctica entre estas dos fuerzas. Sin embargo, decir que ésta es una alianza entre "iguales" o que estamos ante una maquinaria con dos motores en igualdad de circunstancias es un craso error, pues el poder lo sigue teniendo la "derecha económica", lo siguen teniendo los consorcios, lo siguen teniendo los grandes multimillonarios y los usureros internacionales.

Y si hablo aquí de "derecha" económica, eso es porque lo que comúnmente conocemos como "derecha" constituye realmente una expresión de la burguesía liberal en defensa de la institucionalidad normativa, la separación de poderes, la economía de mercado, la propiedad privada y el sistema de partidos. Como ya hemos visto, los "conservadores" de hoy son los liberales de ayer, el centro es en realidad izquierda y el espectro político carece de alternativas frente a la forma "progre" del liberalismo convencional y las diversas facciones de la disolución social, cuyas agendas son extremadamente radicales y destructivas.

No hay entonces una verdadera oposición sino solamente, una "opoficción" pues para colmo de males, el hecho de que un segmento cada vez más grande de la población finalmente se esté dando cuenta de la maldad intrínseca que existe en el proyecto del Foro de Sao Paulo, está siendo aprovechado por la propia izquierda, que ahora denuncia al foro para "regenerarse" desde la "oposición". Estamos, ante una forma de operar que se remonta, por lo menos, a los inicios de la Unión Soviética y que consiste en la generación de "escisiones favorables" que a la postre permiten la reconstitución del movimiento comunista si su vertiente principal es derrotada o pierde popularidad.

Así como en su momento, los propios comunistas denunciaron a Stalin para acusarlo de todos los males y exculpar a la ideología marxista de sus propios fracasos económicos y políticos, los astutos operadores de la izquierda internacional se están subiendo al caballo de la "derecha" del sistema. La idea es convertir al Foro de Sao Paulo en un chivo expiatorio, donde las vertientes menos "modernas" como la de Chávez, Fidel Castro o Daniel Ortega serían denunciadas por la propia izquierda. En nombre de la lucha contra el "autoritarismo" los mismos izquierdistas que originalmente apoyaron la política del foro, encabezarían a la "oposición" tomando como sus principales banderas al feminismo, a las "minorías sexuales" y el combate a los valores tradicionales. Un posible cambio de gobierno en Rusia también podría ser un gran paso en la aprobación por unanimidad de las agendas progresistas en todo el mundo, llevándonos ahora sí, a la convergencia progresista total, predicha por Sakharov.

Cuando decimos que el Foro de Sao Paulo es en verdad el comando estratégico del movimiento comunista en nuestro continente, no estamos faltando a la verdad. Sin embargo, este comando estratégico no es el foro en sí mismo sino todo lo anexo, lo cercano y lo que se entrelaza con él. Es en verdad, un monstruo de mil cabezas donde el foro como organización internacional, no es sino un membrete. Su desaparición o descrédito no representa en realidad, ninguna derrota para la izquierda, pues esta ya está previendo su posible colapso y está migrando a sus cuadros hacia otras posiciones del campo de batalla, con el fin de seguir persistiendo en sus ambiciones globalistas. La "derecha" del sistema, es más bien liberalismo y por consiguiente, siempre tenderá hacia el centro, lo cual quiere decir que en un ambiente gobernado culturalmente por la izquierda, esta última continuará ejerciendo su hegemonía.

Insisto: hasta ahora no hay una verdadera oposición y tampoco es posible la construcción de una nueva derecha sí está toma como fundamento al liberalismo ilustrado, que es el principal responsable del colapso civilizatorio que ahora vivimos. Ockham, Hume, Smith, Kant e incluso muchos de los escolásticos que estuvieron antes de ellos, pavimentaron el camino para la destrucción de la psique del hombre. Y sin embargo, aún piensan muchas personas, que un retorno a las "bases" de la "civilización universal", que no es sino la expansión global de la ilustración europea, podrá llevarnos a un puerto seguro. ¡Craso error!

A lo que voy, es que cuando Ockham y sus sucesores se rehusaron a reconocer lo sobrenatural dentro de lo natural, la razón y la fe se convirtieron en objetivos totalmente separados. Hasta aquí, la crítica del racionalismo científico no tiene nada de relevante, pues muchos de los influencers y líderes de opinión supuestamente conservadores o católicos recurren a estos argumentos. Sin embargo, ellos no se percatan de que muchos han caído en el error contrario, que es el de Bradwardine (1290-1349). Para este pensador, ni la lógica ni la razón pueden servir para entender la revelación de Dios. De ahí que esta solo pueda comprenderse a través de la "experiencia personal". Para Ockham, aquellas cosas que podían explicarse de manera natural, lógica o científica debían cortarse como navaja y considerarse a partir de ese momento, como cuestiones pertenecientes al ámbito cotidiano, y que en modo alguno podían interpretarse de forma metafísica. Para Bradwardine, ni la ciencia ni la lógica pueden aplicarse para analizar lo que es sobrenatural o metafísico, lo cual convierte a la fe en un asunto de mera convicción personal, desvinculada de la realidad.

Para muchos simpatizantes de la derecha actual, hartos del racionalismo científico y del ateísmo que gobierna nuestras sociedades, la idea de Bradwardine, que le quita a la razón toda autonomía y validez, es atractiva porque hace de la fe, la única ley. Sin embargo, es a partir de Bradwardine que tanto la ciencia como la técnica o toda aquellas disciplinas derivadas de la razón se fueron independizando de lo religioso mientras que el estudio de la teología se convirtió en una cuestión de culto, totalmente ajena a la racionalidad.

Por ende, el solo rechazo de la ideología de género o del marxismo cultural o incluso, el repudio de cualquier postulado igualitario propio de la izquierda a cargo de la derecha, jamás será suficiente, pues toda construcción ideológica que se base en el liberalismo, la ilustración europea o cualquiera de sus antecedentes está viciada de inicio. En efecto, el pensamiento europeo occidental, que muchos de los influencers de la "derecha" veneran como si se tratara de la Sagrada Escritura, ya traía consigo el gen de la enfermedad moderna que ahora corroe al mundo. Lo sucedido con el tema de la pandemia y de las vacunas es un claro ejemplo de ello, pues como consecuencia de aquellos acontecimientos, muchísima gente combativa y adversaria del nuevo orden mundial cayó en la irrealidad más absoluta, dándole crédito a teorías reptilianas con antenas mágicas y toda clase de disparates, que a la postre no han hecho sino legitimar al propio "cientismo" que nos tilda a todos de "locos" e "histéricos".

Desvincular la fe de la naturaleza, la religión de la ciencia y lo sobrenatural de lo natural es la mejor receta para el fracaso. Yo defiendo la fe. Yo también me considero cristero. Sin embargo, la defensa de la fe no puede desvincularse de la lucha nacional, pues esta siempre se ha vivido en el contexto de una etnia, de una cultura y de una tradición. Cristo mismo, aún amando a toda la humanidad, siempre mostró deferencia por los suyos y defendía la grandeza y honor de su patria religiosa, aún si sus propios integrantes se negaron a creer en su mensaje.

¡Que todos seamos uno! Esa es la cuestión, pero en dado caso, se trata de una unidad basada en la ética y en los valores, y no en el establecimiento de una cultura universal ni mucho menos en el sectarismo patológico de aquellos que desprecian a sus hermanos de sangre por no pensar igual que ellos o por no adscribirse a su propia doctrina religiosa. De igual forma, quienes siendo mexicanos reconocen como su patria a España o al Vaticano por encima de la nación que los vio nacer y crecer en compañía de sus hermanos de sangre y de cultura, no son mejores que los evangélico-sionistas que reconocen como su patria a Israel o como los judíos supremacistas a quienes dicen combatir. En efecto, todos esos supuestos "tradicionalistas" e integristas que desprecian a otros cristianos y a otros mexicanos, creyéndose una élite de iluminados al estilo de los calvinistas anglosajones, en realidad obedecen al espíritu judío, pues para tal efecto, el judaísmo es el único grupo humano que consideró la sumisión a una autoridad religiosa como la marca distintiva de su nacionalidad, creando de este modo una colectividad de apátridas cosmopolitas, que no son leales a las naciones donde nacieron y se criaron, y que obedecen a intereses genuinamente internacionalistas.

Desde la visión cristiana, todo le era posible a Cristo en cuanto Dios hecho hombre. Sin embargo, vivió su vida como ser humano dentro de los límites de su propia cultura, su herencia étnica y una tradición que compartía con sus antepasados. Su experiencia de vida también estuvo limitada por su tiempo en la tierra. Sin embargo, a través del milagro de la Encarnación y al haber superado la indefensión, el dolor, la soledad, el rechazo y las injusticias, venciendo a la muerte, Cristo realizó la plenitud de la calidad humana en su Persona, permitiendo de este modo, que millones de hombres y mujeres, que se desenvuelven en la más diversa multiplicidad de climas, idiomas, civilizaciones y culturas, participen también en esta Plenitud desde sus propios contextos. En palabras del padre Malachi Martin, Cristo es el artífice de la plenitud de nuestra humanidad porque alcanzó esta plenitud para nosotros, en potencia.

La trascendencia del mensaje cristiano, diamentralmente opuesto a la "terrestridad" de la ilustración europea que en el pensamiento de Antonio Gramsci alcanza su cúlmen, es entonces el más grande valor de la fe en lo cultural. La trascendencia es una certeza de inmortalidad por medio de Cristo pero también, la promesa de un nuevo tipo de ser humano superior, que para el mundo precristiano solo existía en la dimensión de los mitos. Y es esto precisamente lo que apeló a la sensibilidad de los europeos con sus extraordinarias catedrales góticas, que representaban la elevación de la humanidad a otro nivel, pero también a nuestros antepasados precolombinos, que abrazaron el cristianismo mientras los frailes celebraban los servicios sagrados con altares al aire libre, en la sagrada catedral de las selvas y los pastizales donde lo sobrenatural y lo divino, santificaban la vida.

Hoy, la importancia de la trascendencia y la certeza de la inmortalidad han sido sustituidas por una banal forma de empatía o de "compasión" que comunmente identificamos con la izquierda pero también por una fatua escrupulosidad individualista, que niega la vida y se encuentra desprovista de toda noción de lucha, sacrificio e interés por quienes vendrán después de nosotros. Tarde o temprano, los disidentes sociales verdaderos tendrán que darse cuenta que la única opción es el Tercer Camino, lo cual implica un rechazo total y absoluto, no solo de los principios inmortales de 1789 sino también de los de 1776, sustentados en los liberalismos "moderados" de Locke o Jefferson y de todo aquello que conocemos como "las ideas de la ilustración".

Una verdadera derecha sólo puede ser aquella que se opone a la ilustración europea. Debe ser además, un movimiento de resistencia contra la destrucción de nuestras culturas tradicionales a cargo de este inmundo universalismo ideológico, que pretende hacer de todos los seres humanos, una gigantesca masa de consumidores al servicio de un metacapitalismo globalizado que paradójicamente, será también un comunismo futurista, desespiritualizado y robótico. El gobierno mundial no es sino el gobierno de las corporaciones, que al concentrar y centralizar su capital, irónicamente está haciendo realidad el sueño de Marx, al hacer posible un mundo donde nadie tiene nada y sin embargo "está obligado" a ser feliz. La agenda 2030 y el plan contra el mal llamado calentamiento global son un claro ejemplo de ello.

Y sin embargo, todavía hay quienes piensan que es posible salvar al mundo mediante un retorno al capitalismo de los años noventas. Ellos creen que es posible establecer un capitalismo inofensivo, donde verdaderamente se respeten las libertades individuales y donde los monopolios se dediquen exclusivamente a la producción y venta de bienes y servicios. Sin embargo, eso es imposible por el desarrollo de las fuerzas productivas, que nos llevan irremediablemente a la concentración y a la centralización de capital. Si queremos hacer frente a la revolución globalista, no nos queda otro remedio. Debemos optar por el nacionalismo como Tercer Camino, pues solo una fuerza igualmente revolucionaria podrá ganar a las masas populares para la causa de la nacionalidad y de la patria, que se está viendo avasallada por el avance de las hordas marxistas en el campo de la cultura.

Vencer al Foro de Sao Paulo es posible. Vencer a la globalidad neomarxista también es posible. Hay mucho por hacer y ciertamente, ya lo estamos haciendo. El plan tarde o temprano será desvelado, la estrategia se articulará, la información irá saliendo a la luz y el programa mínimo para la reconstrucción nacional y cultural, será dado a conocer.

No obstante, la nueva derecha tendrá que ser nacionalista, tendrá que enfrentarse a la modernidad liberal o de lo contrario, terminará sucumbiendo en las arenas movedizas del progresismo.

¡México Prevalece!

BIBLIOGRAFÍA

[1] Clouscard, M. (2019). *Neofascismo e ideología del deseo*. Colección Icaria.

[2] De Carvalho, O. (2022). O Foro de São Paulo: A ascensão do comunismo latino-americano. Vide Editorial.

[3] Fraser, N. (2017, enero 12). El fin del neoliberalismo progresista. Sin permiso. https://www.sinpermiso.info/textos/el-final-del-neoliberalismo-progresista

[4] Santana, R. (2021, octubre 29). Feminismo y ecologismo fueron creados por el neoliberalismo "para poder saquear a sus anchas": AMLO. Proceso. https://www.proceso.com.mx/nacional/2021/10/29/feminismo-ecologismo-fueron-creados-por-el-neoliberalismo-para-poder-saquear-sus-anchas-amlo-274915.html

[5] De la Madrid Hurtado, M. (1983, febrero 3). Decreto. Rectoría del Estado y Planeación democrática. Diario Oficial de la Federación, 3.

[6] Escobar, L. (n.d.). De la Madrid: ¿"neoliberal" y prócer de la Patria? https://www.neoliberalismo.com/De-LaMadrid.htm

[7] Garza, R. A. (2024). *Dinastías: Dos familias, una nación*. Planeta.

[8] Riding, A. (1985). Vecinos distantes: un retrato de los mexicanos. Planeta.

[9] Cárdenas Solórzano, C., & Del Mazo, A. (1997, mayo 26). Acusaciones y defensas sobre el pasado; propuestas y críticas para el futuro. La Jornada. https://www.jornada.com.mx/1997/05/26/replicas.html

[10] Comité Ejecutivo Nacional del PRI. (1984). Manifiesto del PRI rechazando la política reaccionaria del PAN. Memoria política de México. https://www.memoriapoliticademexico.org/Textos/7CRumbo/1984-PRI-VS-PAN.html

[11]

[12] Escobar, O. (2024, April 28). *Alternancia del poder en Chihuahua, así se vivió en 1983 y 1986*. El Heraldo de Chihuahua. https://

www.elheraldodechihuahua.com.mx/cultura/alternancia-del-poder-en-chihuahua-asi-se-vivio-en-1983-y-1986-11829392.html

[13] Campuzano, I. (n.d.). *Las elecciones de 1988*. Estudios de Historia Moderna y Contemporánea de México. https://moderna.historicas.unam.mx/index.php/ehm/article/view/3052/68809

[14] Villa, P. (2019, Julio 24). *Cárdenas y Salinas sostuvieron encuentros antes de las elecciones del 88, revelan informes*. El Universal. https://www.eluniversal.com.mx/nacion/cardenas-y-salinas-sostuvieron-encuentros-antes-de-las-elecciones-del-88-revelan-informes/

[15] Rascón, M. (2006, Julio 18). *1988*. La Jornada. https://www.jornada.com.mx/2006/07/18/index.php?section=opinion&article=022a2pol

[16] La Redacción. (2010, diciembre 8). *Cárdenas: mi entrevista con Salinas*. Proceso. https://www.proceso.com.mx/nacional/2010/12/8/cardenas-mi-entrevista-con-salinas-81557.html

[17] *Memoria Política de México*. (1988, septiembre 9). 1988 Voto particular de diputados del PAN en contra del dictamen que declara presidente a Carlos Salinas de Gortari. https://www.memoriapoliticademexico.org/Textos/7CRumbo/1988-VP-PAN.html

[18] *Elecciones federales de México de 1991*. (n.d.). Wikipedia. https://es.wikipedia.org/wiki/Elecciones_federales_de_M%C3%A9xico_de_1991

[19] Benny, S. (Director). (2018, febrero 2018). The Mexican Currency Crisis and the Loan Guarantee Proposal (1995) [TV series episode]. https://www.youtube.com/watch?v=VPfQwAFo3BI

[20] Ghersi, E. (n.d.). El mito del neoliberalismo. CATO. https://www.elcato.org/el-mito-del-neoliberalismo

[21] Salinas de Gortari, C. (2012). *¿Qué hacer? La alternativa ciudadana*. debate.

[22] Fukuyama, F. (1992). El fin de la historia y el último hombre. Planeta.

[23] Harris, E. (2021). Decálogo de la Nueva Derecha Argentina. Amazon.

[24] Márquez, N., & Laje, A. (2019). El libro negro de la nueva izquierda. Prensa Republicana.

[25] Márquez, N., & Laje, A. (2019). El libro negro de la nueva izquierda.

Prensa Republicana.

[26] Wittfogel, K. A. (1957). Oriental Despotism: A Comparative Study of Total Power. Yale University Press.

[27] Gullo, M. (2021). Madre patria: Desmontando la leyenda negra desde Bartolomé de las Casas hasta el separatismo catalán. ESPASA.

[28] Veraza, J. (2011). Santa Anna, en la política mexicana actual. Itaca.

[29] Parafraseando a Dugin, que hace esta misma observación acerca de los comunistas de la URSS. Dugin, A. (2013). La Cuarta Teoría Política. Ediciones Nueva República.

[30] Sáenz, P. A. (2010). Antonio Gramsci y la Revolución Cultural. Centro Piepler.

[31] Wormack, J. (1969). Emiliano Zapata y la Revolución Mexicana. Siglo Veintiuno.

[32] Borrego Escalante, S. (2008). América Peligra. Porrúa.

[33] Rangel, C. (2005). Del buen salvaje al buen revolucionario. Criteria.

[34] Kummer, L. (2009). We destroy a secular regime in Afghanistan (& its women's rights), then we wage war on the new regime to restore women's rights. Welcome to the American Empire. Fabius Maximus Fabius Maximus website. https://fabiusmaximus.com/2009/11/20/najibullah/

[35] Dugin, A. (2013). La Cuarta Teoría Política. Ediciones Nueva República.

[36] Losurdo, D. (2011). Stalin: Historia y crítica de una leyenda negra. Ediciones de Intervención Cultural.

[37] Selección de textos y prólogo de Juan Antonio Llopart. (2011). Contra Yanquilandia. Ediciones Nueva República.

[38] Rangel, C. (2005). *Del buen salvaje al buen revolucionario*. Criteria.

[39] Ziugánov, G. (n.d.). A solas con Guennadi Ziugánov, líder del Partido Comunista de Rusia [Youtube]. A Solas con Guennadi Ziugánov, líder del Partido Comunista de Rusia. https://www.youtube.com/watch?v=FjwDjemEVLc

[40] Me refiero aquí a la Kampuchea Democrática de Pol Pot, que combinaba al marxismo con la ideología jacobina de la Revolución Francesa, llevándola hasta su máxima expresión destructiva.

[41] Evola, J. (2019). Revuelta contra el mundo moderno. Omnia Veritas.

[42] Tortolero, R. (2023). La nueva derecha: el retorno de Dios a la cultura: Ante el supremacismo progresista. Kabod Ediciones.

[43] Knapp, F. A. (2019). ¿John Quincy Adams, defensor de México?

[44] Algunos comentaristas ligados al gobierno de Zedillo, llegaron a decir que el EZLN era el "brazo armado" del PRD y que el EPR era "brazo armado" de una facción radical y antireformista del PRI, afín a Roberto Madrazo y José Murat.

[45] Petkoff, T. (2005). *Dos izquierdas*. Editorial Alfa.

[46] El Foro de Sao Paulo. (2018, julio 19). Agencia de Noticias Fides. https://www.noticiasfides.com/opinion/el-foro-de-sao-paulo-

[47] Torres Castillo, J. (2018, enero 30). Los pactos oscuros de AMLO. Milenio. https://www.milenio.com/opinion/jorge-torres-castillo/leviatan/los-pactos-oscuros-de-amlo

[48] Serna, E. (2006, junio 30). El candidato de la extorsión. Letras Libres. https://letraslibres.com/revista-espana/el-candidato-de-la-extorsion/

[49] 1996: Cuando Zedillo y AMLO eran amiguis y cómplices — El Independiente. (2024, septiembre 18). El Independiente. https://elindependiente.mx/uncategorized/2024/09/18/1996-cuando-zedillo-y-amlo-eran-amiguis-y-complices/

[50] Huitrón, L. (2024, June 7). *Esto generó la muerte de Paco Stanley en el gobierno de Cuauhtémoc Cárdenas*. Infobae. https://www.infobae.com/mexico/2024/06/07/esto-genero-la-muerte-de-paco-stanley-en-el-gobierno-de-cuauhtemoc-cardenas/

[51] Alemán, R. (2021, noviembre 30). 25 años de crítica y AMLO me da la razón. El Debate. https://www.debate.com.mx/opinion/Ricardo-Aleman-Itinerario-politico-25-anos-de-critica-y-AMLO-me-da-la-razon-20211129-0345.html

[52] Rangel, A. (2023, febrero 28). América Rangel. Twitter. https://x.com/AmerangelLorenz/status/1630732839380500480?lang=es

[53] Vaquero, R. (2021). Introducción al comunismo. Letrame.

[54] López Tapia, A. (n.d.). ¿Existe el "Centro" político en Chile? https://es.slideshare.net/AlexisTapia1/existe-el-centro-poltico-en-chile

[55] Instituto Nacional Electoral. (1994, agosto 08). Partido de Centro Democrático. Instituto Nacional Electoral. https://repositoriodocumental.ine.mx/xmlui/handle/123456789/142613

[56] Velasco, A. (2015, junio 18). Reconstruir el centro político. El Mercurio. https://andresvelasco.cl/reconstruir-el-centro-politico/

[57] Vargas, C. E. (2011, enero 11). Los Orígenes Del Totalitarismo De Hannah Arendt Y La Manipulación De La Legalidad. Iuris Tantum. http://www.scielo.org.bo/scielo.php?script=sci_arttext&pid=S2070-81572011000100006

[58] De Benoist, A., & Champetier, C. (n.d.). La Nueva Derecha del año 2000. https://s3-eu-west-1.amazonaws.com/alaindebenoist/pdf/manifiesto_la_nueva_derecha_2000.pdf

[59] Dugin, A. (2013). La Cuarta Teoría Política. Ediciones Nueva República.

[60] López Tapia, A. (n.d.). ¿Existe el "Centro" político en Chile? https://es.slideshare.net/AlexisTapia1/existe-el-centro-poltico-en-chile

[61] Peña Esclusa, A. (2000, junio 1). ¿Qué es el Foro de Sao Paulo? Neoliberalismo. https://www.neoliberalismo.com/forosp.htm

[62] Dresser, D. (2023). ¿Qué sigue? 20 lecciones para ser ciudadano ante un país en riesgo. Aguilar.

[63] Distributism, another Name for Socialism. (2009, June 11). Tradition In Action. https://www.traditioninaction.org/HotTopics/j024htDistrib-Socilaism.htm

[64] Molina, H. (2010). Mi verdad. Planeta.

[65] Peñaloza, C. (2019). El Delfín de Fidel: La historia oculta tras el golpe del 4F. Alexandria Library.

[66] Pérez Alvarez, F. (2014). *El incidente de los guerrilleros cubanos.* Venezuela Inmortal. https://www.culturisima.com/colaboradores_venezuela_inmortal.html

[67] Castro, F. (n.d.). México (1994). Fidel soldado de las ideas. http://www.fidelcastro.cu/es/viajes/mexico-1994

[68] Yeltsin y Clinton hablaron de Cuba y de la deuda de La Habana con Moscú. (2018, septiembre 4). Cubanet. https://www.cubanet.org/que-hablaron-boris-yeltsin-bill-clinton-cuba-la-deuda-la-habana-moscu/

[69] Castro, Zedillo y Green: la crisis México-Cuba. (2017, noviembre 27). 24 Horas. https://www.24-horas.mx/2017/11/27/castro-zedillo-y-green-la-crisis-mexico-cuba/

[70] Redacción. (2002, 02 02). Llega mañana el Presidente Vicente Fox. Diario Granma. https://www.granma.cu/granmad/2002/02/02/nacional/articulo09.html

[71] ¿Por qué Cuba, aliado clave de Venezuela, se alinea con Guayana en disputa por Esequibo? (2024, January 18). Voz de América. https://www.vozdeamerica.com/a/silencio-ensordecedor-cuba-reclamo-esequibo-de-su-aliado-venezuela/7444445.html

[72] Diario Oficial de la Federación. (1992, 6 26). DECRETO por el que se crea el Centro de Planeación para el control de drogas con el carácter de órgano administrativo desconcentrado jerárquicamente subordinado a la Procuraduría General de la República. Diario Oficial de la Federación.

[73] Diario Oficial de la Federación. (1993, June 17). DOF - Diario Oficial de la Federación. https://dof.gob.mx/nota_detalle.php?codigo=4747456&fecha=17/06/1993#gsc.tab=0

[74] Cifuentes, I. (n.d.). El Curso Kaibil. Perspectiva Militar. Retrieved November 5, 2024, from https://perspectivamilitar.blogspot.com/2007/02/el-curso-kaibil.html

[75] 1989: ruidos por asonada militar en contra del presidente Cerezo.

(2018, May 8). Prensa Libre. Retrieved November 5, 2024, from https://www.prensalibre.com/hemeroteca/rumor-de-golpe-de-estado/

[76] Machiavelli, N. (2024, July 30). Hugo Chavez - Carlos Andres Perez - Fallido Golpe de Estado en Venezuela 1992. YouTube. https://www.youtube.com/watch?v=uVKeUcpQbnQ

[77] Executive Intelligence Review. (2005). Hugo Chavez. agente del globalismo. EIR.

[78] Peña Esclusa, A. (2000, junio 1). ¿Qué es el Foro de Sao Paulo? Neoliberalismo. https://www.neoliberalismo.com/forosp.htm

[79] Peña Esclusa, A. (2006). El Continente de la Esperanza. Ediciones Fuerza Productiva, C. A.

[80] Arroyo, D. (n.d.). Entrevista inédita con Miquilena: Chávez es el gran responsable del drama que padece Venezuela. Runrun.es. Retrieved November 5, 2024, from https://runrun.es/investigacion/288267/entrevista-inedita-con-miquilena-chavez-es-el-gran-responsable-del-drama-que-padece-venezuela/

[81] PDVSA.COM. (n.d.). Inaugurada Refinería "Camilo Cienfuegos". PDVSA. http://www.pdvsa.com/index.php?
option=com_content&view=article&id=2510:5074&catid=10&Itemid=589&lang=es

[82] García, K. (2023, July 5). Gobierno acepta que costo de refinería Olmeca duplica presupuesto inicial. El Economista. Retrieved November 5, 2024, from https://www.eleconomista.com.mx/empresas/Gobierno-acepta-que-costo-de-refineria-Olmeca-duplica-presupuesto-inicial-20230705-0129.html

[83] González, L. M. (2012, abril 13). ¿Qué gana Pemex?con ir a Cuba? El Economista. https://www.eleconomista.com.mx/opinion/que-gana-Pemexcon-ir-a-Cuba-20120413-0001.html

[84] Especialistas rusos estudian reconstrucción de refinería de Cienfuegos. (2023, July 6). CiberCuba. Retrieved November 5, 2024, from https://www.cibercuba.com/noticias/2023-07-06-u1-e208574-s27061-especialistas-rusos-estudian-reconstruccion-refineria

[85] Zamorano, A., & Reus, D. (2014, August 8). Las dificultades de Venezuela para vender sus refinerías en EE.UU. BBC. Retrieved November 5, 2024, from https://www.bbc.com/mundo/noticias/2014/08/140807_economia_venezuela_pdvsa_citgo_venta_az

[86] La Faja del Orinoco: del crudo extrapesado al "néctar" del petróleo. (2006, mayo 29). Diario La Hora Ecuador. https://www.lahora.com.ec/noticias/29-la-faja-del-orinoco-del-crudo-extrapesado-al-n-ctar-del-petr-leo/

[87]   REUTERS. (2012, agosto 22). Cuba y El Salvador revenderían el petróleo que les "regala" Venezuela. https://www.infobae.com/2012/08/22/1056711-cuba-y-el-salvador-revenderian-el-petroleo-que-les-regala-venezuela/

[88] Fergusson, A., & Pérez, R. (2022, September 18). Las razones por las que Venezuela le cierra el grifo del petróleo a Cuba. El Debate. Retrieved November 5, 2024, from https://www.eldebate.com/internacional/latinoamerica/20220918/venezuela-lava-manos-problema-cuba-petroleo_60104.html

[89] Lozano, D., & Calderón, F. (n.d.). EL COYOTAJE DEL GAS NATURAL EMPOBRECE A MUCHOS EN MÉXICO. de Frecuencia Laboral. Retrieved November 5, 2024, from https://www.frecuencialaboral.com/GASNATURALcoyotajequeempobreceamuchos2021.html

[90] Presidente de Alemania destaca intención de México para elevar cooperación en gas natural. (2022, September 20). El Economista (México). Retrieved November 5, 2024, from https://www.eleconomista.com.mx/internacionales/Presidente-de-Alemania-destaca-intencion-de-Mexico-para-elevar-cooperacion-en-gas-natural-20220920-0076.html

[91] Petrolera china establecerá su base de operaciones costa-afuera en Tampico. (2019, October 30). Global Energy. Retrieved November 5, 2024, from https://globalenergy.mx/noticias/hidrocarburos/petrolera-china-establecera-su-base-de-operaciones-costa-afuera-en-tampico/

[92] Las feministas respaldan ahora los "usos y costumbres" porque han sido adulterados con políticas de género pero alrededor del año 2000 se presentaban en programas con Lolita de la Vega en TV Azteca, donde acusaban al EZLN de "oprimir" mujeres indígenas. Ahí narraron también, que los hombres de una comunidad destruyeron una máquina para maíz para que las mujeres tuviesen que ocuparse de nuevo en esa tarea.

[93] COPPPAL. (1979, octubre 12). Primera declaración de Oaxaca. Conferencia Permanente de Partidos Políticos de América Latina y el Caribe. https://copppal.org/wp-content/uploads/2022/05/1a-Declaracion-de-Oaxaca.pdf

[94] Rivillo, X. (Ed.). (2021). La COPPPAL: Mujeres y sus desafíos. *revista Convergencia: la vez de América*, (02).

[95] Zacarías, J. (2024, October 5). "Alito" Moreno Vendió el PRI a Morena: Grupo Resurgimiento. Diario Cambio 22. Retrieved November 5, 2024, from https://diariocambio22.mx/alito-moreno-vendio-el-pri-a-morena-grupo-resurgimiento/

[96] Rodríguez, R., & Augusto, A. (2024, October 27). Las traiciones de Alito y su pacto con Adán Augusto. El Universal. Retrieved November 5, 2024,

from https://www.eluniversal.com.mx/opinion/raul-rodriguez-cortes/las-traiciones-de-alito-y-su-pacto-con-adan-augusto/

[97] Campos López, X. P. (2023, noviembre 13). El Frente Amplio por México y el Grupo de Puebla. El Independiente. https://elindependiente.mx/palacio-nacional-2024/2023/11/13/el-frente-amplio-por-mexico-y-el-grupo-de-puebla/

[98] Salazar, M. (2019, June 30). La historia de la narcopolítica en Chile. Interferencia |. Retrieved November 17, 2024, from https://interferencia.cl/articulos/la-historia-de-la-narcopolitica-en-chile

[99] Castro y Zedillo: Historia de desencuentros / El Imparcial - Cuba News / Noticias - CubaNet News. (2000, Diciembre 6). Cubanet. https://www.cubanet.org/htdocs/CNews/y00/dec00/06o6.htm

[100] Sheinbaum retoma proyecto de Peña Nieto: 'Hoy inician estudios del Tren México-Querétaro'. (2024, October 13). El Financiero. https://www.elfinanciero.com.mx/nacional/2024/10/13/tren-mexico-queretaro-sheinbaum-retoma-proyecto-de-pena-nieto/

[101] Navas, M. E., & Peña, E. (2014, November 11). *México: el tren bala, la mansión presidencial y el enojo de China*. BBC. https://www.bbc.com/mundo/noticias/2014/11/141111_mexico_china_reaccion_cancelacion_tren_men

[102] Comisión de Comunicaciones. (2009, agosto 5). *Gustavo Carvajal Moreno*. Cámara de Diputados. https://www.diputados.gob.mx/comisiones/comunica1/integrantes/7.htm

[103] COPPPAL MUJERES. (2016). Acta XXXIV Reunión Plenaria Ordinaria ["Por un Modelo Político Latinoamericano con Justicia Social"]. Conferencia Permanente de Partidos Políticos de América Latina y el Caribe. https://copppal.org/wp-content/uploads/2022/05/Acta-Plenaria-2016.pdf

[104] Coordinadora Socialista Latinoamericana. https://cslatinoamericana.org/

[105] Presidente de República Dominicana invita a "Alito" Moreno a su toma de posesión para segundo periodo. (2024, August 16). El Universal. Retrieved November 9, 2024, from https://www.eluniversal.com.mx/mundo/presidente-de-republica-dominicana-invita-a-alito-moreno-a-su-toma-de-posesion-para-segundo-periodo/

[106] Conferencia Permanente de Partidos Políticos de América Latina. (2023, junio 2). 41ª Reunión Plenaria COPPPAL 2023. Conferencia

Permanente de Partidos Políticos de América Latina. https://copppal.org/wp-content/uploads/2024/01/Relatoria-41a-Reunion-Plenaria-COPPPAL-2023.pdf

[107] San Martín, N. (2021, abril 29). Xóchitl Gálvez se incorpora a la bancada del PRD en el Senado. https://www.proceso.com.mx/nacional/politica/2021/4/29/xochitl-galvez-se-incorpora-la-bancada-del-prd-en-el-senado-262967.html

[108] Juárez, B., & Mendoza, L. (2017, October 30). PT, Alberto Anaya, los Salinas y AMLO: Una historia vinculante. Voragine. Retrieved November 9, 2024, from https://voragine.com.mx/2017/10/30/pt-alberto-anaya-los-salinas-amlo-una-historia-vinculante/

[109] Urrutia, A. (2015, December 8). *PT sube 400% sus votos en Aguascalientes y logra porcentaje para mantener registro*. La Jornada. https://www.jornada.com.mx/2015/12/08/politica/012n1pol

[110] Fuentes, M. J. (2016, marzo 19). El Partido el Trabajo (PT) es creación de los Salinas son colaboracionistas de los gobiernos en turno, sirven de dique a la izquierda. https://revistamanera.wordpress.com/el-partido-el-trabajo-pt-es-creacion-de-los-salinas-son-colaboracionistas-de-los-gobiernos-en-turno-sirven-de-dique-a-la-izquierda/

[111] Foro de Sao Paulo. (2020, julio 20). 30 años del Foro de São Paulo: hechos y datos. Foro de São Paulo. https://www.lr21.com.uy/mundo/98092-foro-de-sao-paulo-celebrara-su-xi-encuentro-en-guatemala

[112] Agencia EFE. (2005, April 18). El coronel que no se parece a Chávez. EL PAÍS. https://elpais.com/diario/2005/04/19/internacional/1113861613_850215.html

[113] Tejedor, C., & Ybarra, G. (2021, February 15). Cristina Kirchner-Carlos Menem, una relación distante, aunque marcada por el pragmatismo político. La Nación. https://www.lanacion.com.ar/politica/cristina-kirchner-carlos-menem-relacion-signada-pragmatismo-politico-nid2603156/

Acerca Del Autor

Juan C. López Lee es egresado de la Universidad del Valle de Cuernavaca. Es también fundador del Frente Nacionalista de México, activista y escritor en temas relacionados con el mundo precolombino, la filosolfía tradicional y el revisionismo histórico. Como disidente, se define como un enemigo de la *sociedad abierta* y es públicamente reconocido como tal por la izquierda internacional, que lo ha boletinado y perseguido.

Twitter: @jclopezlee
Facebook: @jclopezleemx
Website: www.lopezlee.com
www.nacionalistas.mx

Apoyo con edición, estructura y portada: Tibisay Parra